중국인 학습자를 위한
한국어교육 연구

저자 박덕유 외

박문사

중국인 학습자를 위한 한국어교육 연구

머리말

한국어는 과학적이며 체계적인 표현 수단의 한글과 이를 효율적으로 이해할 수 있는 한자의 상호보완으로 이루어져 세계 그 어느 언어보다 경쟁력 있는 우수한 언어임에 틀림없다. 최근에 들어 한류문화의 확산으로 중국에서는 한국어의 학습 열기가 점점 고조되면서 중국인 한국어 학습자가 점점 늘어나고 있는 추세이다. 2012년까지 한국에 체류하고 있는 외국인 유학생 수는 86,000여 명인데 이중 중국인 유학생 수가 55,000여 명(64%)에 이르고 있다.

이에 『중국인 학습자를 위한 한국어교육 연구』 저서를 발간함으로써 중국인 학습자들에게 한국어를 효율적으로 익힐 수 있는 방안을 제시하였다. 중국인 학습자들이 한국어를 효율적으로 학습하기 위한 방안 중 하나는 대조분석을 활용하는 것이다. 특히, 본서는 문장의 어순과 종결 표현, 담화 표현, 그리고 문학교육 등 한국어의 장형 구조에서 발생하는 문제점을 진단하고 이를 해결하는 데 초점을 두었다.

제1장은 <중국인 학습자를 위한 문장의 어순과 종결 표현 연구>로 우선 "한국어와 중국어의 어순 대조 연구"는 두 언어의 문장 어순을 대비 분석함으로써 일반적인 어순의 위치를 밝히고, 일부 성분의 위치 변화에 따른 유형과 그 특징을 사례를 통해 논의함으로써 중국인

학습자가 한국어를 효율적으로 구사하는 방안의 틀을 제시하였다. 다음으로 "한국어와 중국어의 의문문 간접 화행 대조 연구"를 통해서는 한국어 의문문을 이루는 데 있어서 의문형 종결어미는 필수적인 요소이지만 중국어 의문문에서는 필수적인 구성 요소가 없고 의문 어기사, 의문사, 통사 구조 중의 한 구성 방식으로 의문문이 이루어지므로 한국어교육 현장에서 학습자들에게 문장의 형식과 대응되는 직접 화행뿐만 아니라 문장의 형식과 대응하지 않는 간접적인 화행의 교수법이 필요함을 제시하였다.

제2장은 <중국인 학습자를 위한 보조용언과 추측 표현 연구>로 우선 "한국어와 중국어의 보조용언 대조 연구"는 한국어의 보조용언 중에 중국어의 조동사와 대응되는 것도 있고, 중국어의 부정부사와 대응되는 것도 있으며 중국어의 동사 결과보어와 대응되는 것도 있기 때문에 한국어의 보조용언을 중국어와 대응시킬 때 문법적으로 대응되는 보조용언, 어휘적으로 대응되는 단어, 아예 대응되는 표현이 없는 것도 있음을 밝혀 이를 효율적으로 학습할 수 있도록 기술하였다. 그리고 "한국어와 중국어의 추측 표현 대조 연구"를 통해서는 한국어 추측 표현 '-(으)ㄹ 수 있다'와 이에 대응되는 중국어의 대표적인 추측 표현 '能／能够, 可能'의 통사론적 특징과 의미론적 특징, 그리고 화용론적 특징을 대조 분석함으로써 한국어 학습을 할 때나 일상생활에서 보다 정확하고 자연스럽게 추측 표현을 사용할 수 있는 방안을 제시하였다.

제3장에서는 <중국인 학습자를 위한 어휘와 담화 표현 연구>로 우선 "연어 관계를 통한 '나다' 교육 방안 연구"는 동사 '나다'의 의미와 연어 결합에 대응되는 중국어 표현을 보임으로써 '나다'의 기본 의미에서 파생 의미까지 모두 중국어 '出'와 비슷한 것을 밝히고, 모

국어의 적극적인 전이를 이용해서 '나다'의 여러 연어 결합을 유추해 적절하게 학습할 수 있는 연어 목록을 선정하여 중국인 학습자들이 이를 효율적으로 배울 수 있음을 기술하였다. "발표 담화 분석을 통한 효과적인 발표 기법에 관한 연구"는 한국어를 학습하는 궁극적인 목적이 일상적 회화를 넘어서 대학에서 학문적 활동을 성공적으로 수행하는 것이기 때문에 발표 수업에 대한 요구 조사 및 중국인 학습자들이 생성한 발표 담화 분석을 진행하였으며 발표 구조상의 특징, 언어 표현상의 특징, 발표 내용상의 특징, 시각 자료 사용상의 특징, 발표 태도적 측면 등 5가지 항목에 대한 분석을 토대로 담화 능력 신장을 위한 발표 기법 교육 내용을 기술하였다.

제4장에서는 <중국인 학습자를 위한 문학교육 연구>로 문학교육은 문화적 풍성함을 제공하며 특히 맥락이 있는 실제 문학작품 읽기는 글말의 여러 기능뿐만 아니라, 어휘와 통사 구조가 풍부한 문화적 요소를 제공해 주기 때문에 언어 학습 과정에서 정서적인 면에서나 흥미와 같은 동기 부여로 학습자 개인화의 성취를 이룰 수도 있다. 또한, 한국과 중국은 지리·역사적으로 가까이 있었으면서도 자본주의와 사회주의의 사상과 체계의 차이로 인하여 많은 문화 차이를 겪고 있어 이러한 문화 차이에서 오는 이질감을 자연스럽게 극복하고 한국에 대한 긍정적인 견해를 갖게 하기에 접합한 것이 문학작품이므로 중국인 학습자를 위한 문학작품 선정 기준과 목록을 제시하였으며, 문학교육의 실제를 통해 문학작품에 나타난 내용별 문화 범주와 그에 따른 문화 어휘를 통해 언어·문화·문학이 연계된 교육을 제시하였다.

언어는 언중의 약속에 의해 이루어진 객관적인 현상이며, 오랜 역사를 통해 발전해 온 문화적 유산이다. 따라서 우리는 언어를 정확하

고 효율적으로 사용함으로써 한국어 발전과 한국 문화 창달에 기여해
야 할 책임이 있다. 이에 한국어를 배우려는 중국인 학습자들에게 우
리 언어를 정확하고 효율적으로 학습할 수 있도록 다양한 연구와 방
법이 모색되어야 할 것이다.

2014년 1월
저자 씀

차례

제3장
중국인 학습자를 위한
어휘와 담화 표현 연구

제4장
중국인 학습자를 위한 문학교육 연구

제 1 장
중국인 학습자를 위한 문장의
어순과 종결 표현 연구

제1장 중국인 학습자를 위한 문장의 어순과 종결 표현 연구

한국어와 중국어의 어순 대조 연구

한국어와 중국어의 의문문 간접 화행 대조 연구

한국어와 중국어의 어순 대조 연구

 1 서론

한국어교육에서 문법 영역은 학문의 기저로 매우 중요하다. 소쉬르 이후 구조주의 문법에서는 무의미적 단위인 음운론이 그 중심을 이루었지만, 촘스키의 변형생성문법의 등장으로 문장 논의가 중심을 이루면서 문장 배열의 어순 관계의 중요성이 대두되었다. 한국에 유학 오는 학생들이 해마다 증가하고 있는데, 이 중 중국인 학생들이 많은 비중을 차지하고 있다.[1] 그런데 한국어와 중국어의 어순 구조는 다르

---

1) http://kostat.go.kr 통계청에서 배포한 "2011년 국제인구이동 통계"자료에 따르면, 2011년에 중국인 입국자수가 149,000명이고, 출국자수가 95,000명이다. 외국인 순이동은 중국(5만4천명), 베트남(1만4천명), 캄보디아(5천명), 미국(5천명), 네팔(3천명) 순으로 되어 있다. 2011년 국적별 입국자 체류자격 구성비를 비교한 결과를 보면 중국의 경우는 유학 비율이 5.0%를 차지하고 있으며 연수 비율이 7.5%로 되어 있다. 법무부 정보팀에서 공개된 자료에 따라 2012.10.31.까지 한국에 체류한 외국인 유학생은 총계 87,278명이며, 그중에서 중국인 유학생(한국계 포함)이 총 59,793명이다.(유학D-2비자 소지자가 46,078명이고, 한국어연수D-4-1비자 소지자가 13,715명이다).

다. 이에 본고에서 보다 효율적인 한국어 교육적 성과를 거두기 위해 대조분석의 방법으로 한·중 두 언어의 어순에 대해 고찰하고자 한다. 중국인 학습자가 한국어를 외국어로서 배울 때 많은 어려움이 따르는데, 그 이유는 주로 한국어와 중국어의 말 순서 체계가 다르기 때문이다. 그래서 한국어 어순에 익숙하지 않으면 복잡한 문장을 읽을 때나 한국어로 말할 때 혼란을 느끼게 된다. 특히 말하기와 쓰기 등 표현 교육에서 오류가 많이 발생한다.

실제로 외국인 학습자들은 외국어 능력 수준이 올라가면서 복합적인 구문과 접하게 되는데, 이 때 학습하려는 언어의 어순에 대한 지식이 부족할 경우에 문장 생성의 어려움을 겪을 수밖에 없다. 또한, 오류를 줄이기 위해 학습자들은 회피전략을 사용할 수도 있다. 이는 간단한 구문만 사용할 뿐 복합적인 구문을 만들지 않기 때문이며, 이렇게 되면 언어 능력 향상이 어렵게 된다.

외국인을 위한 한국어교육은 의사소통 능력을 향상시키는 데 가장 중점을 두는 것이 사실이다. 그런데 의사소통 중심의 학습활동을 중요시하는 교실 환경에서 주로 다루고 있는 문법학습은 명사류 어휘와 서술성 용언류이며, 이와 결합하는 조사와 어미에 대한 교육이 주를 이룬다. 어순 교육은 제대로 이루어지지 않고 있다. 따라서 어순 교육을 보다 중요시 다루게 된다면 한국어를 더 체계적으로 학습할 수 있다. 즉, 학습자들의 생각의 폭을 더 확대시키고, 말하거나 문장 쓰기를 더 잘 할 수 있으며, 보다 어려운 구문을 이해하는 데에도 훨씬 도움이 될 수 있다.

특히, 중국인 학습자들은 한국어를 학습할 때 두 언어의 서로 상이한 구조로 인해 많은 어려움을 겪게 되고 오류를 범하게 된다. 이러한 오류를 예방하기 위해 한·중 어순에 대한 기본 지식이 필수적이

다. 또한, 표현하려는 말의 순서를 파악하고 그 순서대로 학습하는
능력을 기르려면 대상 언어의 문장 구성 원리를 터득해야 한다.

이미 문장이 제시되어 있는 듣기나 읽기와 달리, 말하기와 쓰기는
직접 본인이 문장을 산출해 내야 하므로 오류 및 실수를 범할 가능성
이 높다. 언어는 자의적인 것으로 언어사회의 언중들에 의해 사용되
는 특성을 갖기 때문에 언어 구조 자체와 언어 사용상 나타나는 여러
현상들은 일정한 차이가 있다. 이에 본고에서는 우선 두 언어의 대비
분석의 공통점과 차이점을 제시하는 데 중점을 둔다. 이에 대한 교육
방안은 이 대비 분석을 통해 나타난 특성을 중심으로 차후에 논의하
고자 한다.

2 선행 연구 검토

한국어의 어순에 관한 연구는 최현배(1965)를 시작으로 많은 학자
들이 논의해 왔다. 채완(1986)은 형태적 관점, 기능적 관점, 심리적 관
점에서 다루었으며, 유동석(1984), 김승렬(1988)은 기능적 관점에서
한국어 어순에 대해 연구하였다.[2) 90년대에 들어와 성기철(1992)와
김기혁(1995)은 각각 미시적·거시적 관점으로 한국어의 기본 어순과
이외의 자리바꿈 현상에 대해 연구했으며, 2000년대에 와서 이관규

---

2) 유동석(1984)은 기능적 관점에서 한국어 어순을 분석, 연구하였는데 한국어
 어순의 공시적 혹은 일시적 변화가 의사소통 기능과 밀접한 관계가 있음을
 지적하였다. 김승렬(1988)은 기능문법, 특히 Simo Dik(1978,1980)의 기능문법
 이론을 대폭 수용하고, 그의 주요 개념들과 이론의 틀을 원용하여 한국어의
 어순을 분석 설명하였다.

(2002), 이익섭 외(2003), 허용 외(2003), 임홍빈(2007) 등에서 한국어 어순의 상대적인 자유 배치와 관련된 제약 조건에 대해 각각 다른 시각으로 연구해 왔다.

중국어 어순 연구의 전통적인 방법은 기본적으로 통사관계에서 어순현상을 분석하는 것인데, 대표적으로 黎錦熙(1933), 朱德熙(1982) 등을 들 수 있다. 언어 유형학적 관점에서 중국어의 어순이 SVO인가 SOV인가의 문제는 1980년대부터 여러 학자들의 의해 연구되어 왔다. 중국어를 SVO 언어로 보는 견해로 梅广(1980), 屈承熹(1983) 등이 있으며, 중국어를 SOV 언어로 보는 관점으로 戴浩一(1988)이 있다. 그리고 郑守信(1975)은 중국어가 SOV 유형의 경향과 SVO 유형의 경향을 모두 갖추었다고 주장하였다.

魏岫明(1992)은 1970년대와 80년대 해외파 학자들 사이에 진행된 중국어 어순 논쟁을 세밀하게 고찰하여 이들의 연구 내용의 타당성과 문제점들을 제시했다. 그는 중국어의 특수 어순 구문인 '把'구문, '动词复写文' 및 기타의 어순 자료를 통해 학자들이 중국어 어순을 규정하는 핵심 내용들이 과연 타당한 것인지를 진단하였다. 2000년 이후에 중국 학자들이 각각 다양한 측면에서 중국어 어순에 대해 활발히 연구해왔다. 范晓(2001), 刘丹青(2004), 刘钦荣(2004), 安玉霞(2006), 丁孝莉(2007), 岳凌(2007), 宋颖桃(2008) 등이 있다. 특히, 刘钦荣(2004), 安玉霞(2006)은 인지론 측면에서 중국어 어순 문제에 대해 기술하였다.

한·중 어순 대조에 관한 연구로는 곽추문(1993), 차혜봉(2002), 태평무(2005), 김려금(2007), 이택명(2010), 손금추(2011) 등이 있다. 곽추문(1993)은 한국 고등학교의 문법 교재를 기준으로, 한국어와 중국어의 구문에 대해 비교 분석하였다. 차혜봉(2002)은 영어와 한국어, 중국어의 어순 비교를 다각도로 전개하였다. 기본 어순에 있어서 영어와 중국어는 SVO, 한국어는 SOV라는 전제하에 한국어, 중국어는 어순이 비슷한 점도 있지만 서로 다른 점도 있다는 것에 초점을 맞추어 각 언어의 영향정도가 어떻게 나타나는가를 어순 평가지를 만들어 한국 학생들과의 비교를 통해 고찰하였다. 태평무(2005)는 구조-기능 측면, 논리-의미 측면, 그리고 정보론 측면에서 중국어와 한국어 어순의 특성대비를 고찰하였다. 김려금(2007)은 한국어와 중국어 부사어의 어순을 언어 유형론적 관점에서 기술하였다. 한국어는 SOV언어로서 그에 따르는 비교적 고정적인 부사어 어순을 갖고 있다면, 중국어는 부사어 어순이 고정적이지 않고 변화를 겪고 있는 흐름 속에서 관찰하였다. 이택명(2010)은 한국어와 중국어의 기본 어순을 분석하고, 한국어를 중국어로 번역하는 실례들을 통해서 어순상 문장 성분의 특징을 고찰하였다.

중국어의 기본 어순이 무엇인가에 대해 학자들이 서로 다른 관점을 가지고 있지만, 현대 중국어가 SVO 어순이라는 것이 주류 관점이며[3] 이에 대응되는 한국어의 SOV언어로서의 차이점을 다양하게 제시하고 있다. 그러나 한국어를 배우려는 중국인 학습자를 고려한 연구는 그다지 많지 않거나 제대로 기술되지 않아 이에 대한 논의가 시급하다.

---

3) 양적인 면에서 봐도 SVO가 현대 중국어 어순 중의 대부분을 차지한다.

3 한·중 문장의 어순과 특징

3.1. 한국어의 어순과 특징

한국어의 문장 어순은 일반적으로는 SOV(주어+목적어+서술어)의 형이다. 그리고 수식언인 관형어는 체언의 주어와 목적어를 수식하고, 부사어는 서술어를 수식하므로 그 앞에 위치한다. 이에 한국어의 자연스런 문장 어순에 따른 주요 문장 성분의 위치를 보이면 다음과 같다.

(1) 주어, 서술어의 위치
주어는 문두에, 서술어는 문미에 위치한다.

· 꽃이 핀다.　　　　　· 바람이 분다.

(2) 목적어의 위치
목적어는 주어 다음에, 그리고 서술어 앞에 위치한다.

· 영수는 빵을 먹었다.

(3) 보어의 위치
보어는 주어 다음에, 서술어 앞에 온다.

· 영수는 대학생이/바보가 아니다.
· 물이 얼음이 되었다.

(4) 관형어의 위치

관형어는 주어나 목적어 앞에 온다.4)

· <u>푸른</u> 하늘이 높다.　　　　· 영수는 <u>새</u> 책을 샀다.

(5) 부사어의 위치

① 부사어는 대체로 서술어 앞에 오며, 목적어 뒤에 온다.

· 영미는 <u>열심히</u> 공부한다.
· 그 분은 영수를 <u>양자로</u> 삼으셨다.

② 부사어는 부사어 앞에 오고, 간접목적어인 부사어는 직접목적 어의 앞에 배열된다.

· 할머니는 <u>아주</u> 잘 주무신다.
· 영수는 <u>소녀에게</u> 꽃을 선물했다.

③ 부정 부사어 '못, 안'은 일반 부사어 뒤에 온다.

· 차가 너무 <u>못</u> 간다.　　　　· 학생들이 빨리 <u>안</u> 온다.

3.2. 중국어의 어순과 특징

고립어로서의 중국어의 가장 특징적인 것은 엄격한 의미에서의 형 태변화가 없는 것이다. 중국어는 어근 합성법이 특히 발달하였으며 문장에서 단어와 단어 사이의 문법관계는 형태변화가 아니라 주로 어

---

4) 관형어는 단독으로 쓰이지 못하고 반드시 체언 앞에 놓으며, 관형어의 겹침에 는 일정한 순서가 있다.(指示관형사→數관형사→性狀관형사의 순서)
　예) 저 두 젊은 사람

순과 허사에 의해 나타낸다.[5]

   중국어 문장 성분 구성을 살펴보면, 일반적으로 주어는 서술어 앞에 있고, 목적어는 동사 뒤에 있고, 수식어는 피수식어 앞에 있다. 즉, 主谓关系, 动宾关系, 定语前置原则 순이다. 그런데 어떤 조건 때문에 문장 성분의 위치가 변화하는 상황이 종종 있다.

(1) 주어의 위치

   주어는 문두에 온다.

    · <u>孩子们</u>在歌唱。(<u>아이들이</u> 노래를 부른다.)

(2) 서술어의 위치

   동사일 경우에는 목적어 앞에, 형용사와 명사일 경우에는 문장의 맨 뒤에 위치한다.

    · 爷爷在<u>喝茶</u>。(할아버지께서 차를 드신다.)
    · 天空很<u>蓝</u>。   (하늘이 푸르다.)

(3) 목적어의 위치

   목적어는 서술어 뒤에 온다.

    · 妈妈在准备<u>晚饭</u>。(어머니께서 저녁을 준비하고 계신다.)

(4) 보어의 위치

   중국어는 보어가 매우 발달한 언어이다. 중국어는 서술어의 앞부분이 길어지는 것을 지양하고, 문장의 성분들을 서술어의 뒷부분에

---

5) 태평무(2005:13)에서 인용.

두는 것을 선호하는 문장 구조를 지니고 있다.6) 이러한 이유로 중국어에서 보어의 역할은 한국어의 보어보다 훨씬 복잡하고 다양하다. 중국어에서 보어는 서술어의 뒤에 위치하고 서술어의 결과, 정도, 가능, 방향, 수량 및 동량을 설명하는 역할을 한다.

· 孩子长<u>大了</u>。(아이가 컸다.)

(5) 관형어의 위치

관형어는 피수식어인 체언 바로 앞에 온다.

· <u>蓝蓝的</u>天空上飘着白云。(<u>푸른</u> 하늘에 하얀 구름이 떠 있다.)

(6) 부사어의 위치

부사어는 동사 앞에 위치한다.

· 小明<u>悄悄地</u>溜进了教室。(샤오밍이 <u>슬그머니</u> 교실로 들어갔다.)

---

6) 형태가 발달하지 않은 중국어는 문장성분들 사이의 관계를 주로 어순과 허사에 의해 나타내야 하기 때문에 성분이 길어지는 것을 꺼린다. 때문에 중국어에서는 부사어도 긴 것을 꺼리며 한국어의 긴 부사어를 중국어로 번역할 때에는 우선 주어, 술어, 목적어 등의 성분으로 앞에서 SVO 형식의 문장을 만들고 그 부사어를 보충부분으로 처리한다. <태평무(2005: 28~29) 참조>.

4 한국어와 중국어 어순 대조

4.1. 어순의 위치

어순은 단어의 순서가 아니라 성분의 배열 순서이어야 한다.7) 즉, 문장을 구성하는 통사적 성분의 배합 순서를 의미한다. 문장 성분이 문장 안에서 자유롭게 이동할 수 있는 특징을 가진 언어를 자유어순의 언어, 그렇지 않은 언어는 고정어순의 언어라고 한다. 한국어는 자유어순 언어이고 중국어는 고정어순 언어이다.8)

한국어의 어순은 주어-목적어-서술어(동사, 형용사)의 순서가 기본이다. 그리고 꾸미는 말인 관형어가 체언인 주어와 목적어 앞에 오고, 부사어는 서술어인 용언 앞에 온다. 한국어와 중국어의 기본 어순을 대조해 보이면 다음과 같다.

---

7) 성기철(1992:422) 참조.
8) 김승렬(1990:38) 참조.

<표 1> 한국어와 중국어의 기본 어순 대조

	한국어	중국어
주어-서술어	주어-서술어	동일9)
목적어-서술어	주어-목적어-서술어	主语-谓语-宾语 「把, 连, 被」등 字句나 介词句가 있을 경우에는 宾语가 谓语 앞에 옴
보어10)-서술어	주어-보어-서술어	主语-谓语-补语
수식어-피수식어	관형어-주어-서술어 주어-관형어-목적어-서술어 주어-부사어-서술어	主语-形容词所有格「的」形容词句11)-名词-谓语 主语-副词语-叙述语 主语-「谓语+得」字句-修饰语(补语)
독립어	문장 맨 앞에 놓임	동일

한국어의 문장 성분에는 필수성분인 주성분과 수의적 성분인 부속성분이 있다. 주성분에는 주어, 목적어, 보어, 서술어가 있다. 부속성분에는 관형어, 부사어가 있으며, 이외에 독립성분인 독립어가 있다.12) 반면에 중국어 문장 성분에는 주어, 술어(谓语), 목적어(宾语), 관형어(定语), 부사어(状语), 보어(补语)가 있다.13) 중국어 문장성분에 대해 표로 정리하면 다음과 같다.

---

9) 문장에서 목적어가 없을 때 한중 두 언어의 어순은 같다.
10) 한국어의 보어는 중국어의 목적어에 해당되고, 중국어의 보어에 해당될 수 있는 한국어의 문장성분은 없다
11) 중국어에 있어서는 관형어란 말이 없지만 그와 대응되는 문장 성분은 형용사나 소유격「的」形容词句가 있다.
12) 고영근 · 남기심(1993) 참조.
13) 刘月华(2009:20) 참조.

<표 2> 중국어 문장 성분

主要成分	主语(주어), 谓语(=서술어)
连带成分	宾语(=목적어), 补语(보어)
附加成分	定语(=관형어), 状语(=부사어)
独立成分	独立语(독립어)

　곽추문(1993)에 의하면 한국어에는 중국어의 보어와 대응되는 문장 성분이 따로 없다. 중국어의 보어는 일종의 부사어라고 할 수 있다. 다만 일반적으로 부사어는 동사 앞에 오고 동사를 한정, 수식함에 반하여 중국어의 보어는 동사 뒤에 쓰이고 동사를 보충 설명하는 것이다.

　한국어와 중국어의 어순 유형과 그 특징을 살펴보면 기본 어순의 유형이 SOV 유형이냐 SVO 유형이냐의 차이보다 어순 배열로부터 비교적 자유롭게 문장을 표현할 수 있는 것과 그렇지 않은 것과의 차이라고 보는 것이 적절할 것이다. 고립어에 속하는 중국어는 시제나 인칭에 따른 형태변화가 없기 때문에 주로 어순과 허사에 의해 문법 관계가 이루어진다. 반면 교착어에 속하는 한국어는 형태소에 다양한 조사가 결합하고, 형태변화에 있어 통용 범위가 넓기 때문에 중국어에 비해 어순 배열이 자유롭다고 할 수 있다.

　다음은 중국인 학습자를 위한 효과적인 어순 교육을 위해 한국어와 중국어의 어순을 대조하여 그 차이점과 유사점을 밝혀보고자 한다.

4.1.1. 서술어의 위치

한국어의 서술어는 여러 성분들이 먼저 제시되고 문장의 맨 끝에 위치하는데, 이는 서술어가 문장에서 가장 중요한 성분임을 타내는 한국어의 어순 특징이라고 할 수 있다. 즉 다른 성분의 어순은 비교적 자유로울 수 있지만 서술어는 주로 문장의 맨 뒤에 위치한다.

중국어는 서술어의 성분이 무엇이냐에 따라 어순이 달라진다. 서술어가 동사일 경우에는 목적어 앞에 위치하는 것이 일반적이나, 서술어가 형용사·명사·수량사일 경우에는 한국어와 마찬가지로 문장의 맨 뒤에 위치한다.

    (1) ㄱ. 그는 밥을 <u>먹는다</u>(서술어).
       ㄱ′. 他 <u>吃</u>(서술어) 饭。

       ㄴ. 그녀는 매우 <u>예쁘다</u>(서술어).
       ㄴ′. 她很<u>漂亮</u>(서술어)。

       ㄷ. 오늘은 <u>화요일이다</u>(서술어).
       ㄷ′. 今天<u>星期二</u>(서술어)。

(1)의 예문을 통해 알 수 있듯이 한국어의 서술어는 그 성분에 관계없이 문장의 맨 뒤에 위치한다. 중국어의 경우 동사 '吃(먹다)'는 목적어의 앞에 위치하고, 형용사 '漂亮(예쁘다)', 명사 '星期二(화요일)'이 서술어로 쓰이는 경우에만 문장의 맨 뒤에 위치하는 것을 알 수 있다. 뿐만 아니라 한국어는 주로 동사·형용사가 서술어 역할을 하는 반면 중국어는 동사·형용사 및 명사·수량사도 서술어 역할을 하고 있다.

4.1.2. 목적어의 위치

일반적으로 한국어와 중국어 어순의 가장 큰 차이는 서술어를 중심으로 한 목적어의 위치이다. 한국어에서 목적어는 서술어인 타동사 앞에 위치하며 체언 구실을 하는 목적격조사 '을/를'이 붙어서 이루어진다.[14] 중국어에서 목적어의 위치는 서술어의 뒤에 놓인다.

한국어와 중국어의 목적어를 대조하기에 앞서 주의해야 할 두 가지가 있다. 첫째는 중국어의 목적어 범주가 한국어의 목적어 범주보다 훨씬 넓다는 것이다. 중국어에서는 서술어 앞에 위치하는 기본 어순에 맞는 목적어 외에 일정한 조건하에 개사 '把'를 사용하여 목적어를 서술어 앞에 두는 경우도 있다. 즉 개사 '把'를 사용하여 '주어-목적어-서술어' 형식의 문장을 표현할 수 있다. 이는 중국인 학습자에게 한국어 어순을 교육할 때 주의를 기울여야 하는 부분이다. 개사 '把'를 사용하여 한국어의 '목적어-서술어' 형식의 문장 표현이 가능하므로, 한국어 어순과의 차이를 중국어의 기본 어순인 '주어-서술어-목적어'에만 국한시킨다면 중국인 학습자는 곧 문장표현의 어색함과 오류를 발견하게 될 것이다.

또한, 중국어가 고립어의 특징을 가지고 있기 때문에 한국어처럼 조사로 인해 목적어가 결정되는 것이 아니라 어순배열에 의해 결정되는 것이다. 그러므로 중국인 학습자에게 한국어의 '목적어-서술어' 어순을 설명할 때, 서술어의 분류에 근거해서는 어순 배열의 이해에 큰 어려움을 갖게 될 것이다.

---

14) 김승렬(1998:57)에서 참고함.

(2) ㄱ. 나는 <u>너를(목적어)</u> 사랑한다(서술어).

　　ㄱ'. 我 <u>愛(서술어)</u> <u>你(목적어)</u>。

　　ㄴ. 그는 내가 한 <u>말을(목적어)</u> 모두 잊었다(서술어).

　　ㄴ'. 他 <u>把我说的话(목적어)</u> 都 <u>忘了(서술어)</u>。

　(2)의 ㄱ과 ㄱ'은 전형적인 한국어와 중국어의 기본 어순에 맞는 예문이다. 다만 중국어의 경우 (2ㄴ)에서 볼 수 있듯이 개사 '把'를 사용하여 목적어를 서술어 앞에 둘 수 있음을 주의해야 한다.

4.1.3. 관형어의 위치

　한국어에서 관형어란 체언으로 된 주어, 목적어 같은 문장 성분 앞에 붙어서 그것을 꾸며 주는 말을 이른다.[15] 이는 중국어에서 관형어의 의미와 큰 차이가 없다. 중국어에서도 관형어는 체언을 수식해주는 말로 체언 앞에 위치한다.

　(3) ㄱ. <u>빨간(관형어)</u> <u>우산(체언)</u>

　　ㄱ'. <u>红色的(관형어)</u> <u>雨伞(체언)</u>

　(3)의 예문에서 보듯이 한국어와 중국어 모두 관형어는 중심어 앞에 위치하는 것을 알 수 있다. 다만, 관형어의 경우 중심어 앞에 한 개 이상이 오는 경우가 있다. 이런 경우 관형어끼리의 어순 배열에 주의를 기울여야 한다. 관형어 사이의 어순은 한국어와 중국어가 같은 것도 있지만 그렇지 않은 경우도 있기 때문이다.

---

15) 고영근·남기심(1993:265)에서 인용함.

(4) ㄱ. <u>저</u> <u>세</u> <u>젊은</u> 사람들은 우리 학교의 학생이다.
　　ㄱ'. <u>那</u> <u>三个</u> <u>年轻</u> 人 是 我们学校的 学生。

　가장 보편적인 관형어 어순으로 구성된 (4)의 예문을 통해 한국어 '저', '세', '젊은'과 중국어 '那(저)', '三个(세)', '年轻(젊은)'의 관형어 배열이 '지시-수-성상'[16)]으로 일치함을 알 수 있다.

(5) ㄱ. 나는 <u>언니</u> <u>세</u> 명이 있다.
　　ㄱ'. 我有 <u>三</u> <u>个</u> <u>姐姐</u>。

　(5)의 예문들은 한국어와 중국어의 관형어 어순 차이를 가장 잘 보여주는 경우라고 할 수 있다. 한국어의 경우 (5ㄱ)과 같이 '언니(명사)-세 (수사)-명(양사)'의 어순으로 배열할 수도 있고, '세(수사)-명(양사)-언니(명사)'의 어순 배열도 가능하다. 물론 후자의 경우 문장에서 자연스럽게 표현하기 위해서는 조사 '의'를 수사와 명사 사이에 두어야 하기도 하지만 이 두 경우 의미나 문법상 차이나 오류가 있다고 여기지 않는다. 하지만 중국어의 경우에는 반드시 '三(세)-個(명)-姐姐(언니)'의 '수사-양사-명사'의 어순을 지켜야 한다. 한국어에도 '수사-양사-명사' 배열이 있으나, 이때 자연스러운 표현을 위해 조사가 사용된다는 점을 중국인 학습자에게 주지시켜야 어순 배열에 혼동이 없을 것이다.

---

16) 고영근·남기심(1993:67)에서 성상관형어(성질, 상태)를 체언이 가리키는 성질이나 상태를 '어떠한'의 방식으로 꾸며 준다고 했다.

4.1.4. 부사어의 위치

　한국어에서 부사어는 용언이나 관형사나 다른 부사를 꾸며 주는 역할을 한다. 중국어에서 부사어는 상황어라고 하며 전치사구, 부사, 형용사, 형용사구의 형식으로 동사, 형용사 앞에 와서 이들을 수식하는 수식어이다.17)

　　(6) ㄱ. 그녀는 매우 <u>기뻐하며(부사어)</u> <u>갔다(용언)</u>.
　　　　ㄱ'. 她 <u>很高兴地(부사어)</u> <u>走了(서술어)</u>。

　(6)의 예문들은 한국어와 중국어의 기본적인 부사어 어순으로 모두 용언 앞에 위치하여 용언의 상태를 수식하고 있다. 한국어와 중국어에서 부사어의 어순은 기본적으로는 유사한 성격을 가지나 한국어의 경우 상황에 따라 문장에서 부사어의 위치가 매우 자유롭다. 즉, 표현 효과를 위해 자리바꿈을 하여 여러 자리에 자유롭게 나타날 수 있고, 때로는 꾸밈을 받는 말 뒤에도 올 수 있다. 한국어의 부사어는 다양한 표현을 위해 어순 배열이 비교적 자유로운 편이라 할 수 있다. 주로 문장 전체를 수식하는 문장부사의 위치가 자유로운 편이다. 하지만 중국어에서 부사어는 일반적으로 동사·형용사의 앞에 놓인다.

　　(7) ㄱ. <u>도리어</u> 철수가 나에게 화를 냈다.
　　　　ㄴ. 철수가 <u>도리어</u> 나에게 화를 냈다.
　　　　ㄷ. 철수가 나에게 <u>도리어</u> 화를 냈다.
　　　　ㄹ. 철수가 나에게 화를 <u>도리어</u> 냈다.

---

17) 강윤옥(2004:270)에서 인용함.

(7)의 예문들은 모두 부사어 '도리어'를 사용한 것이다. 문장 내에서 위치는 모두 다르지만, 의미에는 큰 차이가 없으며 문법적으로 오류도 없다. 즉, 한국어의 부사어는 다양한 표현을 위해 어순 배열이 비교적 자유로운 편이라 할 수 있다. 주로 문장 전체를 수식하는 문장부사의 위치가 자유로운 편이다. 하지만 중국어에서 부사어는 일반적으로 동사·형용사의 앞에 놓인다.

    (7)′ ㄱ. <u>反而</u>哲秀给我发脾气。
        ㄴ. 哲秀<u>反而</u>给我发脾气。
        ㄷ. *哲秀给我<u>反而</u>发脾气。
        ㄹ. *哲秀给我脾气<u>反而</u>发。

(7)을 중국어로 번역한 (7)′의 경우 문장으로 성립되는 것은 부사어 '反而'가 문장의 맨 앞에 위치한 (7ㄱ)′과 부사어 '反而'가 서술어 앞에 위치한 경우이다. 다만 역시 서술어 앞에 위치한 (7ㄹ)′의 경우 중국어의 이합동사[18]로 '发'와 '脾气'가 분리되면 동사로 인정되지 않기 때문에 오류문으로 처리된다. 한국어의 경우 부사의 어순 배열이 비교적 자유롭지만 중국어 부사어는 문장의 맨 앞에 독립적으로 사용할 수 있는 몇몇 부사어를 제외한 나머지 부사어는 일반적으로 서술어 앞에 위치하는 고정된 어순을 가지고 있다. 그러나 한국어의 부사어 중에도 그 위치가 서술어 앞에 고정되는 것이 있는데 동사·형용사·부사어를 수식하는 성분부사가 그것이다. 대표적인 성분부사로는 부정부사(못, 아니)가 있다.

---

18) 赵永新(1992:38)에서 동사형 단어와 명사형 단어가 합쳐져 하나의 동사로 사용되는 것으로 설명하였다.

(8) ㄱ. 그는 학교에 <u>안</u> 간다.
 *ㄴ. 그는 <u>안</u> 학교에 간다.
(8)' ㄱ. 他<u>不</u>去学校。
 ㄴ. 他<u>不</u>学校去。

(8ㄱ)은 부정부사 '안'을 서술어의 앞에 바르게 사용한 문장이고, (8ㄴ)은 잘못된 문장이다. 한국어에서 성분부사의 일종인 부정부사는 일반적으로 서술어 앞에 위치한다. 하지만 (8)' 예문들에서 보듯이 중국어의 경우 부정부사의 위치는 한국어에 비해 자유로워 서술어 앞에 위치할 수도 있고, 목적어·보어·부사어·관형어 앞에 위치할 수 있다.

부사어는 관형어와 마찬가지로 문장에 한 개 이상의 부사어가 쓰이기도 한다. 이런 경우 한국어와 중국어 부사어의 어순 배열순서는 어떤지 알아보도록 하겠다.

(9) ㄱ. 그는 <u>작년에</u> <u>자주</u> <u>중국으로</u> 출장을 갔다.
 ㄱ'. 他 <u>去年</u> <u>常常</u> <u>到中国</u> 去出差了。

(9)의 예문들에서 알 수 있듯이 한국어의 부사어 배열순서는 일반적으로 '시간-빈도-장소'의 순서이다. 중국어의 경우도 한국어와 크게 다르지는 않아서 '시간(去年)-빈도(常常)-장소(到中国)'로 한국어와 같다. 두 언어의 부사간 어순 배열은 다음과 같다.19) 다만 차이점이 있다면 (8)과 (8)'의 예문들에서와 마찬가지로 한국어는 부사어간의 어순 배열순서가 엄격하게 정해진 것은 아니다. 하지만 중국어의 경우

___
19) 안씬(2009:62)에서 '한국어:시간-빈도-장소-공동-도구-방향-목적어-횟수-정도-서술어', '중국어:시간-빈도-장소-공동-양태-서술어-보어'로 기술하였다.

에는 한국어에 비해 부사어간의 어순 배열순서가 비교적 고정되어
있다.

4.1.5. 보어의 위치

보어의 위치는 한국어를 학습하는 중국인 학습자에게 가장 모호한
어순이다. 이는 한국어와 중국어에서 보어의 위치는 물론 사용 범위
의 차이가 매우 크기 때문이다.

중국어는 보어가 매우 발달한 언어이다. 중국어는 서술어의 앞부분
이 길어지는 것을 지양하고, 문장의 성분들을 서술어의 뒷부분에 두
는 것을 선호하는 문장구조를 지니고 있다.[20] 이러한 이유로 중국어
에서 보어의 역할은 한국어의 그것보다 훨씬 다양하다. 중국어에서
보어는 서술어의 뒤에 위치하고 서술어의 결과, 정도, 가능, 방향, 수
량 및 동량을 설명하는 역할을 한다.

> (10) ㄱ. 这些生词我记住了。
> 　　　 (이 단어들을 나는 모두 외웠다.)
> 　　ㄴ. 这个电影比上次看的那个好得多。
> 　　　 (이 영화는 지난 번 본 그것보다 훨씬 좋다.)
> 　　ㄷ. 这句话他听得懂。
> 　　　 (이 말을 그는 알아들을 수 있다.)

---

20) 태평무(2005:28~29)에서 형태가 발달하지 않은 중국어는 문장성분들 사이의
　　관계를 주로 어순과 허사에 의해 나타내야 하기 때문에 성분이 길어지는 것
　　을 꺼린다고 했다. 때문에 중국어에서는 부사어도 긴 것을 꺼리며 한국어의
　　긴 부사어를 중국어로 번역할 때에는 우선 주어, 술어, 목적어 등의 성분으로
　　앞에서 SVO 형식의 문장을 만들고, 그 부사어를 보충부분으로 처리한다고
　　언급했다.

ㄹ. 我们很快地走下山。
　(우리는 매우 빠르게 산을 내려왔다.)
ㅁ. 我们相识还不到一年。
　(우리가 서로 알게된지 아직 1년이 되지 않았다.)
ㅂ. 我看他两次。
　(나는 그를 두 번 보았다.)

　(10)의 예문들에서 밑줄 친 부분은 모두 보어이다. (10ㄱ)은 서술어 '記(암기하다)' 뒤에 보어 '住'를 사용하였다. 이때 보어 '住'는 서술어 '記'의 상태가 이미 발생되어 그 결과 '모두 외웠다'라는 서술어의 의미를 보충해주고 있는데 중국어에서 이렇게 서술어 뒤에서 서술어의 결과를 설명하는 보어를 '결과보어(結果補語)'라고 한다. (10ㄴ)은 서술어 '好(좋다)'의 뒤에 보어 '多'를 사용하였다. 이때 보어 '多'는 '훨씬'의 의미로 서술어 '好'의 정도를 보충해주는 역할을 한다. 중국어에서 이렇게 서술어 뒤에서 그 정도나 상태를 설명하는 보어를 '정도보어(程度補語)'라고 한다. 서술어 '好'와 보어 '多'사이에 사용된 '得'은 구조조사로 서술어와 정도보어를 연결해주는 역할을 하며 특정한 의미를 지니지는 않는다. 정도보어는 한국어의 부사어처럼 해석된다. 즉, 정도보어의 경우 중국인 학습자에게 어순 배열에 기초하여 전달하면 해석 및 문장 배열에 혼동을 갖게 되니 이점에 유의해야 한다.

　(10ㄷ)은 서술어 '聽(듣다)'의 뒤에 보어 '懂'을 사용하였다. 이때 보어 '懂'은 '이해하다'의 의미로 조사 '得'의 도움을 받아 서술어 '聽'의 행위가 가능한지를 나타내는데, 이렇게 서술어의 행위가 가능 여부를 판단하는 보어를 '가능보어(可能補語)'라고 한다. 가능보어는 조동사와 역할이 같아 보이지만 어순과 문법적 기능에서 차이가 있으

므로 조동사와 같은 취급을 해서는 안 된다. (10ㄹ)은 서술어 '走(가다)'의 뒤에 보어 '下'를 사용하였다. 이때 보어 '下'는 '아래'의 의미로 동작의 방향을 나타내는데, 이렇게 서술어 뒤에서 동작의 진행 방향을 나타내는 보어를 '방향보어(趨向補語)'라고 한다. 방향보어는 한국어의 부사어처럼 해석된다. 정도보어와 마찬가지로 중국인 학습자를 위해 세심한 주의가 요구되는 부분이다.

 (10ㅁ)은 서술어 '相識(알다)'의 뒤에 보어 '一年'을 사용하였다. 이때 보어 '一年'은 '일 년'의 의미로 서술어의 상태가 지속된 기간을 나타내는데, 이렇게 서술어 뒤에서 상태가 얼마나 지속 되는가를 나타내는 보어를 '시량보어(時量補語)'라고 한다. 시량보어는 주로 시간을 나타내는 명사가 보어로 사용되고 있다. (10ㅂ)은 서술어 '看(보다)'의 뒤에 보어 '兩次'를 사용하였다. 이때 보어 '兩次'는 '두 번'의 의미로 서술어가 발생한 횟수를 나타내는데, 이렇게 서술어 뒤에서 동작이 일어난 횟수를 나타내는 보어를 '동량보어(動量補語)'라고 한다. 시량보어와 동량보어 역시 한국어의 부사어나 관형어 역할을 하는 것으로 어순 배열과 해석에 혼동이 없도록 주의를 기울여야 한다. 앞에서 기술한 한국어와 중국어 어순의 위치를 통해 그 차이점을 정리하면 다음과 같다.

<표 3> 한국어와 중국어의 어순 위치

	한국어	중국어
서술어	• 문장의 맨 뒤에 위치함.	• 동사일 경우 목적어 앞에 위치함. • 형용사·명사일 경우 문장의 맨 뒤에 위치함.
목적어	• 주어 다음에, 그리고 서술어 앞에 위치함.	• 일반적으로 서술어 뒤에 위치함. • 개사 '把'에 의하여 목적어가 동사 앞에 위치할 수 있음.
관형어	• 피수식어(체언) 앞에 위치함. • '명사-수사-양사'의 어순으로 중심어를 수식함.	• 피수식어 앞(명사)에 위치함. • '수사-양사-명사'의 어순으로 중심어를 수식함.
부사어	• 피수식어인 용언 앞에 위치함. • 위치가 비교적 자유로우나 부정부사의 경우 위치가 고정적임.	• 주로 동사의 앞에 위치함.
보어	• 주어와 서술어 사이에 위치함.	• 동사나 형용사 뒤에 위치함. • 한국어의 부사어와 비슷한 위치와 용법을 지님.

4.2. 어순의 변화

한국어와 중국어의 문장 모두 정상적인 어순을 가지고 있지만, 경우에 따라서 문장 성분들이 문장 안에서 비교적 자유롭게 도치될 수 있다. 그러나 한국어보다는 중국어에서 어순의 변화 현상이 적은 편이다. 주로 문장에서 위치를 꿀 수 있는 성분은 주어, 서술어, 목적어, 부사어 등이다.

4.2.1. 주어 후치와 서술어 전치

문장의 정상적인 어순으로 보면 한국어와 중국어에서 주어는 모두 서술어 앞에 온다. 표현 형식에 따라 어떤 경우에는 한국어와 중국어에서 주어가 서술어 뒤에 옮길 수 있다. 서술어를 강조하기 위해서는 일반적으로 문장이 길지 않고 말투가 강한 편으로 감정이 보다 강하게 나타난다. 우선, 한국어의 예문은 다음과 같다.

① 누굽니까, 저 사람은?　　　　（那个人是谁啊？）
② 뭐야, 저 웃음소리!　　　　　（是什么呀, 那个笑声？）
③ 당신뿐이야, 나의 사랑은.　　（只有你, 才是我的爱啊！）
④ 싫어요, 가족들과 떨어져 사는 건. （我可不愿意跟家人分开。）
⑤ 아직 어려요, 저 아이가.　　　（还小呢, 那孩子。）
⑥ 참지, 당신이　　　　　　　　（真是, 你呀!）
⑦ 있어, 있어, 내 가방이.　　　（有啦, 有啦, 我的包。）

한국어의 서술어는 그 성분에 관계없이 문장의 맨 뒤에 위치한다. 중국어의 경우 동사는 목적어의 앞에 위치하고, 형용사・명사는 서술어로 쓰이는 경우에만 문장의 맨 뒤에 위치한다. 뿐만 아니라 한국어는 주로 동사・형용사가 서술어 역할을 하는 반면, 중국어는 동사・형용사 및 명사・수량사도 서술어 역할을 하고 있다.

① 丢了, 学费。　　　　　　　（잃어버렸어요, 등록비가.）
② 真雄伟, 那个建筑物。　　　（참 웅장하네, 저 건물은.）
③ 真闷热啊, 南京的夏天。　　（참 덥네, 난징의 여름이.）
④ 星期五啊, 明天。　　　　　（금요일이구나, 내일은.）

위의 예문에서 보듯이 서술어가 동사일 경우에는 목적어 앞에 위치하는 것이 일반적이나, 서술어가 형용사・명사・수량사일 경우에는 한국어와 마찬가지로 문장의 맨 뒤에 위치한다. 하지만 서술하는 부분을 강조하기 위해 위에 제시한 예시문과 같이 서술어 전치가 가능하다.

4.2.2. 목적어의 위치 변화

한국어에서는 조사 '를/을'이 체언에 결합하기 때문에 목적어의 위치가 변화하더라도 문장에서 목적어의 역할은 변하지 않는다. 그런데 중국어에서는 어순을 통해서만이 목적어를 확인할 수 있다. 따라서 일반적으로 목적어 위치는 변할 수 없고, 다만 직접 인용문으로 된 목적어를 문장 맨 앞으로 바꿀 수 있다.

① 누가 때렸어, 내 금쪽같은 <u>새끼를</u>?
　(是谁打的? 我的<u>心肝宝贝</u>.)
② <u>다음 대선을</u> 온 국민들은 기다리고 있다.
　(<u>下次大选</u>, 全体国民都等待着。)

위의 예문 ①에서 목적어가 문장 맨 뒤에 오거나 ②처럼 문장 맨 앞에 올 수 있다. 그러나 간접목적어일 경우에는 아래와 같다.

③ 나는 <u>수지에게</u> 반지를 주었다. (我给<u>秀智</u><u>戒指</u>了。)
　→ 반지를 나는 <u>수지에게</u> 주었다.　　　　　　(O)
　　(<u>戒指</u>被我给了<u>秀智</u>。)　　　　　　　　　(O)
　→ <u>영수에게</u> 나는 꽃을 주었다.　　　　　　　(O)
　　(<u>秀智</u>我<u>戒指</u>给了。)　　　　　　　　　　(X)
④ 그는 우리가 한 <u>약속을</u> 잊었다.
　→ 他把我们的约定忘了。(혹, 他忘记了我们的约定。) (O)

중국어는 고립어이기 때문에 어순배열에 의해 목적어가 결정되지만, 개사 '把'를 사용하여 목적어를 서술어 앞에 둘 수 있다. 이는 '주어-목적어-서술어' 형식의 한국어 기본 문장 어순과 같다.

4.2.3. 관형어의 위치 변화

한국어에서 관형어는 체언을 수식한다. 단, 관형어로서의 수사는 '차 한 잔.(一杯茶。)'처럼 후치(后置)하는 것이 자연스럽다. 한국어에서 관형어의 위치가 변하려면 관형어와 피수식하는 체언과 함께 위치를 바꿔야 한다. 중국어에서 관형어는 피수식하는 체언 뒤에 오는 경우가 있다. 예를 들면 다음과 같다.

① 我还期待着新事物的产生, <u>无名的, 意外的</u>。
  (저는 역시 <u>무명하고 의외의</u> 새로운 것의 도래를 기다리고 있다.)
② 他们应该有新的生活, <u>前所未有的</u>。
  (그들은 <u>유례없는</u> 새로운 생활을 지내야지.)

중국어에서 관형어의 위치가 변하는 것은 피수식하는 부분을 강조할 수 있다. 예문 ①에서 '无名的, 意外的'(무명하고 의외의)라는 수식어를 도치시켜서 피수식어 '新事物'(새로운 것)의 특징을 부각시키면 더욱 인상적인 느낌을 준다. 예문 ②는 관형어 '前所未有的'를 도치시켜 피수식어 '新的生活'(새로운 생활)이 어떤 것인지를 강조하게 된다.

4.2.4. 부사어의 위치 변화

한국어의 문장 성분은 주성분, 종속성분, 독립성분 등으로 나뉜다. 주성분에는 주어(S), 서술어(P), 목적어(O), 보어(C)가, 종속성분에는 관형어(D)와 부사어(A)가, 독립성분에는 독립어(I)가 있다. 중국어의 문장 성분도 7가지로 분류된다. 즉, 주요성분은 主语(주어)·谓语(서술어)로, 연대성분은 宾语(빈어, 즉 목적어)·朴语(보어)로, 부가성분은 定语(즉, 관형어)·壮语(즉, 부사어)로, 독립성분은 外位语(외위어)·独立语(독립어)로 분류할 수 있다. 이러한 문장 성분의 용어는 한국어와 차이점이 있는데, 중국어에서는 목적어가 '宾语'로, 서술어가 '谓语'로, 관형어가 '定语'로, 부사어가 '状语'로 대응된다.

그런데, 여기서 한가지 지적해야 될 중요한 차이점은 중국어의 '보어'이다. 한국어에는 중국어의 보어와 대응되는 문장 성분이 따로 없다. 중국어의 보어는 일종의 부사어라고 할 수 있다. 다만, 일반적으로 부사어는 동사 앞에 오고 동사를 한정, 수식함에 반하여 중국어의 보어는 동사 뒤에 쓰이고 동사를 보충 설명하는 것이다.

한국어의 부사 기능은 용언을 수식하거나 문장을 수식하는 것이 일반적이지만[21) 아래와 같이 특수한 경우도 있다.

① 겨우 둘이 그 일을 했다.   (주어 수식)
② 민수는 매우 가난뱅이다.   (명사 수식)
③ 지은이는 겨우 하나를 먹었다.   (수사 수식)
④ 어머니는 아주 새 밍크코트를 사셨다. (관형사 수식)

---

21) 과연 그는 위대한 과학자이다. 그러나 아직 절망하지 않는 것이 좋다('그러나'를 독립어로 볼 수도 있다).

중국어에서 부사어는 일반적으로 동사 앞에 나타나지만, 일부 부사어는 동사 뒤에 위치할 수도 있다.

⑤ 他成长在国外。
⑤′ 他在国外成长。　　　　　(그는 외국에서 자랐다.)
⑥ 他躺在沙发上看电视。
⑥′ 他在沙发上躺着看电视。　(소파에 누워서 텔레비전을 본다.)

위의 예문에서처럼 '成长', '躺' 등 주어에만 동작이 미치는 동사가 나타날 때에는 부사어가 동사 앞이나 뒤에 모두 놓일 수 있다.

중국어 어순은 SVO유형으로 부사어가 동사와 목적어 앞에 오는 것이 일반적이다. 다만 정도부사어로 사용된 형용사는 일반적으로 동사와 목적어 앞에 위치하지만, '得'과 함께 쓰이는 경우에는 정도부사어가 목적어 뒤에 놓인다.

⑦ 明佑跳舞跳得很好 。　　　(민우는 댄스를 잘한다.)

그리고 사동의 '把'자가 쓰일 때 중국어 어순은 SOV유형으로 나타난다. 이 경우에서는 부사어가 목적어와 동사 뒤로 간다.

⑧ 今年我把博士课程修完了。
　　(올해 저는 박사과정을 수료했다.)
⑨ 妈妈把女儿的结婚照摆到新房里了。
　　(엄마가 딸의 결혼 사진을 신혼집에 갖다 놓았다.)

한국어와 중국어의 부사어는 모두 위치를 바꿀 수 있다. 즉, 부사어가 주어 앞이나 서술어 뒤로 위치를 바꿀 수 있다. 한국어는 조사가 있기 때문에 위치 변화가 중국어보다 수월한 편이다.

 ⑩ 방으로 들어와요, <u>빨리</u>.   (<u>快点</u>进屋。)

 ⑪ <u>어두운 밤에</u> 눈이 내리고 있다. (<u>昏暗的夜晚</u>, 下着雪。)

 ⑫ 我的松鼠, 是常再眼前游行的, <u>或桌上, 或地上</u>。

  (나의 다람쥐는 자주 눈 앞에, <u>책상이니 땅이니</u>, 왔다갔다 해요.)

 ⑬ <u>不知不觉地</u>, 已经到了年末了。

  (<u>나도 모르게</u> 이미 연말이 다가오고 있다.)

5 결론

 중국인 학습자들이 한국어를 배우는 초급 단계에서 모국어와 가장 큰 차이를 보여주는 것 중 하나가 어순에 대한 것이다. 따라서 초급부터 교사들이 한국어 어순에 대한 정확한 지식을 가르쳐야 한다. 하지만 한국어 어순이 상대적으로 자유로운 편이기 때문에 모국어와 비슷한 부분에 대해 대조·분석하는 방법으로 한국어 어순에 대해 먼저 익숙하고 적응하려는 학습 방법이 효율적일 수 있다.

 한국어의 목적어는 서술어 앞에 위치하고, 수식어는 피수식어 앞에 위치한다. 보어는 서술어 앞에 위치하는데 학교문법에서 규정하는 보어는 비교적 생소하여 보격조사 '-이/-가'와 결합해야만 한다. 이에 대해 중국어의 기본 어순은 SVO 유형으로 많이 알려져 있으나 SOV 유형의 특징도 함께 가지고 있다. 목적어가 서술어의 뒤에 위치하는 것이 가장 일반적이지만 개사 '把'를 사용하면 목적어는 서술어 앞에 위치할 수 있다.

　다음으로 한국어와 중국어의 어순 차이를 고찰하였다. 서술어의 경우 한국어는 문장의 맨 뒤에 위치하는 반면 중국어는 동사의 경우 목적어 앞에, 명사나 형용사의 경우 문장의 맨 뒤에 위치한다. 목적어의 경우 한국어는 서술어 뒤에 위치하지만 중국어는 일반적으로 서술어 앞에 위치한다. 그러나 개사 '把'를 사용하면 목적어는 서술어 앞에 위치할 수 있다. 관형어의 경우 한국어와 중국어 모두 피수식어 앞에 위치하지만, 한국어는 '수사-양사'가 '명사'의 뒤에 오는 반면에 중국어는 '수사-양사'가 '명사' 앞에 위치한다. 부사어의 경우 관형어와 마찬가지로 한국어와 중국어 모두 피수식어인 동사, 형용사 앞에 위치하지만 한국어의 경우 성분 부사를 제외한 문장 부사는 문장에서의 위치가 비교적 자유롭다. 반면 중국어의 경우 한국어에 비해 비교적 고정적인 어순을 가지고 있다. 보어의 경우 한국어와 중국어의 성분에 대한 정의와 활용에서 많은 차이가 있다. 한국어는 보어가 서술어의 뒤에 위치하는 반면에 중국어는 보어가 서술어의 뒤에 위치한다. 한국어는 보어의 용법이 제한되어 있는 반면, 중국어는 활용이 다양하여 한국어의 부사어와 비슷한 용법으로 사용되기도 한다.

　한국어와 중국어의 어순 유형과 그 특징을 살펴보면 기본 어순의 유형이 SOV 유형이냐 SVO 유형이냐의 차이보다 어순 배열로부터 비교적 자유롭게 문장을 표현할 수 있는 것과 그렇지 않은 것과의 차이라고 보는 것이 적절할 것이다. 고립어에 속하는 중국어는 시제나 인칭에 따른 형태변화가 없기 때문에 주로 어순과 허사에 의해 문법 관계가 이루어진다. 반면 교착어에 속하는 한국어는 형태소에 다양한 조사가 결합하고, 형태변화에 있어 통용 범위가 넓기 때문에 중국어에 비해 어순 배열이 자유롭다고 할 수 있다.

　한국어와 중국어의 문장 어순을 대비 분석함으로써 일반적인 어순의 위치를 밝히고, 일부 성분의 위치 변화에 따른 유형과 그 특징을 사례를 통해 논의함으로써 중국인 학습자가 한국어를 효율적으로 구사하는 방안의 틀을 제시한 데 본고의 의의가 있다고 본다.

참고문헌

강윤옥(2004), 『실용중국어문법』, 신아사.

고영근·남기심(1993), 『표준국어문법론』, 탑출판사.

김승렬(1988), 『국어 어순 연구』, 한신문화사.

_____(1990), "보편적 어순제약과 국어의 어순-하나의 작은 문법 연습(6), 『어문논집』 24-25, pp.69-80.

박덕유(2009), 『학교문법론의 이해』, 역락출판사.

박성숙(2010), "외국인을 위한 한국어 어순 교육 방안", 경희대학교석사학위논문.

성기철(1992), 『국어 어순 연구』, 『한글』(한글학회) 218, pp.77-114.

송경안·이기갑 외(2008), 『언어유형론1』, 월인.

손금추(2011), "한·중 어순에 대한 유형론적 연구 - 명사구, 합성명사, 부치사구를 중심으로", 경희대학교 박사학위논문.

심 방(2011), "중국인 학습자를 위한 한국어 어순 교육 방안에 대한 고찰-중급 학습자를 대상으로", 경희대학교 석사학위논문.

안 씬(2009), "한국어와 중국어의 어순대비 연구", 충남대학교 석사학위논문.

유동석(1984), "양태 조사의 정보기능에 대한 연구: {이}, {을}, {은}을 중심으로", 서울대학교 석사학위논문.

_____(1995), 『국어의 매개변인 문법』, 신구문화사.

이소영(1993), "국어 성분의 어순 연구", 『원우논총』 제11집, pp.223-241.

이익섭(1973), "국어 수량사의 통사기능에 대하여, 『어학연구』(서울대 어학연구소) 9-1, pp.46-63.

이익섭 외(2003), 『한국의 언어』, 신구문화사.

임홍빈(1998), "통사적 파생에 대하여", 『국어문법의 심층2』, 태학사.

채 완(1982), "국어수량사구의 통시적 고찰", 『진단학보』, 진단학회.

_____(1986), 『국어 어순의 연구-반복 및 병렬을 중심으로』, 탑출판사.

태평무(2005), 『중국어와 한국어의 어순대비 연구』, 신성출판사.

Chomsky, N.(1965), *Aspect of the Theory of Syntax*, Cambridge, M.I.T Press.

GreenBerg, Joseph H(1963/1966). "Some Universals of Grammar with Particular Reference to the Order of Meaningful Elements", *Universals of Language*, The MIT Press, Cambridge/Massachusetts.

Weil, H(1844), The Order of Words in the Ancient Languages Compared with that of the Modern Languages, trns, by C.W, Super, Boston: Ginn & Company, 1887. *Amsterdam Classics in Linguistics* vol. 14, Amsterdam: John Benjamins B.V.1978.

齐沪扬(2007), 『现代汉语』, 商务印出版社..

杨德峰(2004), 『汉语的结构和句子研究』, 教育科学出版社.

姜吉云(2002), 『通时国文法精说 下卷』, 한국문화사.

戴浩一(1994), "以认知为基础的汉语功能语法邹议", 『功能主义与汉语语法』, 北京语言学院出版社.

黎锦熙(1933), 『新著国语文法』, 商务印出版社。

刘丹青(2003), 『语顺类型学与介词理论』, 商务印出版社。

_____(2008), 『语法调查研究手册』, 上海教育出版社。

刘月华(2009), 『实用现代汉语语法』, 商务印书馆。

黄伯荣·廖序东(2007), 『现代汉语』, 高等教育出版社。

朱德熙(1982), 『语法讲义』, 北京大学出版社。

참조 사이트: http://kostat.go.kr.

한국어와 중국어의
의문문 간접 화행 대조 연구
-지시화행을 중심으로-

 서론

1.1. 문제 제기

언어는 인간의 사고도구이면서 인간과 인간 사이의 의사소통 행위의 도구이다. 인간의 언어를 통해서 이루어진 의사소통의 목적은 상대방의 생각이나 의도를 파악하거나 자기의 생각이나 의도를 표출하는데 있다. 보통 문장의 유형과 의미·기능은 대응 관계로 이루어지는데 진술문은 진술기능을 수행하고, 의문문은 의문기능을 수행하며 명령문은 명령기능을 수행한다. 그러나 실제 의사소통에서 문장의 유형과 기능은 반드시 일대일의 대응관계로 이루어지는 것이 아니고 복잡한 대응 관계가 나타난다. 어떠한 문장 형태는 주어진 화맥에 따라 여러 가지 기능으로 해석될 수도 있고 어떠한 기능은 여러 가지 문장 형태로 나타낼 수도 있다. 언어 형식과 기능은 양방향적인 관계로 이루어진다.

(1) ㄱ. 문을 좀 닫아 주세요.   (명령문)
　　ㄴ. 문은 좀 닫아 주실래요?   (의문문)
　　ㄷ. 방이 좀 추운 것 같아요.   (서술문)
　　ㄹ. 방이 좀 춥네요!   (감탄문)

위 예문 (1)과 같이 상대방에게 문을 닫아 달라고 하는 요청을 수행할 때 적어도 명령, 의문, 서술, 감탄 4가지 서법 표현 문형으로 이루어질 수 있다.

(2) ㄱ. 문 좀 닫아 주시겠어요?
　　ㄴ. 문 좀 닫아 주실래요?
　　ㄷ. 좀 춥지 않아요?

위 예문 (2)처럼 의문형 서법이라고 해도 여러 가지 표현 형태로 같은 기능을 나타낼 수 있다.

(3) 문이 열려 있어요.

위의 예문 (3)은 청자에게 단순히 문이 열려 있다는 진술 기능을 수행할 수도 있지만 주어진 화맥에 따라 추워서 문을 닫아 달라고 하는 요청일 수도 있다. 이와 같이 한 문형 표현은 주어진 화맥에 따라 다르게 해석할 수도 있다는 것이다. 이와 같이 한 문장이 두 개 이상의 기능을 수행하는 원인을 이창덕(1992)은 인간이 언어로 수행하고자 하는 기능이 매우 다양하나 기억상의 문제와 효율성의 문제 때문에 한정된 언어 형식 체계를 가능한 여러 가지 기능으로 확대 사용할 수밖에 없다고 언급했다.

이처럼 실생활에서 문장의 유형과 수행하는 화행은 엄격하게 대응하는 것이라기보다는 구체적인 맥락에서 다양한 의미·기능을 나타내는 것으로 볼 수 있다. 의사소통에서 이 같은 간접화행을 정확히 판단하지 못하면 발화의 내용을 제대로 이해하기 어렵고 원활한 의사소통이 이루어지지 못할 가능성이 높아질 것이다.

1.2. 연구의 목적 및 필요성

화자의 청자에 대한 생각이나 태도가 문장의 종결어미에 나타나는 것을 서법이라고 하는데 서법에 따라 한국어 문장을 평서문, 의문문, 명령문, 청유문, 감탄문으로 나눈다. 박덕유(2012:210)에서는 의문문은 화자가 청자에게 질문하여 그 대답을 요구하는 문장 종결 양식으로 단순한 서술에 머물지 않는다는 점에서 평서문이나 감탄문과 다르고, 어떤 행동을 요구하지 않는다는 점에서 명령문이나 청유문과 다르다고 하였다. 의문문은 일반적으로 이처럼 다른 서법과 구별해서 의문 화행을 수행하지만 한국인 모어화자들이 일상담화에서 의문문은 다른 서법을 대체해서 명령화행, 진술화행 등 같은 비의문 화행을 수행하는 경우도 많다는 것이 사실이다.

국립국어원(2012)의 "국제 통용 한국어교육 표준 모형 개발"에서 '표준 교육과정의 등급별 내용 기술'부분에 의문문에 관한 명시적인 기술을 다음과 같이 제시하고 있다.

<표 1> 의문문의 등급별 내용 기술

등급	의문문과 상관된 내용
1급	의문문(누가, 언제, 어디, 무엇, 왜 등)으로 구성된 의미를 이해하고 바르게 사용한다.
3급	특수의문문의 구조를 파악하고 바르게 사용한다.

<표 1>에서 보듯이 의문문의 교육·학습은 초급단계에서 의문기능을 수행하는 직접화행을 학습하고, 중급단계부터 의문문의 간접화행을 수행하는 특수의문문을 학습하는 계획임을 알 수 있다. 그러나 사실은 현행 한국어 교재에서 간접화행을 수행하는 특수의문문에 대한 제시는 거의 없는 상황이고 외국어로서의 한국어교육 현장에서도 실제로 많이 언급하지 못하고 있는 실정이다. 의문문의 다양한 간접화행의 제시 부족으로 한국어 학습자들이 수업시간에는 의문문의 개념을 이해하였으나 실제 발화에서는 제대로 사용하지 못하거나 어색하게 사용한다는 문제점이 발생한다. 일상적인 담화에서는 청자의 기분을 상하지 않게 하려고 명령문에 의해 실현시키는 지시화행보다 의문문에 의해 실현시키는 간접 지시화행이 더 많다.

한국어 모국어 화자는 일상 담화에서 전형적인 지시화행 종결어미 '-(으)세요', '-아/어/여 주세요'보다는 의문종결 어미로 이루어진 의문문을 더 많이 사용한다. 그러나 외국인 학습자의 경우, 특히 초·중급 중국인 학습자의 경우에는 의문문으로 수행하는 간접 지시화행보다 '-(으)세요', '-아/어/여 주세요' 등으로 이루어진 명령문으로 수행하는 직접 지시화행을 더 많이 사용한다. 이것은 간접화행보다 직적화행을 파악하기가 훨씬 쉽다는 이유도 있지만 중국인 학습자들이 자주 사용하는 '-(으)세요', '-아/어/여 주세요' 유형의 표현은 중국어 경어법 표

현 어휘 '请'과 대응되는 데 그 원인을 찾을 수 있다.

아시다시피 중국어의 경어법은 한국어처럼 복잡하지 않다. 명령문에 존경을 나타내는 부사 '请'을 붙이는 간결한 방식으로 이는 청자를 높이는 관습적인 수단으로 사용되어 왔다. 중국인 학습자는 모국어의 영향으로 '-(으)세요', '-아/어/여 주세요'의 요청 형태가 '-아/어라'의 명령형의 문법 형태와 비교해서 매우 존경적인 표현인줄 알고 사용한다.[1]

언어는 일정한 규칙으로 이루어지는 체계이고 서로 다른 언어체계의 구성방식과 사용규칙이 다르다. 대다수의 언어 학습자는 모국어 언어 체계의 인지 기초 상의 외국어를 배우기 때문에 모국어의 영향을 피할 수 없다. Brown(2010:107)에서 인간은 새로운 문제를 접하면 기존의 인지 구조 내에서 통찰, 논리적 사고, 다양한 가설 검증 등, 선행 경험과 자신의 인지 구조를 충분히 활용하여 그 문제를 해결한다. 이와 같이 외국인 학습자들도 언어를 배울 때 기존의 인지 구조 내에서 모국어의 언어 규칙을 활용해서 의사소통문제를 해결하는 경향이 있다. 학습자가 제2언어를 학습하는 과정은 바로 제2언어와 모국어를 비교하는 과정이며 이 과정 중에 학습자는 불가피하게 모국어의 영향을 받는다. 비교는 인간이 세계를 인식하는 기본 방법의 하나로써 언어간 대비는 언어 특성의 파악에 큰 가치가 있다고 볼 수 있다. 언어간 화용론적 대비는 크게 두 가지 기준으로 전개할 수 있다. 하나는 유사한 언어 표현 방식을 기초로 하여 같은 표현 방식이 다른 언어에서의 화용 기능이 어떻게 다른가를 비교하는 것이고, 다른 하나는 유사한 화용 기능을 대비의 기준으로 하여 같은 화용 기능이 다른 언어

---

1) '-세요'나 '-아(어)라' 모두 명령형 어미로 화계의 차이만 있을 뿐이다. 즉, '-세요'는 명령형 해요체이고, '-아(어)라'는 명령형 해라체이다.

에서 어떤 표현 형태로 이루어지는지를 비교할 수 있는 것이다.

본고는 한·중 의문문의 지시화행을 바탕으로 하여 그 지시화행이 이루어진 문법요소의 대비를 통하여 한·중 의문문의 지시화행의 유사점과 차이점을 고찰하고자 한다.

2 이론적 배경

화행론(話行論)의 시작은 영국 철학가 J. Austin(1962)에서 찾을 수 있고, 그 후 Austin의 제자인 Searle은 Austin의 화행론을 기초로 하여 이를 보완하고 체계화하여 1975년에 간접화행론을 발표했다. 그 화행론의 핵심은 "말하기는 특정한 목적을 수반하는 행위이다."라는 것으로 "인간의 의사소통의 최소 단위는 단어도 아니고 문장도 아니며, 그리고 또 어떤 표현도 아니며, 그것은 화자가 '서술', '의문', '명령', '사과', '약속'……등을 행하는 어떤 종류의 행위를 수행하는 것이다"라고 주장하였다. 그는 모든 발화문을 '언표 행위(locutionary act)', '언표내적 행위(illocutionary act)', 그리고 '언향적 행위(perlocutionary act)'로 구분하였다.2) 언표 행위는 발화 자체를 가리키며, 언표내적 행위는 발화에 의해 특정 행동을 수행하는 행위이며, 언향적 행위는 발화 수반 행위를 통해 일어나는 영향을 의미한다. 그중 언표내적 행위가 가장 중심이 되는 행위로 화자가 의사소통에서 언어를 통하여 수행하려는 의도적인 행위로 이해된다. Stearl(1979)은 인간의 언어적 의사소

---

2) '언표 행위, 언표내적 행위, 언향적 행위'를 '발화 행위, 발화 수반 행위, 발화 영향 행위'라고 번역한다.

통의 기본 단위는 언표내적 행위라고 주장했다. 언표내적 행위를 식별하지 못하면 화행을 수행하는 과정에서 오해가 발생할 수 있기 때문에 화자와 청자 모두 언표내적 행위를 식별할 수 있는 능력을 갖춰야 한다는 것이다. 언표내적 행위는 화자가 의사소통에서 언어를 통하여 수행하려는 의도적인 행위이다. 일반적으로 하나의 발화는 언어 형식과 대응하는 언표내적 행위를 수행하나 때로는 언어 형식이 수행하는 것과는 다른 화행을 수행한다. 이와 같이 언표내적 행위에 대한 분석을 통해서 직접화행과 간접화행을 구분해 볼 필요가 있다.

2.1. 직접화행과 간접화행

언표내적 행위는 문법적 범주 표지에 의해 나타나는 것으로 예를 들어 (4)는 '-니'라는 질문의 문법적 범주 표지에 의해 질문의 언표내적 행위를 수행한다.

(4) 공부하니?

이렇게 문법 범주 표지에 의해 특정의 언표내적 힘이 명시적으로 나타나는 발화가 직접화행이다. 그러나 모든 발화가 발화 형식과 대응하는 언표내적 행위만을 수행하는 것은 아니다. 발화에는 예문 (5)처럼 언어 형식과 다른 언표내적 힘을 갖는 것도 있다.

(5) ㄱ. 소금 좀 주시겠습니까?
    ㄴ. 소금 있어요?

예문 (5)는 형식적으로는 의문문이지만 실제로 수행되는 화행은 상대방의 지위나 대화 상황에 따라 요청과 명령의 언표내적 힘을 갖고 요청이나 명령 화행을 수행한다. 이러한 경우를 '간접화행'이라고 한다.

2.2. 화맥

언어를 이해하는 데 있어 언어 표현과 관련된 배경을 이해하는 사람과 그렇지 못한 사람 사이에는 동일한 상황에서도 이해의 정도 차이가 있을 것이다. 또한 같은 맥락의 이야기를 어떻게 표현하는가에 따라 이야기의 내용 전달 능력에도 차이가 생길 것이다. 간접화행은 직접화행에 비해 맥락 의존도가 높다. 따라서 간접화행을 이해하기 위해서는 맥락과 상황의 분석이 매우 중요하다. 화맥은 화자로 하여금 발화를 수행하게 하는 배경적 지식이 되며 청자로 하여금 화자의 발화를 해석하는 기준으로 작용한다. 즉 발화행동은 시간과 공간 속에서 사회적인 인간관계를 배경으로 행해지며, 화맥은 화자와 청자의 이러한 배경적 지식을 기초로 구성된다. 따라서 하나의 발화는 그것이 발화된 상황, 즉 맥락에 따라 의미하는 바가 전혀 다르게 실현되므로 이러한 배경적 지식, 즉 화맥을 알지 못하고서는 발화가 가지고 있는 의미를 올바르게 해석할 수 없다.

2.3. 간접화행을 이루는 요소

간접화행의 실현은 화맥 의존도가 높지만 전적으로 화맥으로 실현되는 것은 아니다.

(6) ㄱ. 빨리 일어나지 못해?

　　ㄴ. 짐을 좀 들어주시겠어요?

예문 (6)은 모두 의문문으로 수행하는 지시화행이다. (6ㄱ)에서는 재촉을 나타내는 부사 '빨리'를 부정법 '-지 못하다'와 결합하였다, 그리고 (6ㄴ)에서는 완곡장치로 쓰는 부사 '좀'과 청자를 높이는 통사 구조 '-어 주다'와 결합하고, 여기에 상대방의 의향을 물어보는 선어말 어미 '-겠-'과 결합하였는데, 이들은 모두 간접화행을 실현시키는 데 중요한 역할을 한다.

3 의문문의 지시화행

의문문의 지시화행은 의문문의 간접화행에서 사용빈도가 상대적으로 높은 화행이다. 의문문의 지시화행은 청자의 대답보다는 행동을 요구하는 경우이다. 지시기능을 수행하는 의문문에서 화자 발화의 의도는 청자에게서 정보를 요구하는 것보다 청자가 어떤 행동을 하도록 하거나 청자를 요청해서 화자와 같이 어떤 행동을 한다는 것이다. Searle(1975)[3)]의 화행 적정 조건으로 측정하면 일부 의문문은 의문화

---

3) 지시화행의 적정 조건(Searle, 1975)

	지시화행 (Directive)
명제 내용 조건	화자는 청자가 수행할 행위 A를 예측한다.
예비조건	청자는 행위 A를 수행할 수 있다.
성실성 조건	화자는 청자가 행위 A를 하기를 원한다.
본질 조건	청자가 행위 A를 실행하도록 설득하기 위한 시도로 간주한다.

행의 적정 조건에 만족하지 않은 반면에 지시화행의 적정 조건에 만족한다. 이런 지시화행의 적정 조건에 만족하는 의문문은 지시화행을 수행한다고 본다.

(7) 교수님 전화번호를 아니?

예문 (7)은 교수님의 전화번호를 아느냐 모르냐 물어 보는 의문화행이 아니고 청자에게 전화번호를 알려달라고 하는 일종의 지시화행이다.

학자에 따라 지시 화행의 하위 분류는 다양하다. Tsui(1994)는 Searle(1975)의 지시적 화행에 속하는 세부 유형을 크게 요청과 지시로 구분하였다. 요청화행은 다시 요청, 초대, 제고, 제의로 나누고, 지시화행은 다시 명령과 권고로 나눈다.

<표 2> 지시화행의 세부 유형(Tsui, 1994)

지시화행	요청	요청, 초대, 제고, 제의	①화자는 특정 행동이 수행되기를 진정으로 원하며 그 행동은 수행될 필요가 있다고 믿는다. ②청자는 행동을 수행하거나 행동이 수행되도록 할 수 있으며 그 행동에 이의를 갖지 않을 것이라고 예측된다. ③청자가 요구된 행동을 수행할지는 분명하지 않다.
	지시	명령	화자에게 지시할 권한 또는 의미가 있는 것으로 청자가 수락이나 거절을 선택할 가능성이 희박하다.
		권고 (제안)	청자가 화자의 지시를 따라야 하는 의무가 없으며, 부분적으로는 청자에게 이익이 된다고 생각하여 화자가 권고한 것으로 수락 여부는 전적으로 청자에게 달려 있다.

강현화(2007)는 한국어의 언어 특징과 결합해서 지시화행을 다음과

같이 분류하였다.

<표 3> 지시화행의 분류(강현화, 2007)

+강제성	+상하관계	+화자도움		⇨명령
		+청자도움		⇨권고
	±상하관계	+화자도움	+화자권리	⇨요구
-강제성	±상하관계	+화자도움		⇨요청
		+화/청자도움	함께 행동	⇨제안
		+청자도움		⇨제의

　　지시화행의 하위분류가 다양하지만 실생활에서 의문문으로 수행하는 지시화행은 주로 '명령화행', '요청화행', '제안화행'이 대표적이다.
　　지시화행이 다른 화행과 구별되는 가장 뚜렷한 특징은 청자의 행동을 이끌어내기 위해 의문문으로 발화하는 것이라고 할 수 있다. '명령화행', '요청화행', '제안화행'은 청자의 행동을 요구함으로써 청자의 자유 의지를 침범하게 되는 공동 속성을 가지고 있어서 모두 지시화행의 하위 분류로 나눌 수 있다. 명령화행은 강제성이 있는 반면에 요청화행과 제안화행은 강제성이 없다는 점에서 명령화행과 구별되며, 요청화행과 제안화행은 화자가 청자로부터 이끌어내고자 하는 행동이 화자에게 이득이 되는지 아니면 청자에게 이득이 되는지에 따라 달라진다.
　　이에 의문문의 지시화행을 분류하면 <표 4>와 같다.

<표 4> 의문문의 지시화행 하위 분류 기준

	화자 권위	이득	행위 수행 주체
명령 화행	화자에게 권위가 있다.	화자에게 이득이 된다.	행동의 주체가 청자일 경우
요청 화행	화자에게 권위가 없다.	화자에게 이득이 된다.	행동의 주체가 청자일 수도 있고 청·화자일 수도 있다.
제안 화행	화자에게 권위가 없다.	청자나 화자·청자에게 이득이 된다.	행동의 주체가 청자일 수도 있고 청·화자일 수도 있다.

4 한·중 의문문 지시화행 실현 요소의 대비 분석

발화의 기능을 결정하는 요소는 크게 문장차원 요소와 담화차원 요소로 나눌 수 있다. 문장차원 요소란 문장을 이루는 음운적, 어휘적, 통사적 요소를 가리키며 담화차원 요소는 발화의 맥락과 상황을 말한다. 간접화행을 관한 연구에서 담화차원 요소(화맥)을 많이 언급하는 반면에, 문장차원 요소에 대한 연구는 아직 미진한 상태이다. 본문은 주로 한국어와 중국어 의문문의 지시화행을 이루는 문장차원 요소를 대비하는데 초점을 둔다.

4.1. 명령화행의 실현 요소

명령화행은 보통 명령문으로 실현되지만 한국어 모어 화자는 실생활에서 의문문으로 명령화행을 수행하는 경우가 있다. 의문문으로 수행하는 명령화행은 직접 명령화행보다 명령의 정도가 더 강하고 질책, 불만, 경고, 분노 같은 감정 색깔이 동반된다. 화자의 입장에서 청자가 발화 당시에 해야 할 일을 안하고 있거나 하지 않아야 하는 행동을 하고 있는 것이다. 의문문을 통해 화자의 발화 표현이 강경하고 눈앞의 상황에 대한 불만을 남김없이 표출함으로써 청자는 선택할 여지가 없고 무조건 그 발언에 따르기만 하는 처지이다.

(8) ㄱ. 빨리 일어나!　　　　　(직적 명령화행)
　　ㄴ. 빨리 일어나지 못해?　　(간접 명령화행)

　예문 (8ㄱ)은 명령문으로 직접적으로 명령화행을 수행하고, (8ㄴ)은 의문문으로 간접적으로 명령화행을 수행한다. (8ㄴ)은 의문문으로 화자의 불만을 전달하면서 올바른 행동을 하라고 재촉하는 표현이다. (8ㄴ)은 (8ㄱ)보다 명령을 따르지 않으면 심각한 결과를 초래할 경고가 내포되고 화자의 강한 태도가 엿보인다.
　의문문으로 수행하는 명령화행은 크게 어떤 행동을 하라고 재촉하는 화행과 반대로 어떤 행동을 하지 말라고 금지하는 화행으로 나눌 수 있다.

(9) ㄱ. 빨리 안 가?
　　ㄴ. 왜 아직도 안 자니?
(10) ㄱ. 너 계속 이럴래?
　　ㄴ. 그만 먹지 못해?

　예문 (9)는 모두 청자에게 어떤 행동을 빨리 하라는 재촉 화행인데 (9ㄱ)은 청자에게 빨리 가라고 하는 재촉이고, (9ㄴ)은 빨리 자라고 하는 재촉이다. 예문 (10)은 모두 청자에게 어떤 행동을 그만 하라는 금지 화행인데 (10ㄱ)은 청자에게 그렇게 하지 말라고 하는 협박적인 것이고 (10ㄴ)은 먹지 말라는 금지의 화행이다.

이어서 한국어 명령화행의 실현요소를 살펴보겠다.

4.1.1. 한국어 명령화행의 실현 요소

(1) 종결어미

명령화행에서는 청자가 낮은 위치에 처해 있어 화자의 권위를 나타낸다. 보통 반말체 종결어미 '-아/어?', '-ㄹ래?'와 많이 공기된다.

　① '-아/어?'

　(11) 빨리 옷 입지 않아?
　　　빨리 일어나지 못해?

　② '-ㄹ래?'

　(12) 너 정말 까불래?
　　　너 죽을래?

(2) 부정법

부정법은 명령화행을 수행하는 중요한 방식으로 '부정+의문'의 형식으로 강한 명령 기능을 수행한다.

　(13) 빨리 안 가니?
　　　빨리 일어나지 못해?

(3) 부사

의문문으로 수행하는 명령화행은 대부분 어떤 행동을 빨리 하라는 재촉 명령이라서 '빨리', '얼른', '어서', '당장' 등 부사와 같이 많이 공기된다. 명령 화행을 수행할 때 공기되는 부사 '좀'은 여기서 완화 장치가 아니라 강조 장치로 변환된다.

(14) <u>빨리</u> 안 가니?

<u>어서</u> 일어나지 못해?

<u>좀</u> 조용히 하지 못해?

<u>당장</u> 나가지 못해?

<u>당장</u> 형한테 사과 안 해?

4.1.2. 중국어 명령화행의 실현 요소

(1) 의문사

중국어에서 동사와 의문사 '什么(무엇)'이 같이 공기해서 명령기능을 수행할 수 있다. 이런 경우는 청자에게 어떤 행동을 하지 말라고 금지하는 의미가 들어 있다. 동사와의 결합관계로 아래 3가지 유형으로 나눌 수 있다.

① 동사+什么(무엇)

(15) 你嚷什么 ?　　　그만 떠들썩하지 못해!

你狂什么 ?　　　까불지 마!/경박하지 마!

你瞎说什么 ?　　허튼소리를 하지 마!

② '什么'로 동사를 두 번 반복해서 이어주는 형태로 명령 화행을

수행한다.

> (16) 还吃什么吃？　　　　　그만 먹지 못해?
>   你哭什么哭? 烦死人了!　울기는 왜 울어? 사람을 짜증나게!

③ 이합사4)의 중간에 들어가서 명령화행을 수행한다.

> (17) 你发什么呆呀？快给客人倒茶啊!
>   멍해 있지 말고 빨리 손님에게 차를 따라 드려야지!
>   我只是开个玩笑, 你当什么真那？
>   나는 그저 농담을 했을 뿐인데 뭘 진담으로 생각해?

(2) 부사
① 还不+(赶快/快点)
'还不'는 한국어 '아직도'로 번역해서 이해할 수 있다. 보통 화자가 청자에게 어떤 행동을 해야 한다고 일깨워 주는 식으로 쓴다. 재촉을 나타내는 부사'赶快/快点(빨리)'등과 흔히 같이 공기된다.

> (18) 还不(赶快)道歉？　　　빨리 사과 안 해?
>   8点了, 还不(赶快)出发？벌써 8시이다. 빨리 안 가?

---

4) 이합사(離合詞)는 단어의 결합이 공고하지 못해 어떤 경우에는 떨어져서 사용하고(离) 어떤 경우에는 붙여서 사용하는(合) 특수 형태의 단어이다. 단어 '见面(만나다)'를 예를 들면, '见面'의 형태로 한 단어로 쓰이는 경우도 있는가 하면 '见'과 '面'를 분리해서 중간에 '他', '个'등 다른 단어가 들어가는 경우도 있다.

(3) 통사 구조

① 犯得着……吗？

중국어 통사 구조 '犯得着……吗？'는 한국어로 '그렇게 할 필요가 있냐?'로 번역할 수 있다. 이 통사 구조는 반문의 형식으로 '그렇게 할 필요가 없다'는 의미를 강조하게 나타난다.

(19) 你犯得着趟这趟浑水吗？　　이 따위 일을 상관하지 마세요.
　　　你犯得着跟这种人生气吗？　이런 인간에게 신경 쓰지 마세요.

4.2. 요청화행의 실현 요소

청자에게 어떤 행동 요구를 명령문으로 직적 수행을 나타나게 되지만 말투가 너무 딱딱하고 청자에게 거절의 여지를 주지 못하기 때문에 한국어 모어 화자는 실생활에서 의문문으로 완곡하게 자기의 의도를 나타내는 것을 더 선호한다. 이 같은 의문문으로 화자의 지시를 부탁하듯이 말하는 화행을 요청화행이라고 한다.

한국어 모어화자가 실생활에서 요청화행을 많이 수행하는 원인은 Leech(1980)의 '공손의 원리'와 '체면의 원리'에서 찾을 수 있다. Leech(1980)의 '공손의 원리'에 의하면 상대방에게 무슨 일을 요청할 때 상대방을 배려해서 부담을 최대로 줄여야 원활한 의사소통이 진행된다. 이처럼 의문문으로 상대방에게 완곡하게 요청하는 것이 '공손의 원리'에 적합한 것으로 상대방에게 선택의 여지를 주고 화자 자신의 의지를 상대방에게 억지로 부각시키는 것을 방지할 수 있다. 체면의 원리에 의하면 화자가 상대방의 체면을 고려하는 동시에 자기 자신의 체면도 지키려고 하는 것이다. 상대방에게 어떤 행동을 해 달라고 할 때 거절당할 수도 있으니 화자가 자신의 체면을 지키려는 의도

로 의문문을 많이 사용한다. 이처럼 의문문으로 수행하는 요청화행은
직접적인 명령화행보다 체면의 손상도를 최소화할 수 있다.

> (20) ㄱ. 안으로 안 들어가시겠습니까?
> ㄴ. 같이 안 들어가실래요?

예문 (20)은 직접 지시화행 '들어갑시다'보다 화자가 청자를 더 배
려하는 목적에서 의문문으로 완곡하게 발화하는 것이다.

4.2.1. 한국어 요청화행의 실현 요소

(1) 종결어미

요청하는 기능은 앞에서 언급했듯이 주로 청자 높임의 목적으로
사용되며, 종결어미는 청자를 높이는 의문형 종결어미처럼 사용한다.
주로 단순 질문 기능을 수행하는 의문형 종결 어미 '-아/어요', '-ㅂ니
까/습니까'과 같이 나타내거나 의향을 나타나는 의향 기능의 종결 어
미 '-ㄹ래요'와 같이 사용된다. 이는 화자보다 지위가 낮은 청자에게
높임보다 친근감을 주기 위해 상황에 따라 사용된다.

> (21) ㄱ. 논문을 좀 봐 주시겠습니까?
> ㄴ. 논문을 좀 봐 주(시)겠어요?
> ㄷ. 논문을 좀 봐 주실래요?
> ㄹ. 논문을 좀 봐 줄 수 있어요?

(2) 부정법

요청화행에서 부정법은 체면 손상을 방지하는 장치로 많이 사용
된다.

(22) ㄱ. 같이 가지 않겠나?

　　　ㄴ. 같이 가지 않을래요?

(3) 부사

요청화행의 이득을 얻는 사람은 화자이기 때문에 발화할 때 '공손의 원리'를 잘 지켜야 한다. 그렇기 때문에 의문문과 함께 부사 '좀'을 완화장치로 많이 쓴다.

(23) 논문을 좀 봐 줄 수 없습니까?

(4) 선어말 어미 '-겠-'

선어말 어미 '-겠-'은 미래시제라는 기본의미를 갖고 있고, 미래시제가 가지고 있는 불확실성, 미확인성, 미실현성 등으로 인하여 추측과 의도라는 양태적 의미를 표출한다.(박현주:2011:3). 따라서 선어말 어미 '-겠-'은 의문형 종결어미와 같이 공기함으로 의문문에서 양태를 나타낸다.

(24) ㄱ. 논문을 좀 봐 주시겠어요?

　　　ㄴ. 선생님, 오늘 숙제를 다시한번 말씀해 주시겠어요?

(5) 통사 구조

통사 구조는 의문문의 다양한 기능을 수행하는 데 중요한 역할을 한다.

① 아/어/여 주다

'아/어/여 주다'는 다른 사람을 위해 어떤 행동을 하는 것을 나타내는 통사 구조로 요청의 기능을 수행하는 의문문에서 청자가 화자에게 어떤 행동을 해 준다는 것을 나타낸다. 이때 화자가 이득을 얻는 사람이기 때문에 '아/어/여 주다'를 통해서 청자를 높인다.

> (25) ㄱ. 논문을 좀 봐 주실 수 있어요?
>   ㄴ. 창문을 좀 열어 줄래요?

② -ㄹ 수 있다/없다

통사 구조 '-ㄹ 수 있다/없다'는 어떤 일을 할 능력을 있는지 문의할 때도 상요되고, 양태를 나타내는 통사 구조로 상대방의 의향을 문의할 수도 있다. 화맥에 따라 청자에게 의향을 물어보는 방식으로 의문문 종결 표현 '아/어(요)', 'ㅂ/습니다'과 같은 요청기능을 수행한다.

> (26) ㄱ. 논문을 좀 봐 줄 수 있어요?
>   ㄴ. 저를 좀 도와 줄 수 없나요?

4.2.2. 중국어 요청화행의 실현 요소

(1) 양태 동사

요청화행을 수행하는 의문문은 주로 상대방의 의향을 묻는 방식으로 화자의 지시를 완곡하게 표현한다. 의향은 양태의 구성원으로 양태 범주와 긴밀한 관계를 맺는다. 고립어인 중국어는 주로 양태 동사[5]로 가능, 필연, 의지 등의 의미를 나타낸다. 양태 동사는 중국어 양태 표현의 핵심 구성요소라고 할 수 있다.

---

5) 한국어의 양태 표현과 대비하기 쉬워서 양태 동사라고 하지만 중국어에서 양태를 나타나는 동사는 정태동사(情態動詞)나 능원동사(能願動詞)라고 한다.

① 양태 동사(能／可以/要)+동사+吗?

(27) 我们也能把音响开得这么大吗?

　　　　　　　　우리도 음악을 이렇게 크게 틀어놔도 되나요?

　　你能帮我把行李拎楼上去吗?　짐을 위층에 좀 들어 줄래?

　　你可以为我唱支歌吗?　　노래 한 곡 불러 줄래?

　　要不要去我的房间洗手?　　내 방에 가서 손을 씻을래요?

예문 (27)에서 의문 어기사 '吗'는 주로 의문 기능을 수행하고 야태 동사 '能'과 '可以'는 상대방의 의향을 물어보는 기능을 수행한다.

② 양태 동사 + 부정법

양태 동사는 흔히 부정법과 같이 사용되어 '不+양태 동사+동사+吗?'의 형태로 의문문에서 완곡한 요청 기능을 수행한다.

(28) 你不能改一下晚睡的习惯吗?

　　　　　　　　늦잠 자는 습관을 좀 고칠 수 없나요?

　　你不能开心一点吗?　　좀 즐길 수 없어?

　　你不能大方一点吗?　　좀 더 후하면 안 되냐?

③ 양태 동사의 반복

중국어 의문문은 부정사 '不'로 양태 동사를 반복해서 연결하는 형식으로 요청화행을 수행할 수 있다.

(29) 你们可不可以借我点钱?　　돈을 좀 꿔 줄 수 없니?

　　你能不能往边儿上一点?　　옆에 좀 비켜 줄래요?

(2) 통사 구조

① 동사+行吗/好吗？

'行吗/好吗'는 보통 상대방에게서 허락을 받을 때 쓰는 표현인데 중국어에서 완곡하게 상대방에게 부탁을 들어달라고 할 때 사용된다.

> (30) 请让一下行吗(好吗)？　　　좀 비켜줄래요?
>
> 别吵了行吗(好吗)？　　　　그만 싸우면 안 돼요?

(3) 부사

① 부사'别' + 行不行, 好不好, 成不成, 行吗？好吗？成吗？

부사'别'은 중국어 명령문에서 어떤 행동을 금지하는 의미로 사용된다. 이는 한국어의 '-지 말다'와 대응할 수 있다. 금지를 나타내는 부사 '别'과 상대방의 의향을 물어보는 통사구조 '行不行, 好不好, 成不成, 行吗？好吗？成吗？'와 통합해서 상대방에게 어떤 행동을 부드럽게 금지하는 요청화행을 수행한다.

> (31) 你让我一个人待会儿好不好？
>
> 나를 좀 혼자 두게 하면 안 돼?
>
> 你别老跟我夸你儿子了, 成吗？
>
> 아들 자랑 그만 좀 하면 안 돼?
>
> 你别唠叨了, 成吗？
>
> 엄마, 잔소리를 그만 하시면 안 돼요?
>
> 你别拿这件事来烦我成不成？
>
> 이 일을 가지고 나를 귀찮게 하지 마.

(4) 부정법

부정법은 중국어 의문문의 요청화행을 실현하는 데 큰 역할을 한

다는 것을 앞에서 기술하였듯이 양태동사, 부사, 통사 구조를 통해서
잘 알 수 있다. 부사는 요청기능에서 주로 어문 어기사과 결합하거나
동사를 반복해서 이어주는 형식으로 요청 기능을 수행한다.

> (32) 你能不能往边儿上一点？　　옆에 좀 비켜 줄래요?
> 　　你不能大方一点吗？　　　　좀 더 후하면 안 되냐?
> 　　我们一起去好不好？　　　　같이 갈까?
> 　　你能不能帮我拎一下包？　　가방을 좀 들어줄래?

4.3. 제안화행의 실현 요소

제안화행이란 화자가 의문문을 통해서 청자에게 어떤 제안을 내면
서 완곡하게 화자의 의도를 표현함으로써 청자가 어떤 행동을 하도록
제안하는 것이다. 화자의 어떤 행동이 청자에게 이득이 된다는 생각
에서 의문문으로 설득하는 것이다. 상대방에게 새 정보를 요구하는
기능의 의문문과는 달리 의문문의 제안화행은 오히려 상대방에게 새
정보를 제공한다.

제안화행은 행동의 주체에 따라 청자 단독으로 행동하는 '청자 행
동 제안'과 청자와 화자가 같이 행동하는 '청자·화자 공동 제안'으로
나눌 수 있다.

① 청자 행동 제안

화자 자신이 행동할 의도가 없이 단순히 청자에게 어떤 행동 제안
을 제공할 뿐이다. 청자는 이 제안을 받으면 단독으로 행동하는 것이
고, 행동의 주체는 2인칭으로만 국한된다.

(33) ㄱ. 다시 해 보지 않을래요?

ㄴ. 이 문제를 좀 맞춰 보실래요?

ㄷ. 다시 한번 해 보지 않을래?

ㄹ. 문제 한번 맞춰 보시겠습니까?

② 청자·화자 공동 제안

화자가 청자와 같이 어떤 행동을 하기를 원할 때 의문문으로 제안을 제시하는 경우가 많다.

(34) ㄱ. 같이 해 보지 않을래요?

ㄴ. 한 번 더 해 볼까요?

4.3.1. 한국어 제안화행의 실현 요소

(1) 종결어미

제안 화행을 수행하는 의문형 종결어미는 요청화행을 수행하는 의문형 종결어미와 비슷하다. 주로 단순 질문 기능을 수행하는 의문형 종결 어미 '-아/어(요)', '-ㅂ니까/습니까'와 의향을 나타내는 의향 기능 종결 어미 '-ㄹ래(요)', 'ㄹ까(요)'가 있다. 화자보다 지위가 낮은 청자에게는 높임보다 친근감을 주려는 의도에서 상황에 따라 사용된다.

(35) ㄱ. 이 원피스를 한번 입어 보시지 않을래요?

ㄴ. 다시 한번 해 보지 않겠어요?

ㄷ. 문제 한번 맞춰 보시겠습니까?

ㄹ. 우리 같이 한 번 더 해 볼까요?

(2) 선어말 어미 '-겠-'

양태소 '-겠-'은 제안화행을 수행하는 의문문에서 주로 화자의 의향을 물어보는 방식으로 제안한다.

(36) ㄱ. 이쪽으로 오시겠어요?

ㄴ. 다시 한번 해 보지 않겠어요?

(3) 부정법

간접 제안화행은 청자에게 부담을 줄이는 목적으로 사용되는 화행이므로 발화에서 부정법을 완화장치로 많이 쓴다. 부정법의 제안화행에서는 흔히 '-는 게 -지 않아요?'와 같은 통사 구조로 나타난다. 다음 '통사 구조' 항목에서 자세히 제시하겠다.

(4) 통사 구조

① -지 그래요? /그러세요?

'-지 그래요?/그러세요?'는 완곡하게 조언하거나 권유함을 나타낸다.

(37) 그렇게 서두르지 말고 좀 천천히 하지 그래요?

아침부터 아무것도 먹지 않던데, 뭘 좀 먹지 그래?

피곤한 것 같은데 집에서 쉬지 그러세요?

감기에 걸린 것 같은데 병원에 가지 그러세요?

바쁘지 않으면 그 사람을 오늘 만나지 그러세요?

② -는 게 -지 않아요?

'-는 게 -지 않아요?'는 부정법으로 이루어진 통사 구조로 부정법에 의해 청자에게 완곡하게 제안한다.

(38) ㄱ. 택시를 타는 게 더 바르지 않아요?

ㄴ. 영어로 말하는 게 쉽지 않아요?

ㄷ. 침대에서 자는 게 더 편하지 않아요?

③ -(으)면 어떨까(요)?/어때요?

가정을 나타내는 연결어미와 의향을 나타내는 형용사 '어떻다'가 같이 통합해서 이루어진 통사 구조로 상대방의 의향을 물어보는 방식으로 제안한다.

(39) ㄱ. 저랑 같이 가면 어떨까요?/어때요?

ㄴ. 택시를 타는 게 어때요?

4.3.2. 중국어 제안화행의 실현 요소

(1) 양태사

중국어에서 어떤 행동을 해야 한다는 의미를 가지는 '该'과 '应当' 등 양태 동사는 의문 어기사와 결합해서 의문문에서 제안화행을 수행한다.

(40) 你的头发该剪了吧?

머리를 자를 때가 되었지?

咱们是不是应当去问问她的娘家人呢?

그녀의 친정집에 물어 봐야 한 것 아닙니까?

你是不是该跟他谈谈?

그 사람과 이야기를 해야 한 것 아닙니까?

(2) 부정사

부정사는 의문문의 제안화행을 수행하는 데 중요한 역할을 한다. 부정사는 의문 어기사과 결합해서 제안화행을 이루는 경우가 있고, 다른 요소와 통합해서 제안화행을 이루는 경우도 있다.

> (41) 你不跟他道别吗?　　그녀와 이별 인사를 안 하겠어요?
> 　　你不参加这次比赛吗?　이번 경기를 참가하지 않겠습니까?

(3) 의문사

① 怎么(为什么)不+동사+呢/呀?

제안 기능을 수행하는 '为什么不+동사+呢/呀'로 이루어진 의문문에서 '不'가 빠지면 안 되는 필수 요소이다. 문장 끝에 흔히 의문 어기 조사 '呢/呀'가 사용된다. 직접적인 건의보다 완곡하게 상대방에게 건의해 주고, 상대방에게 선택의 여지를 주며, 상호 간의 의사소통을 더 유쾌하게 만든다.

> (42) 怎么(为什么)不多拿点呢?　많이 가져가지 그래요?
> 　　怎么(为什么)不多吃点呢?　더 많이 드시지 그래요?
> 　　这么好的消息, 怎么(为什么)不早说啊?
> 　　　　　　　　　　　　이런 좋은 소식은 일찍 말해야지.

(4) 통사 구조

① 문장 끝에 '好不好'를 붙이고 요청 기능을 한다.

> (43) 咱们一起去好不好?　다 같이 나가는 게 어때?
> 　　你先听我说好不好?　내 말을 먼저 듣는 게 어때?

这次的任务由小李来负责好不好?

이번 일은 이 과장에게 맡기면 어때?

② '干嘛'로 이루어진 의문문

'干嘛'는 청자에게 어떤 행동을 한 이유를 물어보듯이 청자에게 하고 있는 행동을 그만 두고 상반된 행동을 하라고 건의하는 것이다. '干嘛'는 문장에서 술어 앞에 놓이기도 하고 문장 끝에 놓이기도 한다.

(44) 你干嘛不接受他的礼物呢?

그의 선물을 왜 안 받아요?

你管别人的闲事干嘛?

남의 일에 신경 쓰지 마!

你还愣着干嘛?快去帮忙啊。

왜 멍하고 있어? 빨리 가서 도와 줘야지.

你干嘛老说起这些呢?

이런 이야기는 왜 자꾸 하니?

③ 수사와 양사가 통합된 통사 구조 '一点', '一下'

'一点', '一下' 등과 같은 정도를 나타나는 통사 구조는 중국어에서 의문문으로 제안화행을 수행하는 의문문에서 자주 공기되어 제안을 더 부드럽게 해 준다. 한국어로 번역할 때 '좀'으로 번역할 경우가 많다.

(45) 你不能改一下晚睡的习惯吗?

늦잠을 자는 습관을 좀 고칠 수 없어요?

你不能开心一点吗? 좀 즐길 수 없어?

你不能大方一点吗? 좀 더 후하면 안 되냐?

5 결론

　인간에 대한 인지는 상대적으로 어느 정도의 유사성을 가지고 있다. 이런 유사성은 언어에서도 반영이 된다. 서로 다른 어족에 속하는 한국어와 중국어는 의문문으로 지시화행을 수행하는 경우에 차이점이 있는 반면에 유사한 점도 많다.

　한국어 의문문에서 지시화행을 수행하는 데 중요한 역할을 하는 요소로는 의문형 종결어미, 부사, 부정법, 선어말 어미 '-겠-', 통사 구조 등이 있다. 그리고 중국어 의문문에서 지시화행을 수행하는 데 중요한 역할을 하는 요소로는 주로 의문 어기사, 부사, 부정법, 양태 동사, 통사 구조 등을 들 수 있다. 이와 같은 요소들은 독자적으로 화행을 수행하는 경우도 있지만 보통 여러 요소가 통합해서 지시화행을 이루는 경우가 많다.

　한국어 의문문을 이루는 데 있어서 의문형 종결어미는 필수적인 요소이지만 중국어 의문문에서는 필수적인 구성 요소가 없고 의문 어기사, 의문사, 통사 구조 중의 한 구성 방식으로 의문문이 이루어진다.

　의문문의 지시화행을 이루는 어휘 요소는 한·중 유사점이 많으며 한국어와 중국어 모두 부사, 부정사(부정법)이 지시화행을 수행하는 데 큰 역할을 한다. 지시 화행을 수행하는 데 재촉을 나타내는 명령 화행에서 한국어와 중국어 모두 부사 '빨리, 얼른, 快'를 많이 사용한다. 완곡한 요청화행을 수행하는 경우에 한국어에서 부사 '좀'을 많이 사용하는 반면에, 중국어에서는 수량사 통사 구조인 '一下', '一点' 등이 완화장치로 문장에서 많이 쓰인다. 또한 한국어 의문문에서 선어말 어미 '-겠-'과 '-ㄹ래', '-ㄹ까' 등 의문형 종결 어미가 양태를 나타내지만, 중국어에서는 주로 양태 동사 자체로 이를 나타낸다.

한국어와 중국어에서 의문문이 명령기능을 수행할 때 부정법이 중요한 공기요소로 사용된다. 명령화행을 수행할 때 부정법은 주로 강조 장치로 많이 쓰이고, 요청이나 제안 화행을 수행할 때는 완곡 장치로 많이 쓰인다.

한국어교육 현장에서 학습자들에게 언어형식과 대응되는 직접화행만 가르친다면 학생들은 언어 형식과 기능이 항상 서로 대응한다고 생각해서 명령화행을 이루려면 예외 없이 모두 명령문으로 하려는 경향이 짙다. 그리고 질문화행을 수행하려면 예외 없이 전부 의문문으로 수행하는 실수를 범하기가 쉽다. 교사가 학생들에게 문장의 형식과 대응되는 화행뿐만 아니라 문장의 형식과 대응하지 않는 간접적인 화행도 가르칠 필요가 있다.

참고문헌

강현화(2007), "한국어 표현문형 담화기능과의 상관성 분석 연구-지
    시적 화행을 중심으로", 『이중언어학』, 34.
국립국어원(2007), 『외국인을 위한 한국어 문법1-체계편』, 커뮤티케
    이션북스.
_____(2007), 『외국인을 위한 한국어 문법2-용법편』, 커뮤티케
    이션북스.
_____(2010), 『국제 통용 한국어교육 표준 모형 개발』, 국립국어
    원.
박덕유 외(2012), 『한국어학습자를 위한 문법교육 연구』, 박문사.
박덕유(2012), 『학교문법론의 이해』, 역락.
박현주(2011), "'-겠-'과 반어법의 화용적 상관관계에 대한 연구", 영
    남대학교, 석사논문.
이창덕(1992), "질문 행위의 언어적 실현에 관한 연구", 연세대학교,
    박사논문.
이한민(2010), "한·영 의문문 형식의 간접화행 연구", 『담화와 인지』
    제17권 2호, 95-118.
Brown H. D(2007), Teaching by principlis-An Iteractive Approach
    to Language Pedagogy, Pearson Education: 권오량·
    김영숙 공역(2010), 원리에 의한 교수, 피어슨에듀케이
    션코리아.
Terence Odlin(1989), Language Transfer: Cross-linguistic influence
    in language learning, the Press Syndicate of the
    University of Cambridge.

제 **2** 장
중국인 학습자를 위한
보조용언과 추측 표현 연구

제2장 중국인 학습자를 위한 보조용언과 추측 표현 연구

한국어와 중국어의 보조용언 대조 연구

한국어와 중국어의 추측 표현 대조 연구

한국어와 중국어의
보조용언 대조 연구

 1 서론

한국어의 문장에서 의미의 중심이 되는 용언으로서 스스로 자립하여 실질적인 의미를 나타내는 용언을 본용언이라고 하고, 단독으로 쓰일 수 없고 반드시 다른 용언의 뒤에 붙어서 그 의미를 더하여 주는 용언을 보조용언이라고 한다. 보조용언에는 동사처럼 활용하는 보조동사와 형용사처럼 활용하는 보조형용사가 있는데 보조용언의 수가 적지 않다. 보조용언은 자립성이 결여되어 있고 어휘적이기보다는 문법적 성격이 더 강하다. 그런데 중국어에서는 보조용언이라는 개념이 없다. 따라서 한국어의 보조용언에 대응되는 중국어 표현이 다양하게 나올 수밖에 없다. 이로 인해 한국어를 배우는 중국인 학습자들에게 보조용언은 많은 어려움을 가져다 준다. 보조용언에 대한 연구가 국어학 분야에서는 활발하게 이루어졌지만 한국어교육 특히 중국인 학습자를 위한 분야에서는 아직도 다양한 연구들이 이루어지지 못한 상황이다.

본고에서는 선행 연구자들이 제시한 보조용언 목록을 다시 정리하여 이 보조용언이 중국어에서 어떻게 표현되는지, 그리고 어떤 문법 범주에 속하고 있는지를 고찰해 봄으로써 중국인 학습자를 위한 보조용언 교육 방안에 도움을 주는 데 의의가 있을 것이다.

한국어 보조용언의 목록

보조용언의 판별 기준과 범주 설정에 대한 견해는 학자들마다 다양한 견해를 가지고 있기 때문에 보조용언의 목록에 있어서도 차이를 보인다. 보조용언에 관한 연구로는 최현배(1937)에서 제시한 목록을 시작으로 하여 이관규(1992), 박영순(1993), 임홍빈외(1997)에서 각각 다른 보조용언 목록을 정리한 바가 있다. 이외에는 학교문법을 포함한 남기심.고영근(1993), 그리고 한국어교육을 목적으로 하는 연구에 해당하는 민현식(1999) 등도 보조용언 목록을 따로 제시하였다. 이에 다양한 선행 연구들에서 제시한 보조용언 목록을 살펴보고, 이 자료들을 토대로 하여 보조용언 목록을 다시 만들고자 한다.

선행 연구자들의 보조용언의 목록을 연구 연도의 순으로 제시하겠다. 우선, 최현배(1937)에서는 보조용언을 <표 1>과 같이 분류하였다. 보조동사는 13가지로, 보조형용사는 6가지로 분류하였으며, 총 41개의 보조용언을 제시하였다.

<표 1> 보조용언의 분류(최현배, 1937)

보조동사		
순번	의미 기능	구체적인 양상
1	지움(부정)	아니하다, 못하다, 말다
2	하임(사동)	하다, 만들다
3	입음(피동)	지다, 되다
4	나아짐(진행)	가다, 오다, 있다
5	끝남(종결)	나다, 내다, 버리다
6	섬김(봉사)	주다, 드리다, 바치다
7	힘줌(강세)	쌓다, 대다
8	해보기(시행)	보다
9	마땅함(당위)	하다
10	그리여김(시인적 대용)	하다
11	거짓부리(가식)	체하다, 척하다, 양하다
12	지나간 기회(과기)	번하다
13	두기(보유)	놓다, 주다, 가지다, 닥다
보조 형용사		
순번	의미 기능	구체적인 양상
1	바람(희망)	싶다, 지다
2	지움(부정)	아니하다, 못하다
3	미룸(추측)	듯하다, 듯싶다
4	그리여김(시인)	하다
5	갑어치(가치)	만하다, 직하다
6	모양(상태)	있다

이관규(1992)에서는 보조용언을 <표 2>와 같이 7가지로 제시하였
다.

<표 2> 보조용언의 분류(이관규, 1992)

순번	의미 기능	구체적인 양상
1	진행	가다, 나가다, 오다, (고) 있다
2	완료	내다, 버리다, 먹다, 치우다, (고) 말다
3	봉사	주다, 드리다, 바치다
4	시도	보다, (고) 보다
5	강세	쌓다, 대다, 빠지다, 제치다, 붙이다
6	원망	(고) 싶다
7	지속	두다, 놓다

박영순(1993)에서는 보조용언을 아래와 같이 20가지 의미 기능으로 나누어 41개 보조용언을 다루었다.

<표 3> 보조용언의 분류(박영순, 1993)

순번	의미 기능	구체적인 양상
1	부정	아니하다, 못하다, 말다
2	사동	하다, 만들다
3	피동	지다, 되다
4	진행	가다, 오다
5	종결	나다, 내다, 버리다
6	봉사	주다, 드리다, 바치다
7	시행	보다
8	강세	쌓다, 대다
9	당위	하다
10	시인	하다
11	가식	체하다, 척하다, 양하다
12	과기	뻔하다
13	보유	놓다, 두다, 가지다
14	희망	싶다, 지다

순번	의미 기능	구체적인 양상
15	부정	아니하다, 못하다
16	추측	듯하다, 듯싶다, 법하다, 보다, 싶다
17	시인	하다
18	가치	만하다, 직하다
19	상태	있다
20	진행	있다

임홍빈 외(1997)에서는 <표 4>와 같이 보조용언을 11가지의 의미 기능으로 분류하여 36개로 제시하였다. 여기서 제시한 보조용언 36개 의 목록은 외국인을 위한 한국어 교육을 목적으로 하고 있는 교재에 서 주로 많이 사용하고 있다.

<표 4> 보조용언의 분류(임홍빈외, 1997)

순번	의미 기능	구체적인 양상
1	진행	가다, 오다, 있다, 들다
2	종결	내다, 나다, 버리다, 말다, 빠지다, 치우다
3	봉사	주다, 드리다
4	시도	보다
5	반복	대다
6	보유	놓다, 두다, 가지다
7	희망	싶다
8	상태	있다, 지다
9	부정	말다, 않다, 아니하다
10	불능	못하다
11	'하다'류	−게 하다, −어(아, 여)야 하다, −기는 하다, −(으) ㄴ/는 체하다, −(으)ㄴ/는 양하다, −(으)ㄴ/는 척하다, −(으)ㄹ 듯하다, −(으)ㄹ 뻔하다, −(으)ㄹ 만하다, −곤 하다, −는가 하다, −(으)까 하다.

민현식(1999)에서는 <표 5>와 같이 모두 20가지의 의미 기능으로 분류하여 총 58개 보조용언을 다루었다. 선행연구들 중에서 가장 많은 보조용언을 제시하였다. 그리고 '하다'계 보조용언으로 '-게, -도록, -어야, -고자, -거니, -려니, -었으면' 등의 여러 활용어미들과 결합한 형태까지를 모두 보조용언으로 봄으로써 지금까지의 일반적인 논의와 좀 다르게 분류하였다.

<표 5> 보조용언의 분류(민현식, 1999)

순번	의미 기능		구체적인 양상
1	하다 <형식용언>	당위	-어야 하다
		사동	-게/도록 하다
		선택	-든지/거나 하다
		희망	-(었)으면 하다
		의심	-는가 하다
		인용	-다고 하다
		의도	-으려고/고자 하다, -ㄹ까 하다
		추측	-거니/으려니 하다, -ㄴ/ㄹ듯 하다, -ㄹ 법하다
		습관	-곤 하다
		가식	-ㄴ/ㄹ양 하다, -ㄴ/ㄹ척/체 하다, -ㄹ뻔 하다
		가치	-ㄹ/을 만 하다
2	당위		-어야 되다, -기 마련이다
3	피동		-게 되다
4	진행		-어 가다, -어 오다
5	완료		-고 나다, -어 내다, -어 버리다, -고야 말다
6	반복		-어 내다
7	완료 강조		-어 제치다(제끼다), -어 치우다
8	완료 지속		-어 두다, -어 놓다
9	사동		-게 만들다
10	시행		-어 보다, -고 보다

순번	의미 기능	구체적인 양상
11	추측	-는가/나 보다, -어 보이다, -것 같다
12	부정	-지 못하다, -지 아니하다/않다, -지 말다
13	진행	-고 있다/계시다
14	지속	-아 있다
15	희망	-고 싶다, -ㄹ까 싶다
16	추측	-는가/지나 싶다, -ㄹ까 싶다, -ㄴ/ㄹ듯 싶다
17	봉사	-어 주다/드리다
18	강조	-어 죽겠다, -어 빠지다
19	예정	-게 생겼다
20	습관	-어 버릇하다

앞에서 제시한 기존 연구들에서 논의하고 있는 보조용언들을 토대로 보조용언의 총 목록을 다시 제시하고자 한다. 각 연구들에서 제시한 보조용언 중에서 몇 개만 제외하고 모두 포함시켰다. '닥다'는 최현배(1937)에서만 '보유'의 의미로 제시하고 있으며 현대 국어에서 실제로 쓰이는 용례를 찾아보기 어려운 경우이기 때문에 본고의 목록에서 제외하였다. 그리고 '지다', '성싶다'는 현대 한국어에서 실제로 쓰이는 용례를 찾아보기 어려운 경우이기 때문에 이 역시 제외하였다.

보조용언의 판별 기준을 문제삼지 않고 모두 포함시킨 이유는 본 연구가 보조용언의 범위를 설정하려는 것이 아니라 한국어교육을 위한 목적으로 보조용언을 선정하여 중국어와 대조시키려는 의미가 있기 때문이다. 전체적인 분류는 최현배(1937)를 기초로 하였고, 각 보조용언의 의미 기능에 따라 23가지로 분류하여 총 64개의 보조용언의 목록을 작성했다. 각 보조용언의 의미 범주 분류는 기존의 연구를 참고하되 개인적인 관점을 반영하여 분류하였다. 또한 보조용언에 선행하는 연결어미가 무엇이냐에 따라 의미 기능이 완전히 달라지기도

하므로 각각의 보조용언 앞에 이어지는 연결어미를 제시하였다. 이에
대한 보조용언의 목록을 제시하면 아래 <표 6>과 같다.

<표 6> 새로 만든 보조용언의 목록

순번	의미 기능	양상
1	방향성·진행	(-아/어) 가다, (-아/어) 오다, (-아/어) 나가다, (-고) 있다, (-고) 계시다
2	종결·완료	(-고) 나다, (-아/어) 내다, (-아/어) 버리다, (-아/어) 먹다, (-고) 말다
3	성취	(-고야) 말다
4	봉사·제공	(-아/-어) 주다, (-아/어) 드리다, (-아/어) 바치다
5	시행	-아/-어 보다
6	반복	(-아/-어) 쌓다, 대다
7	강조	(-아/어) 죽다, 빠지다, 제치다, 붙이다
8	당위	(-아야/-어야) 되다, (-아야/어야) 하다, (-기) 마련이다
9	결과지속	(-아/어) 놓다, (-아/어) 두다, (-아/어) 가지다
10	희망	(-고 싶다), (-았으면/었으면) 하다
11	추측	(-ㄹ/는/은) 듯싶다, (-ㄹ까) 싶다, (-ㄹ/는/은) 듯하다, (-ㄹ) 법하다, (-ㄹ까) 보다, (-는가) 보다, (-는가) 싶다
12	상태	(-고) 있다, (-어/아) 있다, (-어/아) 계시다
13	짐작	(-아/-어) 보이다, (-게) 보이다, (-게) 생기다
14	의도	(-고자) 하다, (-려고) 하다, (-ㄹ까) 하다
15	습관	(-곤) 하다, (-아/-어) 버릇하다
16	가식	(-ㄴ/ㄹ) 체하다, (-ㄴ/ㄹ) 척하다, (-ㄴ/ㄹ) 양하다
17	가치	(-ㄹ/을) 만하다, (-ㅁ/음) 직하다

18	가능성		(ー르 뻔)하다
19	시인		(ー기는) 하다
20	부정	부정	(ー지) 않다, (-지) 아니하다
		불능	(ー지) 못하다
		금지	(ー지) 말다
21	사동		(ー게／도록) 만들다, (ー게／도록) 하다
22	피동/변화		(-아/어) 지다, (ー게) 되다
23	인용		(ー다고) 하다, (-라고) 하다

3.3 한국어 보조용언과 이에 대응되는 중국어 표현

한국어의 보조용언은 일정한 문법범주로서 그 의미에 따라 다양한 하위 분류로 나눌 수 있다. 그리고 이 보조용언에 대응되는 각각의 중국어 표현들도 일정한 문법범주에 속하고 있는지의 여부를 확인할 필요가 있다. 또한 그 대응관계에서 어떤 규칙성이 존재하는지 검토할 필요가 있다. 보조용언의 특성상 그 의미나 문법적 특징이 명확하게 드러나지 않아 외국인 학습자가 보조용언을 사용하거나 보조용언이 들어간 문장을 이해하는 데 많은 어려움을 느낀다. 따라서 명확한 문법 대조에 따른 구분과 그 의미 해석이 외국인을 위한 한국어교육에 가장 필요한 부분이라고 본다. 이에 본고에서 만든 보조용언 목록에 나와 있는 모든 보조용언을 중국어와 대응시켜 고찰할 것이다.

1) 방향성 · 진행 보조용언

'-아/어 가다, 오다, 나가다'는 지속과 방향의 의미를 나타내는 보조용언이며, '-고 있다, -고 계시다'는 진행의 의미를 나타내는 보조용언이다. 그리고 보조동사 '-아/어 가다'의 의미는 2가지로 나타난다. 행위자가 목표나 목적지를 향해 가는 공간적인 면에서 장소의 '변이'로 볼 수 있고, 시간적으로는 상태의 '변이'로 볼 수 있다. 행위자가 지향점을 향해 앞으로 계속 나가다 보면 목적지에 도착하거나 목표 도달을 하게 된다. 따라서 본고에서는 보조용언 '-아/어 가다'의 기본 의미를 '방향성 · 진행'이라고 본다. 따라서 '-아/어 오다, -아/어 나가다'의 기본 의미는 '-아/어 가다'와 마찬가지로 어떤 기준점에 가까워지는 '진행'을 의미하고, '-고 있다, -고 계시다'는 '기준점에서의 진행'을 나타내며, 사건시의 진행을 나타낼 경우 형용사의 제약이 있다고 본다.

(1) 가. 상황이 점점 어렵게 되어 <u>간다</u>.
　　나. 情况<u>越来越</u>复杂。
(2) 가. 중국 경제는 급속도로 발전<u>해 가고 있다</u>.
　　나. 中国经济正在迅速发展<u>下去</u>。
(3) 가. 질투는 의심 속에서 <u>커간다</u>
　　나. 嫉妒在怀疑中<u>变大</u>。
(4) 가. 힘든 세월을 잘 견뎌 <u>왔어요</u>.
　　나. 艰难的岁月很好地坚持<u>下来</u>了。
(5) 가. 처음부터 당신을 사랑해 <u>왔어요</u>.
　　나. 从开始到现在<u>一直</u>爱着你。
(6) 가. 얇은 책부터 한 권씩 읽어나가면 어떨까요?
　　나. 从薄的书开始一本一本地读<u>下去</u>怎么样？
(7) 가. 희망을 갖고 같이 노력<u>해 나가요</u>.

　　나. 让我们带着希望努力<u>下去</u>。

　위의 예문을 보면 '‐아/어 가다, 오다, 나가다'는 중국어에서 대
응되는 표현이 정해져 있지 않다. 상황에 따라 다르게 표현된다. 부사
'越来越'로 표현될 때도 있고, 동사 '变'로 표현될 때도 있고, 방향 보
어 '下去'로 표현할 때도 있다. '‐어 오다'는 동사 뒤에 나타나는 방
향　보어 '下来'로 표현될 때도 있고, 부사 '一直'로 표현될 때도 있
다. '어 나가다'는 대부분 방향보어 '下去'로 표현된다.

　　(8) 가. 동생은 숙제를 하고 <u>있다</u>.
　　　　나. 妹妹<u>正在</u>写作业。
　　　　다. 妹妹写着作业。
　　　　라. 妹妹写作业呢。
　　(9) 가. 어머니가 신문을 <u>보고 계시다</u>.
　　　　나. 妈妈<u>正在</u>看新闻。

　위의 예문을 보면 '‐고 있다'와 '‐고 계시다'는 중국어에 대응되
는 표현이 부사 '正在'이나, 조사 '着'와 '呢'이다.

2) 종결 · 완료 보조용언

　'(‐고)나다, (-아/어)내다, 버리다, 먹다, -고 말다'는 종결과 완료의
의미를 나타내는 보조용언들이다. '(-아/어)내다'의 기본 의미는 '완
료'이다. 어떤 일이 행위가 시작되고 완료되어 완전히 끝났음을 의미
한다. 보조동사 '-아/어 버리다'를 최현배(1937)는 '끝남 종결'로 보았
고, 남기심(1982)은 보조동사 '버리다'를 비유적 결합으로 '기대의 어
긋남', '부담의 제거'로 보았다. 이에 대해 손세모돌(1996:189)은 '종
결'로 보고, 문맥의미로 '종결 강조', '아쉬움과 부담 제거'로 보았다.

본고에서는 손세모돌(1996)의 입장을 취해 보조동사 '-아/어 버리다'
의 기본 의미를 '완료'로 본다.

    (10) 가. 약을 먹고 나면 좋아질 것이다.
         나. 吃完药会好的.
    (11) 가. 그 어려운 일을 해 냈다.
         나. 做完了这件难事
    (12) 가. 그는 고기를 다 먹어 버렸다.
         나. 他把肉都吃完(掉, 光)了
    (13) 가. 약속을 잊어 먹었다.
         나. 约会都忘掉了
    (14) 가. 그와 나는 마주 보고 웃고 말았다.
         나. 他和我对着笑了

    위의 예문을 살펴보면 한국어에서 종결의 의미를 나타내는 보조용
언들이 중국어에서 대부분 동사 뒤의 결과보어 '完, 光, 掉' 등으로
표현된다. '-고 말다'에 대응되는 중국어 표현은 없다.

3) 성취 보조용언
'(-고야)말다'는 성취의 의미를 나타내는 보조용언이다.

    (15) 가. 기어코 숙원을 이루고야 말았다.
         나. 非实现宿愿不可。

    위의 예문을 보면 '(-고야)말다'의 경우 중국어에 대응되는 표현은
고정단어 '非...不可'이다.

4) 봉사 · 제공 보조용언

'(-아／-어)주다, 드리다, 바치다'는 봉사의 의미를 나타내는 보조용언이다. 보조동사 '-아/어 주다'가 기존 연구들에서는 대부분 '봉사'의 의미를 가진다고 보았다. 보조동사 '-아/어 주다, 드리다'의 사전적 의미는 '다른 사람을 위하여 어떤 행동을 함을 나타내는 말'로 보고 있다. 본고에서는 '-아/어 주다, 드리다'의 기본 의미를 '봉사'로 본다. 그리고 보조동사 '-아/어 바치다'는 보조동사 '-아/어 주다'와 같은 범주로 보아 '-아/어 주다'의 존칭어로 본다. '-아/어 바치다'를 보조동사로 본 사람은 최현배(1937)이다. 이외에 거의 대부분 학자들은 보조동사 범주에서 제외하고 있다. 그 이유는 본용언과 한정된 곳에서만 쓰이기 때문이라고 하였다. 본고에서는 '-아/어 바치다'를 보조용언의 범주에 포함시켰으며, 그 기본 의미를 '제공'으로 본다.

(16) 가. 어머니가 저에게 생일 선물을 <u>사</u> 주셨어요.
　　　나. 妈妈<u>给</u>我买了生日礼物。
(17) 가. 저 오늘은 선생님에게 카드를 <u>만들어</u> 드렸어요.
　　　나. 我<u>给</u>老师做了卡片。
(18) 가. 언니가 내 비밀을 엄마께 일러 <u>바쳤</u>다.
　　　나. 姐姐把我的秘密告诉<u>给</u>妈妈了。

위의 예문을 보면 '(-아／-어)주다, 드리다, 바치다'의 보조용언에 대응되는 중국어 표현은 개사 '给'이다.

5) 시행 보조용언

'(-아／-어)보다'는 기존 연구에서 '시행', '경험'의 의미로 보는 견해가 대부분이다. '시행'으로 본 사람은 최현배(1937)를 시작으로

손세모돌(1994), 서정수(1996) 등이다. 본고에서는 대다수 학자들의
견해와 같이 '-어 보다'의 기본 의미를 '시행'으로 본다.

(19) 가. 한국 음식을 많이 먹<u>어</u>봤어요?
　　　나. 你吃<u>过</u>韩国食物吗?
(20) 가. 이 옷을 입<u>어</u> 보세요.
　　　나. 请试试(<u>试一下</u>)这件衣服。

　위의 예문에서 '－아／－어 보다'에 대응되는 중국어 표현은 동태
조사 '过'로 동사의 중첩형이나 '동사＋동량보어'이다.

6) 반복 보조용언

　'(－아／－어)쌓다, 대다'는 반복의 의미를 나타내는 보조용언이다.
최현배(1937)에서 보조동사 '쌓다'는 힘줄도움움직씨(강세보조동사)
라고 하였다. 김명희(1984)에서도 '반복'으로 보았다. 보조동사 '-아/
어 쌓다'의 사전적 의미는 '앞말이 뜻하는 행동을 반복하거나 그 행
동의 정도가 심함을 나타내는 말'이라고 하였다. 본고에서는 '강세'의
의미보다 '반복'의 의미가 훨씬 많이 내포되어 있다고 판단하여 '-아/
어 쌓다'의 기본 의미를 '반복'의 의미로 본다. 그리고 보조동사 '-아/
어 대다'의 사전적 의미는 '앞말이 뜻하는 행동을 반복하거나 그 행
동의 정도가 심함을 나타내는 말'로 보고 있다. 이에 보조동사 '-아/어
쌓다'의 기본 의미를 '반복'으로 본다.

(21) 가. 아이가 울<u>어</u> <u>쌓는다</u>.
　　　나. 孩子<u>经常</u>哭。
(22) 가. 머리끈을 풀고 흔들<u>어</u> <u>대다</u> 다시 묶어요.
　　　나. 将头发散开, 摇甩后<u>再</u>扎起来。

위의 예문을 보면 반복의 의미를 나타내는 보조용언에 대한 중국어의 대응되는 표현이 없다.

7) 강조 보조용언

'-아/어 죽다, 빠지다, 제치다, 붙이다'는 강조의 의미를 나타내는 보조용언이다.

(23) 가. 요즘 숙제 때문에 힘들어 죽겠다.
　　　나. 最近因为作业的原因, 我快要累死了
(24) 가. 남자가 너무 착해 빠져서 어떻게 이런 험한 세상에 살아요?
　　　나. 男人如果太善良的话, 怎么在这样险恶的世界中生存?
(25) 가. 여기저기 밀어 제치는 사람들 때문에 정거장은 북새통을 이루었다.
　　　나. 因为到处拥挤的人群, 车站上简直是人压人
(26) 가. 남의 논밭을 마구 이 사람 저 사람에게 갈라 붙이는 모양이었다.
　　　나. 不管是谁的地, 一顿胡乱地分给这个人那个人。

위의 예문을 보면 강조의 의미를 나타내는 보조용언의 '-어 죽다' 이외에는 중국어에 대응되는 표현이 없다. '-어 죽다'에 대응되는 중국어의 표현은 결과보어 '死'이다.

8) 당위 보조용언

'(-아야/-어야)되다, (-아야/어야)하다'는 당위의 의미를 나타내는 보조용언들이다. 보조동사 '-어야 하다'에서 본동사 '하다'의 의미는 '의식 또는 무의식적으로 어떤 목적을 위하여 움직이다'는 의미이다[1].

---

1) 『표준국어대사전』(1999)에서 본동사 '하다'의 의미는 '의식 또는 무의식적으

따라서 본동사 '하다'의 기본적 의미는 '수행'임을 알 수 있고, 보조동
사 '-어야 하다'의 기본 의미는 '당위'임을 알 수 있다.

   (27) 가. 많이 피곤하면 잘 쉬<u>어야 한다</u>.
      나. 如果太累的话, <u>应该(该, 得, 应当)</u>好好休息.
   (28) 가. 학생이면 열심히 공부<u>해야 된다</u>.
      나. 学生<u>应该(该, 得, 应当)</u>努力学习。

  위의 예문을 보면 한국어의 '(-아야/-어야)되다, (-아야/어야)하다' 보
조용언에 대응되는 중국어 표현은 조동사(능원동사)'应该, 该, 应当,
得'이다.

9) 결과지속 보조용언

  '(ㅡ아/어)두다, 놓다, 가지다'는 보유의 의미를 나타내는 보조용
언으로 최현배(1937)는 '-아/어 두다'를 '보유'의 의미로 보았고, 손세
모돌(1996:175)은 보조동사 '-아/어 두다'의 기본 의미를 '결과 지속'
으로 보았으며, 박선옥(2002:122)은 그 기본 의미를 '유지'로 보았다.
보조동사 '-아/어 두다'의 사전적 의미는 '앞말이 뜻하는 행동을 끝내
고 유지함을 나타내는 말'이다. 따라서 본고에서는 손세모돌(1996)의
관점에 따라 '-아/어 두다'의 기본 의미를 '결과지속'으로 본다. 그리
고 손세모돌(1994)은 보조동사 '-아/어 놓다'를 '완결된 동작의 결과
지속'으로 보았다. 보조동사 '-아/어 놓다'의 사전적 의미는 '본동사가
행위동사일 때는 앞말이 뜻하는 행동을 끝내고 그 결과를 유지함을
나타내는 말이고, 선행 동사가 형용사일 때는 앞말이 뜻하는 상태 지

  로 어떤 목적을 위하여 움직이다, 어떤 분야나 직업에 종사하다, 취하여 갖추
거나 장만하다, 값이 나가다, 만들거나 되게 하다 등'이라고 하였다.

속을 강조하는 말'이라고 하였다. 이에 본고에서는 '(-아/어)놓다'
의 기본의미 역시 '결과지속'으로 본다.

  (29) 가. 남은 삼겹살을 냉장고에 넣어 두었다.
    나. 把剩下的五花肉放进了冰箱。
  (30) 가. 이 짐을 올려 놓으세요.
    나. 把这个行李放上去。
  (31) 가. 너무 바빠 가지고 인사를 못해드렸어요.
    나. 太忙了, 没来问候您。

 위의 예문을 보면'(-아/어)놓다, 두다, 가지다'에 대응되는 중국
어 표현은 없다.

10) 희망 보조용언

 '(-고)싶다, (-았으면/었으면)하다'는 희망의 의미를 나타내는
보조용언이다. 최현배(1937), 양동휘(1978)는 보조형용사 '-고 싶다'를
보조형용사로 독립된 범주로 보았다. 차현실(1984)은 보조형용사 '싶
다'의 기본 의미를 '명제 내용에 갖는 화자의 불확실한 믿음'으로 설
정하고 있다. '-고 싶다'는 화자의 주체 심리를 직접적이고 구체적으
로 표현한다. 본래의 형용사에 뿌리를 두지 못하고 본래부터 보조형
용사로만 쓰이는 형태로 그 기본 의미는 '희망'으로 볼 수 있다.

  (32) 가. 방학이 되니까 중국에 가고 싶다.
    나. 放假了, 想回中国。
  (33) 가. 이번 시험은 통과했으면 한다.
    나. 希望这次考试能通过。/要是这次考试能通过就好了。

위의 예문을 보면 한국어의 '(-고)싶다' 보조용언에 대응되는 중국어 표현은 조동사(능원동사)'想'이다. '(-았으면/었으면)하다' 보조용언에 대응되는 중국어 표현은 동사 '希望'이나 고정단어 '要是....就好了'이다.

11-1) 미래추측 보조용언

'(ㄹ, 을／를)듯싶다, (－ㄹ까)보다, 싶다, (－으면)싶다, (ㄹ, 을／를)듯하다, 법하다'는 미래에 대한 추측의 의미를 나타내는 보조용언이다.

> (34) 가. 그가 학교에 갈 듯 싶다.
> 나. 他好象要去学校。
> (35) 가. 누가 볼까 싶어 고개를 푹 숙였다.
> 나. 担心/怕别人看到, 把头低下了。
> (36) 가. 오늘은 좋은 일이 있을 듯하다.
> 나. 今天好象有好事。
> (37) 가. 그 사람이 이미 와 있을 법하다.
> 나. 那个人像是已经来了。

위의 예문을 보면 '(-ㄹ, 을/를)듯싶다, (-ㄹ, 을/를)듯하다'에 대응되는 중국어 표현은 부사 '好象'이다. 그리고 '(-ㄹ까)보다, 싶다'는 중국어에 대응되는 표현이 동사 '担心'이나 '怕'이다. 또한 '-을 법하다'는 '부사+是', '像是'로 표현된다.

11-2) 지속 추측 보조용언

'(－는)듯싶다, (－는가)보다, 싶다.(－는)듯하다'는 지속 추측의 의미를 나타내는 보조용언이다.

(38) 가. 분에 넘치는 <u>듯싶</u>어 매우 고맙게 여기다.

　　 나. <u>好象</u>超出了本分, 但是很感谢。

(39) 가. 밖에 비가 <u>오는 듯 싶다</u>.

　　 나. 外面<u>好象</u>在下雨。

(40) 가. 비가 많이 <u>오는가 보다</u>.

　　 나. <u>好象</u>下很大的雨。

(41) 가. 지금 이 나라는 겉보기에는 발전하<u>는 듯</u>하지만 실상은 그렇지 않다.

　　 나. 这个国家表面看起来<u>好象</u>在发展, 实际上不是如此。

　위의 예문을 보면 한국어의 '(－는)듯싶다, (－는가)보다, (－는)듯하다'에 대응되는 중국어의 표현은 부사 '好象'이다.

11-3) 완료 추측 보조용언

'(－은)듯싶다, (－은)듯하다'는 완료 추측을 나타내는 보조용언이다.

(42) 가. 그의 표정을 보니 내가 실수한 <u>듯싶</u>었다.

　　 나. 看他的表情就知道, 我<u>好象</u>做错了。

(43) 가. 비가 <u>온 듯</u>하다.

　　 나. <u>好象</u>下雨了。

　위의 예문을 보면 '(－은)듯싶다, (－은)듯하다'에 대응되는 중국어 표현은 부사 '好象'이다.

12) 상태 지속의 보조용언

'－고/(－어/아)있다, 계시다'는 상태를 나타내는 보조용언이다. 보조형용사 '있다'의 어휘적 의미는 '말이 뜻하는 행동이나 변화가 끝

난 상태가 계속됨을 나타내는 말'이다. 본고에서는 보조형용사ㅍ'-아/
어 있다'의 기본 의미를 '상태 지속'의 의미로 본다.

> (44) 가. 어머니가 이미 밥을 하고 있어요.
> 나. 妈妈<u>在</u>做饭。
> (45) 가. 여자 친구가 교실에 앉아 있다.
> 나. 女朋友在教室里坐<u>着</u>。
> (46) 가. 선생님께서 지금 중국에 <u>가 계세</u>요.
> 나. 老师现在在中国。

위의 예문을 살펴보면 '-고 있다'에 대응되는 중국어 표현은 부사
'在'이다. '(-어/아)있다, 계시다'에 대응되는 중국어 표현은 대부분 상
태조사 '着'인데, 대응되는 표현이 없을 때도 있다.

13) 짐작 보조용언

'(－아／－어)보이다, (－게)보이다, 생기다'는 짐작하는 의미를 나
타내는 보조용언이다.

> (47) 가. 어머니가 이 옷을 입을 때 <u>예뻐 보여</u>요.
> 나. 妈妈穿这件衣服<u>看起来</u>很漂亮。
> (48) 가. 이 두 사람은 비슷하<u>게 보여</u>요.
> 나. 这两个人<u>看起来</u>差不多。

위의 예문에서 '(－아／－어)보이다, (－게)보이다, 생기다'에 대응
되는 중국어 표현은 동사 '看＋방향보어起来'이다.

14) 의도 보조용언

'(-고자)하다, (-려고)하다, (-ㄹ까)하다'는 한국어에서 의도의 의미를 나타내는 보조용언이다.

(49) 가. 시험이 끝나면 여행을 떠나<u>고자 한다</u>.
     나. 考试结束以后<u>打算</u>去旅行.
(50) 가. 시험이 끝나면 여행을 떠나<u>려고 한다</u>.
     나. 考试结束以后<u>要</u>去旅行
(51) 가. 시험이 끝나면 여행을 떠날<u>까 한다</u>.
     나. 考试结束以后<u>打算</u>去旅行.

위의 예문에서 한국어의 '(-고자)하다, (-려고)하다, (-ㄹ까)하다'에 대응되는 중국어 표현은 모두 조동사 '打算'이나 '要'이다.

15) 습관 보조용언

'(-곤)하다, (-아/-어)버릇하다'는 한국어에서 습관의 의미를 나타내는 보조용언이다.

(52) 가. 저는 어렸을 때 김치를 안 먹<u>곤 했어요</u>.
     나. 我小时候有时侯不吃辣白菜。
(53) 가. 매일 1시간씩 걸<u>어 버릇</u>하면 건강해집니다.
     나. 每天如果养成走一个小时的习惯, 会越来越健康。

위의 예문에서 '(-곤)하다, (-아/-어)버릇하다'는 중국어에 대응되는 표현이 없다. 상황에 따라 각각 다른 표현으로 그 의미를 나타낸다.

16) 가식 보조용언

'(-ㄴ/은/는)체하다, (-ㄴ/은/는)척하다. (-ㄴ/ㄹ/은/는)양하다'는 가식적인 의미를 나타내는 보조용언이다.

> (54) 가. 그는 일절 관여하지 않고 이 일을 짐짓 모르는 체한다.
>   나. 他什么事都与自己无关, 装作不知道。
> (55) 가. 아이가 자는 척하고 있다.
>   나. 小孩子在装睡。
> (56) 가. 그 사람은 아무것도 모르는 양하며 시치미를 뗐다.
>   나. 他装作什么都不知道的样子, 佯装不知。

위의 예문에서 '(-ㄴ/은/는)체하다, (-ㄴ/은/는)척하다. (-ㄴ/ㄹ/은/는)양하다'에 대응되는 중국어 표현은 동사 '装作'이다.

17) 가능성 보조용언

'(-ㄹ/은/는)뻔하다'는 앞말이 뜻하는 상황이 실제 일어나지는 아니하였지만 그럴 가능성이 매우 높았음을 나타내는 보조용언이다.

> (57) 가. 시험에 떨어질 뻔했다.
>   나. 考试差点儿没及格。

위의 예문에서 한국어의 '(-ㄹ/은/는)뻔하다'에 대응되는 중국어의 표현은 부사 '差点儿'이다.

18) 시인 보조용언

'-기는 하다'는 '실상 말하자면'의 뜻으로, 이미 된 일을 긍정할 때에 쓰는 보조용언이다.

(58) 가. 밥을 먹긴 하지만 배가 고프다.

나. <u>吃是吃了</u>, 但是肚子还是饿。

위의 예문에서 '-기는 하다'에 대응되는 중국어 표현은 'V+是+V' 동사 구조이다.

19) 가치 보조용언

'(-ㄹ, 을/를)만하다, (-음)직하다'는 가치를 나타내는 보조용언 이다.

(59) 가. 이 영화는 정말 볼 <u>만</u>하다.

나. 这个电影<u>值得</u>一看。

(60) 가. 웬만하면 믿<u>음 직</u>한데 속지 않는다.

나. 一般都<u>值得</u>一信, 不会上当。

위의 예문에서 '(-ㄹ, 을/를)만하다, (-음)직하다'에 대응되는 중 국어 표현은 대부분 경우에 조동사 '值得'이다.

20-1) 부정 보조용언

'(-지)않다'는 부정의 의미를 나타내는 보조용언이다.

(61) 가. 그 사람은 성격이 나빠서 친구가 많<u>지 않</u>다.

나. 那个人性格不好, <u>没有朋友</u>。

(62) 가. 오늘은 일요일이라서 수업을 하<u>지 않</u>다.

나. 今天星期天, <u>不上课</u>。

위의 예문에서 한국어의 '(-지)않다/아니하다'에 대응되는 중국어 표현은 '不'와 '没'이다.

20-2) 불능 보조용언

'(-지)못하다'는 불가능한 의미를 나타내는 보조용언이다.

(63) 가. 비가 와서 소풍을 가지 못했어요.
　　나. 下雨了, 没能去郊游。
(64) 가. 시간이 없어서 가지 못해요.
　　나. 因为没时间, 所以不能去。

위의 예문에서 한국어의 '(-지)못하다'에 대응되는 중국어 표현은 '不能', '没能'로 나타나는데 시제에 따라 다르게 표현된다.

20-3) 금지 보조용언

'-(지)말다'는 명령문과 청유문의 부정으로 쓰이는 보조용언이다.

(65) 가. 그 곳에 오지 말기를 바란다.
　　나. 希望你别(不要)来这个地方。

위의 예문에서 '오지 말기'에 대응되는 중국어는 '别(不要)来'이다. 그리고 '-지 말다'에 대응되는 중국어 표현은 '别(不要)'이라는 것을 알 수 있다. 중국어에서 '别'와 '不要'는 모두 부사로 보고 있다.

21) 사동 보조용언

'(-게/도록)만들다', '(-게/도록)하다'는 통사적 사동문을 구성해 주는 보조용언이다.

(66) 가. 그 사람은 남자친구를 화나게 만들었다.
　　　나. 那个人把男朋友弄生气了。

위의 예문에서 '(-게)만들다'에 대응되는 중국어 표현은 '弄'이다.
'弄'은 중국어에서 동사이다.

(67) 가. 어머니가 동생에게 옷을 입게 하셨다.
　　　나. 妈妈让孩子穿衣服。

위의 예문에서 '(-게) 하다'에 대응되는 중국어 표현은 '让'이다.
'让'는 중국어에서의 문법범주가 동사이다.

22) 피동/변화 보조용언

보조적 연결어미에 보조동사가 결합된 '(-아/어)지다, (-게)되다'를
용언의 어기에 연결하여 피동의 의미를 나타낸다. 보조용언 중에서
문법화가 가장 활발하게 일어나고 있는 것이 보조동사 '-아/어 지다'
이다. 최현배(1937)에서 '-아/어 지다'를 '피동'으로 본 이후, 손세모돌
(1996:252), 호광수(2003:233)에서는 '변화'로 보았다. 보조동사 '-아/어
지다'의 사전적 의미는 '남의 힘에 의하여 앞말이 뜻하는 행동을 입
음을 나타낸다'이다. 이에 본고에서는 '-아/어 지다'를 앞의 본용언에
따라 피동과 변화의 두 가지 의미를 가진다고 본다. 앞의 본용언이
동사일 때 피동의 의미를 나타내고, 앞의 본용언이 형용사일 때 변화
의 의미를 나타낸다.

(68) 가. 책상은 망치로 부숴졌다.
　　　나. 桌子被斧子劈碎了.
(69) 가. 그의 오해가 영희에 의해 비로소 풀어졌다.

　나. 他的误会被英姬解开了。

(70) 가. 종이가 찢어졌다.

　나. 纸被撕了。

(71) 가. 우유가 쏟아졌다.

　나. 牛奶洒了。

위의 예문에서 한국어의 '(−아／어)지다'에 대응되는 중국어 표현은 피동문을 만들어주는 개사(전치사) '被'이나 무표지 피동[2])이다.

(72) 가. 영이는 남자친구를 만난 이후 갈수록 예뻐지고 있다.

　나. 颖遇到男朋友后变/越来越漂亮了。

(73) 가. 날씨가 점점 추워졌어요.

　나. 天气越来越冷了。

'(−아／어)지다'의 본용언이 형용사일 때 중국어의 대응되는 표현은 부사 '越来越'이다.

(74) 가. 그이가 대통령이 되게 되었다.

　나. 他被選爲大總統了.

(75) 가. 남편의 폭력 때문에 순희가 고향을 떠나게 되었다.

　나. 因为丈夫的暴力, 顺姬离开了故乡。

위의 예문에서 한국어의 '(-게)되다' 피동은 중국어에서 대응되는 표현으로 개사 '被'일 때도 있고 대응되는 표현이 없을 때도 있다. 예

---

2) 최영(2007)에서는 중국어의 '무표지' 피동을 처음으로 소개했다. '무표지' 피동문은 피동성을 가지고 있는 일반 동사에 의해서 피동문이 이루어진다. 또한 피동의 의미를 나타내는 타동사가 명사구를 취해서 피동문을 이룰 수도 있다.

문 (75나)를 보면 중국어의 표현은 피동문이 아니고 능동문이다

23) 인용 보조용언

‘(-다고／라고)하다’는 인용의 의미를 나타내는 보조용언이다.

   (76) 가. 친구가 오늘은 수업이 없다고 한다.
       나. 朋友说今天没课。
   (77) 가. 그 사람은 내일이 수요일이라고 했다.
       나. 那个人说明天是星期三。

  위의 예문에서 한국어의 ‘(-다고/라고)하다’에 대응되는 중국어 표현은 동사 ‘说’이다.

  지금까지 한국어의 의미기능별로 나눈 보조용언에 대해 각각 대응되는 중국어의 표현을 살펴보았다. 한국어의 보조용언에 대응되는 중국어 표현의 문법 범주가 각각 다르고 체계화되어 있지 않았다. 즉, 대응되는 중국어 표현의 문법 범주가 동사도 있고, 조사도 있고, 부사도 있고, 조동사도 있다. 이는 중국어에는 한국어의 보조용언과 비슷한 문법 범주가 존재하지 않는다는 것을 알 수 있다. 그러므로 중국인 학습자들은 보조용언에 대한 직관이 없고, 다양한 담화 상황을 접할 기회도 적어 한국어 보조용언을 능숙하게 사용하는 것은 쉽지 않다.

  한국어 보조용언과 이에 대응되는 중국어 문법 범주를 정리하면 <표 7>과 같다.

<표 7> 한국어 보조용언과 중국어 문법 범주의 대응 양상

	한국어 보조용언		중국어 문법범주	
	의미기능	형태	대등되는 문법범주	형태
1	방향성·진행	(-아/어)가다	?	渐渐, 变, 下去 등
		(-아/어)오다	?	一直, 下来 등
		(-아/어)나가다	방향보어	下去
		(-고)있다/계시다	부사/조사	在, 正在, 着, 呢
2	종결	(-고)나다, (-아/어)내다, 버리다, 먹다	중국어 결과보어	光, 完, 掉등
		(-고)말다	?	?
3	성취	(-고야)말다	고정표현	非...不可
4	봉사	(-아/-어)주다, 드리다, 바치다	중국어 개사	给
5	시행	(-아/-어)보다	중국어 동태조사	过
			중국어 동량보어	V(동사) + 一下
			중국어 동사중첩형	VV (동사중첩형)
6	반복	(-아/-어)쌓다, 대다	?	?
7	강조	(-아/-어)빠지다, 제치다, 붙이다	?	?
		(-아/-어)죽다	결과보어	死
8	당위	(-아야/-어야)되다, (-아야/어야)하다	중국어 조동사	应该, 应当, 应, 得
9	보유	(-아/어)놓다, 두다, 가지다	?	?
10	희망	(-고)싶다	중국어 조동사	想
		(-았으면/었으면)하다	중국어 동사/고정표현	希望/要是...就好了

*? : 대응되는 표현이 없는 표시

한국어 보조용언			중국어 문법범주	
의미기능		형태	대등되는 문법범주	형태
11 추측	미래 추측	(-ㄹ, 을／를)듯 싶다	중국어 부사	好象
		(－ㄹ까)보다, 싶다	중국어 동사	担心/恐怕
		(－ㄹ, 을／를)듯하다	중국어 부사	好象
		(－ㄹ, 을／를)법하다	고정단어	像是
	지속 추측	(－는)듯싶다,(－는가)보다, 싶다. (－는)듯하다	중국어 부사	好象
	완료 추측	(－은)듯싶다, (－은)듯하다	중국어 부사	好象
12	상태	(－고) 있다	중국어 부사	在/正在
		(－어／아)있다, 계시다	중국어 조사/?	着/？
13	짐작	(－아／－어)보이다, (－게)보이다, 생기다	동사	看起来
14	의도	(－고자)하다, (－려고)하다, (－ㄹ까)하다	조동사	要, 打算
15	습관	(－곤)하다, (－아／－어)버릇하다	?	?
16	가식	(－ㄴ／은／는)체하다, (－ㄴ／은／는)척하다. (－ㄴ／ㄹ／은／는)양하다	동사	装, 装作
17	가능성	(－ㄹ／은／는)뻔하다	중국어 부사	差点儿
18	시인	(－기는(긴)기도)하다	고정표현	V+是+V
19	가치	(－ㄹ, 을／를)만하다, (－음)직하다	동사	值得
20 부정	부정	(－지)않다／아니하다	중국어 부정부사	不, 没
	불능	(－지)못하다		不能, 没能
	금지	(－지)말다		不要, 別
21	사동	(－게／도록)만들다	중국어 사동사	弄, 让
		(－게／도록)하다		

	한국어 보조용언		중국어 문법범주	
의미기능		형태	대등되는 문법범주	형태
22	피동	(-아/어)지다	중국어개사 /부사	被/越来越
		(-게)되다	중국어 개사/?	被/?
23	인용	(-다고/라고)하다	동사	说

위에서 제시한 한국어 보조용언과 중국어 문법 범주의 대응 양상
을 보면 한국어의 보조용언을 중국어와 대응시킬 때 3가지 대응 유형
으로 나눌 수 있다. 즉 문법적인 대응과 어휘적인 대응이 있지만 대
응관계가 없는 것도 있다. 표로 정리하면 아래 <표 8>과 같다.

<표 8> 한국어 보조용언과 중국어의 대응관계

대응관계	중국어의 문법범주	보조용언의 의미 기능	보조용언의 형태
문법적 대응	조동사	당위	(-아야/-어야)되다, (-아야/어야)하다
		희망	(-고)싶다
		의도	(-고자)하다, (-려고)하다, (-ㄹ까)하다
	부정부사	부정	(-지)않다/아니하다
		불능	(-지)못하다
		금지	(-지)말다
	피동	피동	(-아/어)지다,(-게)되다
	사동	사동	(-게/도록)만들다
	인용	인용	(-다고/라고)하다
	보어	보어	(-아/어)나가다, (-고)나다, (-아/어)내다, 버리다, 먹다, (-아/-어)보다, (-아/-어)죽다

대응관계	중국어의 문법범주	보조용언의 의미 기능	보조용언의 형태
어휘적 대응	부사		(－고)있다, (－고)계시다, (-르, 을／를)듯 싶다, (－르, 을／를)듯하다, (－는)듯싶다, (－는가)보다, 싶다.(－는)듯하다, (－은)듯싶다, (－은)듯하다, (－고) 있다, (－르／은／는)뻔하다, (－아／어)지다
	동사		(－았으면／었으면)하다, (－르까)보다, 싶다, (－아／－어)보이다, (－게)보이다, 생기다, (－ㄴ／은／는)체하다, (－ㄴ／은／는)척하다. (－ㄴ／르／은／는)양하다, (－르, 을／를)만하다, (－음)직하다, (－다고／라고)하다
	조사		(－고)있다, (－아／－어)보다, (－어／아)있다, 계시다
	개사		(－아／－어)주다, 드리다, 바치다
	고정표현		(－고야)말다, (－았으면／었으면)하다, (－르, 을／를)법하다, V+是+V
대응관계 없음	일정한 대응관계 없음3)		(－아／어)가다, (－아／어)오다
	대응 표현 없음	종결	(-고)말다
		반복	(－아／－어)쌓다, 대다
		강조	(－아／－어)빠지다, 제치다, 붙이다,
		보유	(－아／어)놓다, 두다, 가지다
		습관	(－곤)하다, (－아／－어)버릇하다

---

3) 일정한 대응 관계 없는 것은 번역할 때 상황에 따라 중국어와 대응되는 표현
   이 각각 다르다는 것을 의미한다.

4 결론

한국어 보조용언과 중국어의 문법범주 간에 일정한 대응관계가 있는 것도 있고 없는 것도 있다. 하지만 중국어 문법에서는 보조용언이라는 개념이 없다. 그래서 한국어의 보조용언 중에 중국어의 조동사와 대응되는 것도 있고, 중국어의 부정부사와 대응되는 것도 있으며 중국어의 동사 결과보어와 대응되는 것도 있다. 예를 들어, '먹어 버리다'는 중국어로 표현하자면 '吃完, 吃光, 吃掉' 등 여러 개 표현으로 할 수 있지만 이것은 중국어의 어휘양이 풍부하고 한 가지 의미를 여러 가지 표현으로 볼 뿐이다. 여기서 보조용언 '어 버리다'의 의미를 나타내는 표현은 동사의 결과보어인 '完, 光, 掉'이다. 언제 '完'을 쓰고 언제 '光'을 쓰고 언제 '掉'를 쓰는 지 언중들의 개인 취향에 따라 다르게 선태해서 표현하고 있을 뿐이다. 이것 때문에 대응관계가 성립하지 않다고 보는 관점은 올바르지 않다고 본다. 즉 한국어의 보조용언을 중국어와 대응시킬 때 문법적으로 대응되는 보조용언이 있고, 어휘적으로 대응되는 것도 있으며, 아예 대응되는 표현이 없는 것도 있다.

문법적 대응은 한국어의 당위, 희망, 의도의 보조용언이 중국어의 조동사와 대응되며, 부정, 불능, 금지 보조용언은 중국어의 부정부사와 대응된다. 그리고 한국어 '종결 보조용언'과 '시행 보조용언'은 중국어의 '보어'와 대등되며, 종결 보조용언 '나다, 내다, 버리다'는 '결과보어'와 대응되며, 시행 보조용언 '보다'는 '동량보어'와 대응된다. 한국어의 피동, 사동, 인용 보조용언은 중국어의 피동, 사동, 인용 표현과 대응된다. 중국어의 조동사, 보어, 부정표현, 피동, 사동, 인용 표현은 문법적 성격이 더 강하기 때문에 본고에서는 이런 문법범주와 대응되는 관계를 문법적 대응이라고 보았다.

어휘적 대응으로 한국어 진행 보조용언과 추측 보조용언은 중국어의 부사와 대응된다. 그리고 상태 보조용언, 추측 보조용언과 시행 보조용언은 중국어 동태 조사나 어기 조사와 대응된다. 한국어 봉사 보조용언은 중국어의 개사와 대응되며, 한국어의 추측, 짐작, 가식, 가치 보조용언은 중국어의 개별 동사 어휘와 대응됨을 알 수 있다.

대응 관계가 없는 것도 있다. 한국어의 반복, 강조, 보유, 습관 보조용언은 중국어와 대응되는 표현이 없다. 그리고 진행 보조용언도 대등되는 표현이 있기는 하지만 일정한 대응관계가 없다.

참고문헌 ────────────────────────────

고영근(1993), 『중세국어의 시상과 서법』, 탑출판사.

김명희(1984), "국어 동사구 구성에 나타나는 의미관계 연구", 이화여대 박사논문.

김영태(1997), "보조용언과 서술 전개 단계", 『대구어문론총』 제15집.

남기심·고영근(1985), 『표준 국어문법론』(개정판), 탑출판사.

민현식(1999), 『국어문법연구』, 역락.

_____(1999), "현대국어 보조용언 처리의 재검토", 『어문논집』 3, 숙명여자대학교.

박덕유(2006), "행위동사와 완성동사 부류에 나타난 상적 특성", 『한국학 연구』 제15집.

_____(2009), 『학교문법론의 이해』, 도서출판, 역락.

박선옥(2002), "국어 보조용언 연구", 중앙대학교, 석사학위논문.

박영순(1993), 『현대한국어 통사론』, 집문당.

서정수(1996), 『국어문법』(수정증보판), 한양대학교출판원.

손세모돌(1994), "보조용언의 의미에 관한 연구(두다 또는 놓다, 버리다, 내다를 중심으로)", 『한글』 223호.

_____(1996), 『국어 보조용언 연구』, 한국문화사.

양동휘(1978), "국어 보조동사의 관용성", 김영희 박사 송수기념 영어영문학 논총.

이관규(1992), "국어 보조동사 연구", 고려대 석사논문.

이 영(2006). "중국인 학습자를 위한 한국어 보조용언 교육에 관한 연구" 서울대학교 석사논문.

이호승(2001), "국어의 상 체계와 보조용언의 상적 의미", 『국어학』 38.

임병민(2009), "국어의 보조용언 연구", 원광대학교 박사학위논문.

임홍빈 외(1997), "외국인을 위한 한국어 문법". 연세대학교 출판부.

차현실(1984), "'싶다'의 의미와 통사 구조", 『언어』 9-2.

최 영(2007), "한국어와 중국어 피동문의 대조 연구", 연세대학교 석
사논문.

최해주(2006), "한국어 교육을 위한 보조용언의 의미 범주 설정 및 그
활용 방안", 『새국어교육』 74, 한국국어교육학회.

최현배(1937), 『우리말본』, 정음사.

호광수(2003), 『국어 보조용언 구성 연구』, 역락.

乌日勒(2011), "중국어권 한국어 학습자를 위한 보조동사의 교육 방
안에 관한 연구". 중앙대학교, 석사논문.

한국어와 중국어의 추측 표현 대조 연구

-'-(으)ㄹ 수(도) 있다'와 중국어 '能／能够, 可能'을 중심으로-

 ## 1 서론

한국어를 학습하는 데 있어서 문법은 아주 중요한 요소로 자리 잡고 있다. 외국인 학습자들은 한국어를 학습할 때 문법적인 요소에서 가장 많은 어려움을 느낀다. 문법에는 의미가 비슷한 항목들이 많아서 한국어 학습자들은 어떤 상황에서 어떤 문법을 써야 하는지 정확히 알기 어렵기 때문에 비슷한 문법 표현들을 혼동해서 사용하기 쉽다. 또한 한국어 학습자들은 한국어 추측 표현들을 비슷한 문법 항목들이 무엇이 다른지, 이들을 어떻게 구분하고 어떻게 활용해야 하는지에 대해 의문을 느끼게 된다. 비슷한 문법 항목들의 의미와 기능면에서 혼동되기 쉬운 부분들은 한국어 학습자들에게 보다 정확하고 쉽게 가르쳐야 하는데 지금까지 이러한 문법 항목에 대한 연구들은 아직 부족한 상황이다. 특히 한국어 문법 항목 중의 '-(으)ㄹ 것이다, -(으)ㄴ/는/(으)ㄹ 것 같다, -(으)ㄴ/는가/나 보다, -(으)ㄹ지 모르다, -(으)

ㄹ 수(도) 있다' 등의 표현들은 문법으로 보면 모두 추측 의미를 갖고
있는데 상황에 따라서 의미 변화가 많아 학습자들을 혼동시킬 수밖에
없으며, 그 의미적 차이가 미세하여 어려움을 느낀다.

　이상의 이유로 한국어 교수·학습에서는 추측 표현의 의미를 명확
히 구분해 줄 필요가 있다. '추측'은 화자의 감정, 생각, 느낌 등 심리
를 나타나는 주관적인 판단을 말한다. 추측 표현은 화자의 심리적 태
도인 '양태(modality)[1]'의 범주에 속하는 것으로 단순한 정보 전달이
나 기본적인 일상대화에서 많이 사용되며 한국어 문법 교육 항목 중
에 큰 비중을 차지하고 있다. 한국어의 추측 표현은 그 형태가 다양
하고 각각 표현들이 미세한 의미 차이를 나타내기 때문에 학습자들이
많은 어려움을 느낀다. 따라서 본고에서는 2장에서 한·중 추측 표현
의 개념 및 특징에 대해 살펴본 후에 국내 한국어 교재에서 어떤 추
측 표현 항목들이 어떻게 제시되어 있는지를 분석해보겠다. 교재 분
석 결과에서 '가능성'의 의미를 지닌 대표적인 추측 표현 '(으)ㄹ 수
있다'가 국내 한국어 교재에서 출현 빈도가 가장 높다는 현실을 발견
하였다. 국내 한국어 교재에서 출현 빈도가 높다는 것은 한국어 의사
소통에 기본적으로 필요하다는 것을 보여주는 것이기 때문이다. 또한
한국어 '-(으)ㄹ 수 있다'와 중국어 대표적인 추측표현의 조동사 '能
／能够, 可能'을 대응할 수 있다. 그러므로 3장에서 주로 한국어 추측
표현 '-(으)ㄹ 수(도) 있다'와 중국어 '能／能够, 可能'을 선택하여 통
사적 측면, 의미적 측면 그리고 화용적 측면에서 대조 분석으로 살펴

---

1) 안주호(2004)에 따르면 문장 단위의 발화에서는 일반적으로 화자가 말하고자
　하는 내용을 중심으로 한 부분과 이에 대한 화자의 심리적 태도를 중심으로
　하는 부분으로 나눌 수 있다. 전자를 명제 내용이라고 하고, 후자를 양태라고
　이른다. 양태는 일반적으로 '화자가 명제 내용에 관해 갖는 심리적 태도'로
　정의되는데, 각 언어마다 많은 차이를 보이는 범주이다.

보겠다.

 ## 2 이론적 배경

2.1. 추측 표현의 개념

한·중 추측 표현 대조 연구를 하기 전에 먼저 개념을 정리하고자 한다. Jeffersen(1924: 425)은 서법(mood)을 '문장의 내용에 대하여 화자가 가지는 어떤 심리적 태도를 표시하는 것'으로 보았다. 이때의 태도를 "동사의 형태에 나타날 경우에만 '법'이다."라고 밝히고 있는데, 통사적 범주로 포함시킬 수 없는 '개념적 법'에 대해서도 언급하고 있다. 이때 '개념적 법'을 본고에서 말하는 양태로 볼 수 있을 것이다. 라이온스(1977:452)에서는 양태를 진리 양태, 인식 양태, 의무 양태로 분류하여 고찰하였다. 양태는 '명제에 대한 화자의 태도'로 정의하고 있다.

이외에도 국어학에서 양태의 개념은 학자마다 다르게 범주화되었는데 장경희(1985:9)에서 양태는 '사건에 대한 화자의 정신적 태도를 나타내는 것'이라고 하였고, 고영근(1986)에서 양태는 '서법에서 나타나는 화자의 태도와 관련되는 의미 영역과 기타 어휘적 수단에 의해 나타나는 부수적인 의미 자체를 가리키는 의미 범주'라고 하였다. 김지은(1998)에서 '양태를 명제에 대한 화자의 심리적 태도'라고 하였고, 이선웅(2001)에서는 '화자가 명제 내용에 영향을 미치지 않고 한 문장 내에서 표현하는 심리적·정신적 태도'라고 정의하였다. 박재연

(2003)에 의하면 '화자의 태도'라는 모호한 용어 대신 양태의 기본 속성을 '화자의 주관적인 한정(qualification)'이라는 주장으로 양태는 '명제에 대한 화자·청자의 주관적인 한정을 표현하는 문법 범주'라고 정의하였다.

이처럼 국어학에서 양태는 서법과 혼동되어 사용되어 왔으며, 그에 대한 논의는 지금까지 계속 진행되어 왔다. 여기서는 우선 양태와 서법을 상하위의 관계로 보는 논의들부터 보고자 한다. 먼저 서정수(1995)에서는 서법을 화자가 말할 내용이나 청자에 대해 갖는 태도를 나타내는 범주로 보고 필요에 따라 양태와 문체법으로 하위 구분할 수 있다고 언급하며 양태를 서법의 하위범주로 나타내고 있다. 이에 반해 이선웅(2001)에서는 양태가 의미적 개념인 양태성과 문법적 개념인 양태법을 아우르며 서법을 양태법으로 대체할 수 있으므로 불필요하다고 밝히고 양태를 서법의 상위로 보고 있다. 이와 달리 양태와 서법을 독립적인 범주로 보는 연구도 있다. 고영근(1995)에서는 '화자가 사태와 대결함으로써 나타나는 부수적 의미가 일정한 동사의 형태로 구현되는 문법 범주'를 서법으로, '서법 범주나 기타 어휘적 수단에 의해 나타나는 부수적인 의미 자체를 가리키는 의미 범주'를 양태로 보고 있다. 이에 반해 장경희(1985)는 이 둘을 각기 다른 문법적 범주로 보고 화자가 사건 그 자체에 대해 갖는 태도를 나타내는 양태소와 화자가 청자에 대해 갖는 태도를 나타내는 종결어미를 독립적인 범주로 설정하여 양태와 서법을 구분하였다. 박덕유(1998)는 화자의 주관적인 심리 작용의 양상에 관한 언어적 표현을 서법으로 보았고, 이 서법이 학자에 따라 양태, 양상, 법 등으로 다양하게 사용된다고 하였다.

이처럼 양태와 서법의 관계에 대해서 여러 논의가 있어 왔으나 화자가 나타내는 태도가 무엇에 대한 것인지 구분되어 사용되므로 이를 분리하지 않을 경우 학습자에게 혼동을 일으킬 수 있어 특히 한국어 교육에 있어서는 장경희(1985)와 마찬가지로 서법과 양태로 분리해서 보는 것이 필요하다.

위에서 본 바와 같이 양태의 개념은 학자마다 화자의 심리적 태도를 나타내는 부분에 대해 다르게 정의하고 있으나 라이온스(Lyons, 1977)가 정의한 '명제에 대한 화자의 태도'라는 양태 개념에서 크게 벗어나지 않았다. 따라서 본고에서도 양태의 개념을 '명제에 대한 화자의 심리적 태도'로 본다.

추측 표현은 상술한 양태의 한 범주로 인식 양태에 속한다. 인식 양태에 대해 Palmer(2001: 24-26)는 화자가 명제의 사실적 사태(factual status)에 대한 판단을 하는 것으로 보았으며, 불확실성(uncertainty)을 표현하는 추론(Speculative), 관찰 가능한 증거를 바탕으로 추측을 하는 연역(Deductive), 마지막으로 일반적인 지식으로부터 추측을 하는 가정(Assumptive)으로 구분하였다. Bybee et al(1994: 179)에서는 단어에 적용되고 명제의 진위에 책임을 지는 것에 관해 나타내는 것이라고 보았으며 이 인식적 양태가 가능성(possibilty), 개연성(probability), 추론된 확실성(inferred certainty)으로 표현된다고 밝히고 있다.

(1) a: 선생님께서 <u>바쁘셔</u>.
    b: 선생님께서 <u>바쁘실 거야</u>.

위의 예문을 보면 (1a)는 사실에 대해서 단언을 하고 있지만 (1b)는 명제에 대해서 화자가 확실하지 않은 태도를 보이면서 판단을 내리고 있음을 알 수 있다. 이렇게 명제 실현의 확실성에 대해서 화자가 나타내는 태도와 관련되는 추측 표현이 전통적으로 개연성, 가능성, 확실성을 나타내는 인식 양태의 한 범주임을 알 수 있다.

'추측'은 화자의 감정, 생각, 느낌 등 심리를 나타내는 주관적인 판단을 말한다. 추측 표현은 화자의 심리적 태도인 '양태'의 하위 범주이며 그중에서도 인식 양태 안에 포함된 범주이다. 다시 말하면 '추측'은 양태의 한 부분으로 파악된다. 양태는 원래 언어 철학의 일부인 양상 논리(modal logic)에서는 가능성(possibility)이나 필연성(necessity)의 개념과 관련이 있는 것이다. 또한 양상 논리(modal logic)에서는 전통적으로 양태를 인식 양태와 의무 양태의 두 종류로 나누었다. 인식 양태는 명제의 진리치에 대한 가능성이나 필연성과 관련된 것으로 그것에 대한 화자의 지식이나 믿음을 포함하는 것이고, 의무 양태는 도덕적으로 책임 있는 행위자가 수행하는 행동의 필연성이나 가능성과 관련된 허용이나 의무와 관련되어 있다(김지은(1998) 참조).

2.2. 한·중 추측 표현의 양상

추측 표현은 강세나 억양과 같은 초분절적 요소에서부터 형태소, 단어, 구, 표현에 이르기까지 다양한 형식으로 나타난다. 그러나 각 언어에 따라 추측을 표현하는 주요한 문법 요소는 다를 수 있다. 한국어에서 추측을 의미하는 대표적인 문법 형식은 선어말어미, 어말어미, 그리고 복합구성으로 된 추측 표현이 있다. 중국어 추측 표현의 대표적인 문법 형식은 조동사와 어기사가 있다. 제2언어 습득에서 목표어와 모어의 대조는 필수적이며 기본적인 출발이라고 할 수 있다. 따라서 이 절에서는 한국어와 중국어의 추측 표현 체계의 형식적 대응 관계를 밝히고자 한다. 양 언어의 추측 표현 양상을 정리해 보면 다음 <표 1>과 같다.

<표 1> 한국어와 중국어 추측 표현의 양상 대조

양상	한국어	중국어
음운론적 요소	강세, 억양, 휴지	강세, 억양, 휴지
어휘적 요소	동사, 형용사, 부사,	동사, 형용사, 부사,
문법적 요소	▶ 단일구성: 선어말어미 어말어미 ▶ 복합구성: 관형사어미+의존명사+이다 관형사어미+의존명사+형용사 관형사어미+형용사/동사	▶ 조동사(助動詞), ▶ 어기사(語氣詞)
문체적 요소	도치, 생략	도치, 생략

2.2.1. 한국어 추측 표현의 양상

위의 <표 1>에서 보듯이 한국어와 중국어의 추측 표현은 음운론적 요소, 어휘적 요소, 문법적 요소, 문체적 요소의 네 가지 형식으로 나누어볼 수 있다. 그 중에서 한·중 양 언어에서 기본적으로 대조를 이루는 것은 문법적 요소라고 할 수 있다. 따라서 본 연구에서 주로 한국어 추측 표현의 문법적 요소와 중국어 추측 표현의 문법적 요소 그리고 중국어의 어기사를 살펴보도록 한다. 예문으로 분석해보면 다음과 같다.

(2) a. 비가 오겠다.
  b. 지금 식당에 가면 밥이 없을걸!
  c. 요즘 바쁜가 보다.
  d. 내일 수업 안 할 거 같다.
  e. 사람 많아서 오래 기다릴 수(도) 있어요.
  f. 비가 내릴 모양이다.

g. 내일 비가 <u>올지도 모른다.</u>
h. 일교차가 심해서 감기에 걸리<u>기가 쉽다.</u>

위의 일곱 개 예문 중에서 먼저 (2a)는 선어말어미 '-겠-'을 이용해서 추측 의미를 나타낸다. -겠-은 미래의 사건이나 사건에 대한 추측을 나타내는 어미로서 화자가 지금 '날씨가 흐리다'를 근거하여 '비가 오겠다'는 명제 실현의 가능성을 추측하는 의미로 쓰였다. (2b)에서는 어말어미 '-(으)ㄹ 걸(요)'를 이용해서 추측 의미를 나타낸다. (2c~2e)에서는 각각 복합구성 '관형사어미+형용사/동사'의 형식인 '(으)ㄴ/는가/나 보다', '(으)ㄴ/는 것 같다', '-(으)ㄹ 수(도) 있다'를 이용하여 추측 의미를 나타낸다. 화자가 명제 실현의 가능성이 있는지 없는지에 대해 자신의 생각에 입각해서 추측하는 것이다. 예문(2f)는 '관형사형어미+의존명사+이다' 형식으로 화자가 명제의 실현 가능성에 대한 추측을 드러낸다. (2g)에서는 '관형사어미+형용사/동사'의 형식인데 동사 '모르다'를 통해 추측을 드러낸다. 동사 '모르다'는 '-(은)ㄹ지'와 결합하여 명제가 가리키는 상태의 실현 가능성을 배제할 수 없음을 드러내는 추측이다. (2h)에서는 형용사 '쉽다'와 '-기(가)-'와 결합하여, 추측 양태를 표현하는 예문이다.

2.2.2. 중국어 추측 표현의 양상

<표 1>에서 보듯이 중국어에서 추측을 표현하는 대표적인 문법 형식은 조동사(助動詞)와 어기사(語氣詞)로 볼 수 있다. 조동사(助動詞)는 어떤 의미로 해석되거나 그의 어법특징이나 품사 종류를 인식하는 시각에 따라 명칭이 매우 다르게 나타나기도 하는데 대부분의 학자들은 조동사는 가능, 필요, 당위, 희망이나 바람 등 양태의미를 나타낸

다고 주장한다2). 어기사는 어기를 표시하는 허사(虛詞)이고, 늘 문장 말이나 문장 중의 휴지하는 곳에 쓰이며 종종 어기사를 표현하는 것 이다.

1) 중국어 추측을 표현하는 조동사(助動詞)

   (3) '要'
     a. 要下雨了.
       비가 오겠다.
     b. 也许, 要来台风了.
       아마, 태풍이 올 것 같다.
     c. 太感动了, 快要留泪了。
       감동을 받아서 눈물 날 것 같다.
     d. 太冷了, 要冻死人了。
       추워서 얼어 죽겠다.

위의 예문 '(3a~b)'는 중국어 조동사 '要'를 이용하여 화자가 각 문 제에 대해 추측하는 문장들이다. 화자가 명제의 확실성에 대해서 적 어도 50% 이상의 확신이 있음을 나타낸다. (3c~d)에서는 '要'를 이용 해서 추측이나 곧 발생한다는 예측의 의미를 표현한다. 그러나 '감동 을 받아서 눈물 날 지경'이나 '날씨가 너무 추워서 얼어 죽을' 상황에 쓰였지만 화자가 진짜 그런 것은 아니라 과장적 예측의 의미가 있다 고 본다.

---

2) 조동사의 분류 기준은 연구자마다 약간씩 다른 의견이 있는데 연구를 분석하 면 3 가지로 나눌 수 있다. (1)丁声树(1961)에서는 '가능', '의지', '필요'로 해 석되고, (2) 胡裕樹(1981)에서는 주관적인 바람, 객관적인 요구로 나눈다. (3) 馬慶株(1992)에서는 가능동사A, 필요동사, 가능동사B, 희망동사, 추측동사, 허가동사로 나눈다.

(4) 會/能
　　a. 明天會很冷的。
　　　　내일은 날씨가 많이 추울 것이다.
　　b. 芝敏化妆的话會很漂亮的。
　　　　지민이가 화장하면 아주 예쁠 것이다.
　　c. 朴教授明天能来。
　　　　박 교수님께서는 내일 오실 수 있다.

　위의 예문 (4)는 '會/能'을 이용해서 추측을 나타내는 문장들이다. 화자가 각각 '내일은 날씨가 많이 추울 것이다'라는 추측, '지민이가 화장하면 아주 예쁠 것이다'라는 추측, '박 교수님께서는 내일 오실 것이다'라는 추측을 표현한 것이다.

2) 중국어 추측을 표현하는 어기사(語氣詞)

　중국어에 어기사(語氣詞)로 추측을 표현하는 경우도 많다. 앞에서 언급했지만 어기사는 어기를 표시하는 허사이고, 늘 문장 말이나 문장 중의 휴지하는 곳에 쓰이며 종종 어기사로 표현하는 것이다. 중국어의 대표적인 어기사는 '的, 了, 么, 呢, 吧, 啊'등이 있는데 추측 표현하는 대표적인 어기사는 '吧'라고 할 수 있다.

　　(5) a. 這裡可以吸煙吧?
　　　　　여기서 담배를 피울 수 있지?
　　　b. 今天不上班吧?
　　　　　오늘은 근무 안 하지?

　예문 (5)는 어기사(語氣詞) '吧'를 이용해서 추측을 나타낸 예문들이다. '여기서 담배를 피울 수 있지?'와 '오늘은 근무 안 하지?'의 예문은 알면서도 확인이 필요한 경우로, 어기에 '吧'를 붙여서 추측 표현을 나타낸다.

지금까지 한국어와 중국어 추측 표현의 특징을 살펴보았다. 정리해 보면 한국어에서 양태를 표현하는 대표적인 문법 형식에는 선어말 어미와 종결 어미, 그리고 복합 구성으로 된 양태 표현이 있으며, 중국어에서 추측을 나타내는 대표적인 문법 형식에는 양태 조동사(助動詞)와 어기사(語氣詞)가 있다.

2.2.3. 한·중 추측 표현 대응되는 항목

앞에서 언급했듯이 추측 표현은 강세나 억양과 같은 초분절적 요소에서부터 형태소, 단어, 구, 표현에 이르기까지 다양한 형식으로 나타난다. 그러나 각 언어에 따라 양태의 의미 영역을 표현하는 주요한 문법 수단은 다를 수 있다. 한국어에서 추측을 의미하는 대표적인 문법 형식은 선어말 어미, 어말 어미, 그리고 복합한 구성으로 된 추측 표현이 있으며, 중국어 추측표현의 대표적인 문법 형식은 조동사와 어기사가 있다. 본고에서 연구 대상인 '(으)ㄹ 수 있다'의 추측 표현이 나타내는 의미 영역은 대체적으로 중국어에 조동사와 대응된다. 한국어와 중국어에 대응되는 추측 표현 항목을 자세히 보면 다음과 같다.

(6) a. 비가 오<u>겠</u>다.(要下雨了.)　　　　　　　　　-필연
　　 b. 내일 모임에 선생님 꼭 <u>오실 것 이다</u>.
　　　 (明天的聚会老师一定会来的.)　　　　　　-필연
　　 c. 내일 비가 <u>올지도 모른다</u>. (明天<u>可能</u>下雨.)　-가능성
　　 d. 내일이면 우리 부모님이 한국에 도착할 <u>수 있다</u>.
　　　 (明天父母<u>能/能够</u>, <u>可能</u>到达韩国.)　　　　-가능성

e. 요즘 바쁜<u>가 보다</u>. (最近看样子可能很忙.)　　　-개연
f. 비가 내릴 <u>모양이다</u>. (可能要下雨.)　　　　　-확연
g. 오늘은 택배가 올 <u>듯싶다</u>. (今天可能会来邮件。) -막연
h. 내일 수업 안 할 거 같다.
　 (明天<u>可能</u>／<u>好像</u>不上课.)　　　　　　-막연, 개연, 확연

　위의 예문 (6a~b)는 '-겠-'과 '(으)ㄹ 것이다'는 '필연성'을 나타내는
데 중국어 '会, 要'에 대응 될 수 있다. (6c~d)에서 보이듯이 한국어의
'-(으)ㄹ지도 모르다', '(으)ㄹ 수 있다'는 '가능성'의 의미를 나타내는
데 중국어 '可能/能/能够'에 대응된다. 그러나 (6e)에서 '개연'의 '-는
가 보다, (6f)에서 '확연'의 '(으)ㄹ 모양이다' 그리고 (6g)의 '막연'의
'(으)ㄹ 듯싶다'는 중국어에서 직접적으로 대응되는 조동사가 없고,
'가능'과 '필연'의 조동사를 연속해서 사용하여야만 확실성의 정도 의
미를 나타낼 수 있다. (6h)에서 '막연, 개연, 확연' 의미를 다 포함하는
'(으)ㄹ/ㄴ 는 것 같다 '는 중국어도 다양한 양태 조동사를 통해 그 의
미를 나타낸다. 한국어 추측 표현과 중국어 조동사의 의미 대응 관계
를 정리하면 다음 <표 2>와 같다.

<표 2> 한·중 추측 표현의 의미 대응 관계

의미	한국어	중국어
추측 표현	-(으)ㄹ 것이다 -는 것 같다 -는 가 보다 -는 모양이다 -나 싶다 -는 듯하다 -는 듯싶다 -(으)ㄹ 수(도) 있다	可能, 能/能够3), 要, 会, 好像, 看样子

2.3. 한국어 교재에서의 추측 표현 항목

이 절에서는 한국어 추측 표현 항목들이 국내외 한국어 교재에서 어떻게 제시되어 있는 지를 간단하게 보고자 한다. 분석 대상 교재는 국내 한국어 교육에 가장 많이 쓰이는 세 가지 교재와 중국에서 한국어 교육에서 가장 많이 쓰이는 북경대학에서 출판된 교재이다. 정리하면 다음 <표 3>과 같다.

<표 3> 분석 대상 한국어 교재 목록

번호	교재명	출판 년도	발행처	기호
1	<연세한국어>	2008	연세대학교 한국어학당	<가>
2	<경희한국어>	2008	경희대학교 국제교육원한국어교육부	<나>
3	<한국어>	2000	서울대학교 언어교육원	<다>
4	<재미있는 한국어>	2010	고려대학교 한국어문화교육센타	<라>

1) <연세한국어>교재

<표 4> <연세한국어> 교재의 추측 표현

제시 단원	추측 표현
1권-8과	-(으)ㄹ 것이다
1권-9과	-을/ㄹ/는 것 같다
1권-9과	-(으)ㄹ수 있다
3권-5과	-는 모양이다

---

3) 손옥정(2012)에서 '能够'은 대부분 상황에서 '能'과 서로 대체할 수 있는데, 어떤 경우에 '能'만 쓰인다. 예를 들면 '你看明天时间能行吗(네가 보기에 내일 시간 될까)?'. '你看明天时间能够行吗?'

제시 단원	추측 표현
	-었던/았던/였던 것 같다
3권-8과	-을지도/ㄹ지도 모른다
3권-10과	았을/었을/였을 것이다
5권-3과	-긴 -나/은가/ㄴ 가 보다
5권-6과	-는 듯 싶다

　연세대학교 한국어 학당의 교재 1-6권은 추측 표현 항목을 주로 1-5권까지 제시하고 있었다. 선행하는 품사와 일부분 관형사형 어미의 정보는 문법항목에서 제시하지 않고 문법을 설명할 때 함께 제시하였다. 또한 추측 표현 부분에서 연세대학교 교재는 다른 교재에 비해 '시제와의 결합 형태'를 더 많이 제시하고 있다.

　2) <경희한국어> 교재

<표 5> <경희한국어> 교재의 추측 표현

제시 단원	추측 표현
초급 I-17과	-겠다
초급II-1과	-(으)ㄹ 것이다
초급II-18과	-(으)ㄹ 것 같다
중급II-3과	-(으)ㄴ 가/나 보다
중급II-7과	-(으)ㄴ/는 모양이다
중급II-7과	-(으)ㄹ 텐데
고급 I-8과	-(으)ㄹ 수(도) 있다
고급 I-17과	-(으)ㄴ/는(으)ㄹ 듯하다

경희대 국제교육원에서 나오는 교재는 초급, 중급, 고급, 1-6권까지 추측 표현 항목을 제시 하고 있다. 제시 순서는 연세대학교 한국어 교재와 비슷하게 보인다. 먼저 추측 표현 '-겠다-'가 제시되었다. '-(으)ㄹ 것이다'와', '-것 같다'는 교재 초급Ⅱ권에서 처음 제시하고 초급 단계에서 적절히 교수되고 있다. '-(으)ㄴ 가/나 보다'가 교재 네 번째로, 중급Ⅱ 3과에서 제시되었다. 그러나 '-(으)ㄴ/는 모양이다'는 중급Ⅱ 1과에서 처음 사용되었으나 문법 설명은 중급Ⅱ 7과에 되어서야 나온다. 용례보다 문법 설명이 뒤에 나오므로 제시 시점을 앞당길 필요가 있다고 생각된다.

3) 서울대학교 <한국어> 교재

<표 6> <한국어> 교재의 추측 표현

제시 단원	추측 표현
1권-9과	-(으)ㄹ 수(도) 있다
1권-23과	-(으)ㄹ것이다
2권-6과	-는 것 같다
2권-14과	-겠다
3권-7과	-(으)가/나 보다
3권-9과	-는 모양이다

본고에서 주제로 선정한 한·중 추측 표현 대조 연구 항목 '-(으)ㄹ 수(도) 있다'가 서울대학교 언어교육원 교재에서는 첫 번째로 제시된다. 그리고 추측 표현 '-겠다'는 2권14과에 문법 설명이 나온다. 총4권으로 구성된 교재 중 제2권은 중급에 해당하는 단계이므로 '-겠다'의 제시는 좀 늦다고 생각된다. 또한 '-(으)가/나 보다'가 3권7과에서 나

오는 것도 좀 늦다고 생각된다.

4) 고려대학교 <재미있는 한국어> 교재

<표 7> <재미있는 한국어> 교재의 추측 표현

제시 단원	추측 표현
1권7과/1권11과	-(으)ㄹ 것이다
2권2과	-(으)ㄹ 수(도) 있다
2권3과/2권4과	-(으)ㄹ 것 같다
2권9과	-겠-
3권7과	-나/가 보다
4권6과	-는 듯하다

　본고에서 주제로 선정한 한·중 추측 표현 대조 연구 항목 '-(으)ㄹ 수(도) 있다'가 고려대학교 교재에서는 두 번째로 제시된다. 총6권으로 구성된 교재 중 제2권은 초급에 해당하는 단계이므로 '-(으)ㄹ 수(도) 있다'의 제시는 좀 빠르다고 생각된다. 또한 '-(으)가/나 보다'가 3권7과에서 나오는 것도 좀 늦다고 생각된다.

　지금까지 한·중 양국의 한국어 학습 교재 중 가장 대표적이라 할 수 있는 교재들안에 제시되어있는 '추측 표현'에 관해 분석해 보았다. 정리해 보면 다음 <표 8>과 같다.

<표 8> 한국어 교재에서의 추측 표현

추측 표현 항목	<가>	<나>	<다>	<라>
-겠-	-	초급-Ⅰ-17과	2권-14과	2권-9과
-(으)ㄹ 것이다	1권-8과	초급-Ⅱ-1과	1권-23과	1권-7과/1권-11과
-는 것 같다	1권-9과	초급-Ⅱ-18과	2권-6과	2권-3과/2권-4과
-는 가보다	5권-3과	중급-Ⅱ-3과	3권-7과	3권-7과
-는 모양이다	3권-5과	중급-Ⅱ-7과	3권-9과	3권-7과
-나 싶다	-	-	-	-
-는 듯하다	5권-6과	-	-	4권-6과
-는 듯싶다	-	-	-	-
-(으)ㄹ 수(도) 있다	1권-9과	고급Ⅰ-8과	1권-9과	2권-2과

한국어 교재 분석 결과에 대해 간단히 정리해보면 다음과 같다.

첫째, 각각 추측 표현을 제시하는 순서에 학습자의 수준을 고려하였다. 그 중 '-겠-'은 다양한 의미가 있는데, 대부분의 교재는 미래나 의지의 의미가 먼저 제시되고 추측의 의미는 그 후에 제시되고 있다. 이는 학습자에게 혼란을 주지 않도록 고려한 것이다.

둘째, 단 하나의 추측 표현 항목을 제시하더라도 활용할 수 있는 형태를 제시한다. 예를 들면 '-겠-'을 가르칠 때 '-았/었/였겠-'을 모두 다루지 않고 결합하는 시제별로 단원의 목표에 맞는 표현을 선택적으로 제시함으로써 학습자가 단계적이고 순차적으로 그 표현에 익숙해질 수 있게 한다.

그러나 교재에서 발견한 단점도 있는데, 추측 표현들 간의 의미 차이를 명확하게 제시하지 않고 있다는 것이 그것이다. 비슷한 의미를 가진 추측 표현들의 각각의 의미나 기능, 제약, 차이점을 명확하게 설명하지 않고 있다. 또한 교재에는 통사 제약에 관한 설명이 거의 없다. 문법 제시 시 각 항목에 대하여 간단한 예문만을 들고 있다.

본고에서는 위에서 제시된 한국어 교재속의 추측 표현 항목 종 '-(으)ㄹ수(도) 있다'의 추측 표현만을 중심으로 한·중 추측 표현 대조 연구를 하고자 하는데 그 이유를 언급하면 다음과 같다.

첫째, '-(으)ㄹ수 있다'는 국내 한국어 교재에서 출현 빈도가 가장 높은 추측 표현 용례 중의 하나이다. 국내 한국어 교재에서 출현 빈도 높다는 것은 한국어 의사소통에 기본적으로 필요하다는 것을 보여 주는 것이기 때문이다. 둘째, 또한 '-(으)ㄹ수 있다'는 단순 문법 구조에서 복합 용법이 있기 때문에 학습자들이 정확하게 익힐 필요성이 있다. 셋째, 한국어'-(으)ㄹ수 있다'와 중국어의 대표적인 추측표현 조동사 '能/能够, 可能'의 비교 분석은 중국인 한국어 학습자들의 추측 표현 학습에 큰 도움이 될 것이라 판단된다. 따라서 본 연구에서 '-(으)ㄹ 수(도) 있다'와 '能/能够, 可能'을 선택하여 비교해 보고자 한다.

3.3 한국어 '-(으)ㄹ 수(도) 있다'와 중국어 '能/能够, 可能'의 대조 분석

3.1. 분석 기준에 관한 논의

대조 분석이란 두개의 개별 언어를 상호 대조하여 그들 사이의 공통점과 차이점을 찾아내는 것이다. Fries(1945)에서는 대조 분석은 학습자가 외국어를 이해하는 데 길잡이가 가장 효과적인 학습 자료란 학습하고자 하는 언어를 과학적으로 기술하여 학습자의 모국어와 비

교 및 대조한 것이어야 하며 차이점을 주로 문형 연습을 통하여 이해
시켜야 한다고 했다. 따라서 다음에서 한·중 추측 표현 대조분석의
기준부터 제시해 보도록 하겠다.

라센프리먼(Larsen-Freeman, 2003)에서는 '삼차원의 문법 틀(A three-
dimensional grammar framework)'을 제시하고 있는데 '삼차원'에는 '형
태(form)-의미(meaning)-화용(use)'의 3차원적 문법 교육 모형에 바탕
을 두고 있다. 살펴보면 다음 [그림 1]과 같다

[그림 1] 삼차원의 문법 틀

라센프리먼이 제시한 문법의 세 개 영역은 계층적으로 배열되어
있는 것이 아니라 동일한 층위에서 서로 연관성을 가지면서 하나의
문법 틀을 가진다. 즉, 형식과 의미 그리고 화용의 3차원적 양상의 상
호적용을 통한 맥락 의존적 교육 방법으로서 '하나의 표현 형식'에는
[일정한 문법적 형태+일정한 의미+특정한 사회적 담화의 사용 맥락]
등이 결합된다고 보는 관점이다. 이는 첫째, 문법 형식의 정확성, 둘

째, 전달의미의 유의미성, 셋째, 사용 맥락에서의 적절성 등을 통한 언어 능력의 함양을 지향 목표로 설정한다. 즉 문법 기반 기능 통합 교육과정의 관점에서 '문법이란, 주어진 상황이나 맥락에서 의미를 전달하는 데 사용되는 언어 형식'이라는 3차원적 정의가 가능하며, 이는 '문법교육이 반드시 사용 장면의 맥락 속에서 언어 형식과 의미를 연계하는 것을 전제'해야 하는 점을 시사한다.

따라서 본 절에서는 라센프리먼의 [3차원의 문법 틀]을 기초로 한국어 '-(으)ㄹ 수(도) 있다'와 중국어 '能／能够, 可能'을 '삼차원의 문법 틀'을 따라 형태・통사적, 의미적, 화용적 측면에서 대조 분석을 살펴보겠다.

3.2. 형태・통사적 대조

여기서는 추측 의미로 쓰인 '-(으)ㄹ 수(도) 있다'와 대응하는 중국어 '能／能够, 可能'을 중심으로 주로 ①주어/용언의 제약, ②시제의 제약, ③서법의 제약의 세 가지 측면에서 통사적 특성에 대해 비교해 보고자한다.

3.2.1. 주어/용언의 제약

'-(으)ㄹ 수(도) 있다'는 앞에서 의미적 특징을 서술한 바와 같이 화자가 명제 내용의 실현가능성에 대한 자신의 태도를 표현하는 것이다. '(으)ㄹ 수 있다'는 주체와 관련된 행위에 대한 일반적인 추측 의미를 나타낼 때 주어의 사용에 제약이 없다(7a~c). 주어는 행위자뿐만 아니라, 비행위자일 경우에도 가능하다. 선행용언으로는 동작동사만 아니라 상태 동사일 경우도 가능하다(7d~e). 그러나 1인칭, 2인칭 주어가 상태 동사와 결합할 수 없다(7f~g). 예문을 통해서 설명해보면 다음과 같다.

(7) a. 나는 내년이면 <u>졸업할 수 있다</u>. (1인칭 주어)
   b. 너는 내년이면 <u>졸업할 수 있어</u>? (2인칭 주어)
   c. 철수는 내년이면 <u>졸업할 수 있다</u>.(3인칭 주어)
   d. <u>언니가</u> 학교 다녔을 때 인기가 <u>많았을 수도 있다</u>.
   e. <u>교수님 바쁘실 수 있으니</u> 가기 전에 전화해봐.
   f. <u>나는</u> 학교 다녔을 때 인기가 <u>많았을 수도 있다</u>.
   g. <u>너는</u> 학교 다녔을 때 인기가 <u>많았을 수도 있다</u>.

(7a~c)처럼 각각 1인칭 '나', 2인칭 '너' 3인칭 '철수'는 주어로 화자가 '내년이면 졸업하다'는 명제의 실현 가능성에 대한 추측을 나타낸다. 예문(7d~e)에서 '많다'와 '바쁘다'는 상태 동사이며 주어는 3인칭 '언니'와 '교수님'이다. 그러나 주어가 1인칭 2인칭이 되면 문장이 자연스럽지 못하다. (7f~g)에서 1, 2인칭 주어는 상태성 용언을 허용하지 않는다. 이효정(2004)에 따라 자신의 상태는 추측할 수 없으며, 청자에 대한 상태는 추측을 할 수 있지만 가능성이 낮은 막연한 추측은 부자연스럽다. 그러나 앞에 부연 설명 내용이 있을 경우에는 주어의 인칭과 상관없이 상태성 용언은 사용될 수 있다. 예를 들면 다음 예문 (8)과 같다.

(8) a. 논문 잘 쓰면 내년에 나도 <u>졸업할 수 있다</u>.
   b. 공부 열심히 하면 내년에 너도 <u>졸업할 수 있다</u>.

이와 달리 추측 의미의 '-(으)ㄹ 수(도) 있다'에 대응하는 중국어의 '能／能够, 可能'은 인칭 제약 없이 동작성 용언과 상태성 용언에 모두 결합할 수 있다. 예를 들면 다음 예문 (9)와 같다.

> (9) a. 这件衣服(<u>我, 你, 他</u>)穿的话<u>能</u>很好看。
>   나/너/그는 이 옷을 입으면 예쁠 수 있다고 생각한다.
>   b. 听到那样的话, (<u>我, 你, 他</u>)有<u>可能</u>生气。
>   나/너/그는 그런 말 들으면 화날 수 있다.

3.2.2. 시제의 제약

'-(으)ㄹ 수(도) 있다'는 추측 의미를 나타낼 때 위치의 제약 없이 과거 시제와 자연스럽게 결합될 수 있다. 다시 말하면 본용언의 뒤에서나 양태 표현 자체의 뒤에서나 과거 시제와 자연스럽게 결합될 수 있다. 예를 들어서

> (10) a. 철수가 일등이 <u>됐을 수 있다</u>.
>   b. 철수가 일등이 <u>될 수 있었다</u>.

위의 예문 (10)은 명제의 가능성에 대한 과거 시제와의 결합 양상인데 미세한 의미 차이를 갖는다. (10a)는 '철수가 일등이 됐을 수 있다'는 명제에 과거 시제가 붙은 경우로서 이는 화자가 주체의 행위가 과거에 이미 이루어졌음을 막연히 추측하는 것이다. 따라서 화자가 경기 전이나 경기 진행 과정을 보면서 경기 결과가 판정나지 않았을 경우 막연하게 추측을 하는 장면에 사용된다. 그러나 만약 경기 결과가 판정이 났을 경우에는 가능성 낮은 '-(으)ㄹ 수(도) 있다'는 사용한

다면 어색할 것이다. (10b)는 명제의 가능성 즉, '철수가 일등 될 수 있다.'에 과거 시제가 결합된 경우이다. 이때는 상대적으로 약세에 놓인 경기 과정을 지켜보면서, 혹은 경기 후 패한 경기에 대한 아쉬움이나 후회를 나타내는 장면에 사용된다.

또한 미래 시제를 나타내는 '-겠-'과 '-(으)ㄹ 것이다'와도 자연스럽게 결합할 수 있다. 그것은 미래에 발생할 일에 대한 가능성을 충분히 추측을 할 수 있기 때문이다. 예를 들자면 다음 예문(11)과 같다.

(11) ㄱ. 이번 시험에 철수가 일등이 <u>될 수 있겠다</u>.
     ㄴ. 이번 시험에 철수가 일등이 <u>될 수 있을 것이다</u>.

다음으로 '-(으)ㄹ 수(도) 있다'에 대응되는 중국어 '能／能够, 可能'과 중국어에서 시제나 상을 나타내는 동태조사 '了, 着, 过'가 결합되는 경우를 살펴보자고 한다.

우선 추측 의미의 '-(으)ㄹ 수(도) 있다'는 중국어 양태 조동사 '能／能够, 可能'과 대응 된다. '可能'은 중국어에서 명제 실현이 가능성이 가장 낮은 양태 조동사이여 세 가지 동태 조사 '了, 着, 过'와 자연스럽게 결합될 수 있다. 이것은 가능성이 가장 낮은 양태 조동사인 만큼 과거 시제나 상을 막연하게 추측할 수 있기 때문이다. 예를 들자면 예문 (12)와 같다.

(12) a. <u>可能</u>是你看错<u>了</u>。
        아마, 네가 잘 못 보았을 수 있다.
     b. 妈妈<u>可能</u>在等<u>着</u>我。
        엄마가, 날 기다리고 있을 수 있다.
     c. 他<u>可能</u>喜欢<u>过</u>她。
        그는 그녀를 좋아했었을 수 있다.

그러나 가능성보다 높은 '개연성'을 나타내는 '能/能够'는 동태 조
사 '着'와 결합할 수 없고 '了'와 결합이 가능한데 이때의 '了'는 과거
시제를 나타낸다기보다 '상태의 변화'에 가까운 '了'에 속한다(13).
'能/能够'는 과거의 시제, 상태적 의미를 나타내는 '过'와 결합하면 지
나간 과거에 대한 추측을 나타낸다(14).

> (13) 看看说明书的话, 就能知道使用方法了。
>   설명서를 읽어보면 사용방법을 알 수 있다.
> (14) 也许, 你也能听说过他。
>   아마, 그의 얘기는 너도 들어봤을수 있다.

3.2.3. 서법의 제약

> (15) a. 내일 비가 올 수 있다.
>   b. 내일 비가 올 수 있을까요?
> (16) a. 明天能下雨。
>   내일 비가 올 수 있다.
>   b. 明天能下雨吗?
>   내일 비가 올 수 있을까?
> (17) a. 他可能已经走了。
>   그는 이미 갔을 수 있다
>   b. 他可能已经走了吗?(*)

위의 예문 (15)에서 보듯이 추측의 '-(으)ㄹ 수(도) 있다'는 인식 양
태의 가능성을 나타내기 때문에 청유문이나 명령문은 실현될 수 없
고, 평서문과 의문문만 실현될 수 있다. 이에 대응하는 중국어의 '能/
能够, 可能' 역시 청유문과 명령문을 실현할 수 없다. 그러나 평서문
이나 의문문 실현 양상에서는 두 양태 조동사의 경우가 조금 다르다.

'能/能够'는 일반적인 '가능성'의 판단이므로 평서문, 의문문 모두 실현할 수 있다(16). 그러나 (17)처럼 중국어 추측의 '可能'은 과거의 경험이나 어떠한 객관적인 근거가 있을 경우에 쓰는 추측표현이므로 명제 실현의 정도가 상대적으로 높기 때문에 (17a)처럼 '他可能已经走了吗?' 의문문에서 사용하면 부자연스럽다.

3.3. 의미적 대조

양태표현 '-(으)ㄹ 수(도) 있다'는 관형사형 어미 '-(으)ㄹ'과 의존명사 '수' 그리고 동사 '있다'가 결합되어 이루어진 것이다.

<표 9> '-(으)ㄹ 수(도) 있다'의 의미

학자	양태 의미 유형
김지은(1998)	의무, 허용, 능력
염배상(1999)	가능성(근원), 인식론적 의미(인식/우발), 산발적 의미(산발), 양보적 의미 (양보)
백재연(2003)	인식양태, 행위양태(능력)
이동훈(2003)	능력, 허락, 인식적 가능성
宋永圭(2004)	동적양태(능력), 의무양태(허가), 인식양태(가능)
안주호(2006)	인식 양태(예측, 추측, 가능성, 확실성) 의무 양태(능력, 의지, 의무, 허가)

김지은 (1998)에서 '-(으)ㄹ 수(도) 있다'를 주어중심 양태용언 2류로 구별하여 '의무, 허용, 능력'을 나타내는 것으로 간수하고 특히 '허용', '능력'의 '(으)ㄹ 수 있다'를 구별하고 있다. 박재연(2003)에서는

인식양태와 행위 양태로 나누어 고찰했고, 임동훈(2003), 宋永圭(2004), 안주호(2006)에서 정의한 인식 양태(추측), 의무 양태(허가), 동적 양태 (능력)와 같은 양태 유형을 가장 자세히 살펴본 염재상(1999)에서는 중의성이 '해체-복원'의 의미론적 메카니즘을 바탕으로 하여 '근원, 인식, 산발, 양보'등으로 의미 구별한 바가 있다.

(18) a. 내일이면 우리 부모님은 한국에 <u>도착할 수 있다</u>.
　　　明天我的父母<u>能／能够</u>到韩国
　　b. 비행기 타고 2시간이면 <u>올 수 있다</u>.
　　　坐飞机两个小时就<u>能</u>到。

위의 예문(18a) '내일이면 우리 부모님은 한국에 도착할 수 있다', (18b) '비행기 타고 2시간이면 올 수 있다' 모두 명제가 실현될 수 있는 가능성이 있음을 의미한다. 여기서 추측 표현 '-(으)ㄹ 수(도) 있다'에 선행하는 용언은 일반적으로 행위 동사들이다. 예문에서 보듯이 이때 해당되는 중국어 표현은 '能／能够' 이다. 다시 말하면 중국어의 '能／能够'는 한국어의 '-(으)ㄹ 수(도) 있다' 에 가장 적절하게 대응되는 중국어 양태 조동사로서 여기에서는 가능성에 대한 추측을 나타낸다.

(19) a. 내일 못 일어나면 내가 서울에 <u>안 갈 수 도 있다</u>.
　　　明天起不来的话, 我<u>可能</u>就不去首尔了。
　　b. 반지를 끼는 것을 보니 그녀는 <u>결혼했을 수 도 있다</u>.
　　　看戒子她<u>可能</u>结婚了。
　　c. 내일 내가 집에 <u>없을 수도 있다</u>.
　　　明天我有<u>可能</u>不在家。

예문 (19)는 문장 전체 내용에 대한 화자의 막연한 추측과 연관된 불확실을 의미한다. 염재상(1999)에서는 이를 '우발성(偶發性)' 의미라고 정의를 하였다. 즉 명제 내용의 실현 확률이 50%만 있다. 위의 '내일 못 일어나면 내가 서울에 안 갈 수 도 있다, 반지를 끼는 것 보니 그녀는 결혼했을 수도 있다' 등 예문처럼 명제 내용이 실현될 확률과 실현되지 못할 확률이 50:50이다. 이것은 중국어 표현 '可能'과 대응된다.

지금까지 '-(으)ㄹ 수(도) 있다'와 대응하는 중국어 '能／能够, 可能'이 광범하게 사용됨을 확인 할 수 있었다. 이제 두 가지 가능성을 나타내는 양태 조동사는 어떠한 차이점이 있는지를 정리해 보면 다음과 같다.

'-(으)ㄹ 수(도) 있다'의 의미적 기술에서 보았듯이 '能／能够'는 주체와 관련된 일반적인 가능성 의미에 쓰이고 '可能'은 문장 전체에 대한 화자의 막연한 추측 즉 '우발성'의 의미에 쓰인다. 따라서 '能／能够'는 '可能'에 비하여 명제 실현의 정도가 상대적으로 높다고 할 수 있다.

3.4. 화용적 대조

여기서는 먼저 화용적 지식의 이해부터 보겠다. 레이코프(Lakoff, 1973)는 언어 사용의 능력 규칙을 '명료하라'와 '공손하라'로 요약하였다. 그는 담화의 주요 목적이 지식이나 정보를 전하는 것이라면 전자를, 대인 관계의 유지와 강화를 위한 것이라면 후자를 중시해야하며, 이 양자가 충돌할 때 공손함이 명료함을 우선해야 한다고 하였다. 실제로 담화 상황에서 의사소통의 목적은 단순한 정보 전달에 국한되는 것이 아니라 담화 참여자들 간의 상호 관계를 증진시키는 것이다. 따라서 이 절에서는 담화의 '공손성'에 초점을 두고 한국어 추측 표현이 어떤 발화 상황에서 어떤 화행 기능을 하는지, 중국어 조동사와는 어떤 차이가 있는지를 분석하고자 한다.

화자는 실제 담화 상황에서 인식 양태의 추측 표현을 사용하여 자신의 의견이나 판단을 완곡어법으로 사용한다.

> (20) a. 선생님 죄송한데 내일은 제가 <u>못 갑니다.</u>
>   老师, 对不起, 明天我不能去了
>   b. 선생님 죄송한데 내일은 제가 <u>못 갈 수도 있습니다.</u>
>   老师, 对不起, 明天我<u>可能</u>不能去了。

예문 (20)은 모두 선생님께 허락을 받는 상황이지만 (20a) '선생님 죄송한데 내일은 제가 못 갑니다' 보다는 (20b) '선생님 죄송한데 내일은 제가 못 갈 수 있습니다'. (20a)에서 화자가 내일은 분명히 못 가는데도 자신의 의견을 선생님께 완곡하게 제시한다. 가능성을 의미하는 추측 표현 '-(으)ㄹ 수(도) 있다'를 사용해서 공손하고 완곡한 표현을 한다. 이때 중국어에서도 '可能'을 덧붙여 완곡함을 나타낸다.

그 이외에는 선행 용언의 부정에 '-(으)ㄹ 수(도) 있다'의 의문문을 사용하면 수사적 의문문을 만듦으로서 이런 상황에서 강세어법의 화용 기능을 한다.

> (21) a. 그는 미국에서 십년 넘게 살았는데 영어를 <u>못 할 수 있겠어요?</u>
>   他在美国生活了十几年, <u>怎么能不会</u>英语呢。
>   b. 그는 부자인데 차가 <u>없는 일 있겠어?</u>
>   他那么有钱, <u>哪能</u>没有车呢?

예문 (20)은 단순히 명제의 진위 여부를 묻는 의문문이 아니라 수사적 의문문의 성격을 띤 긍정문이다. 중국어 '怎么能不'와 '哪能没' 등으로 대응할 수 있다.

(21) a. 학생들은 교수님께서 주신 은혜에 <u>감사하지 않을 수 없다</u>.
　　　学生们<u>不能不</u>感谢教授给的恩德。
　　 b. 우리는 내일 <u>만나지 않을 수 없다</u>.
　　　我们明天<u>不能不</u>见面。

예문 (21)에서 보듯이 '-(으)ㄹ 수(도) 있다'는 이중 부정인 '-지 않을 수 없다'를 사용하여 강한 긍정 즉 어떤 행위의 '당위성'을 나타낸다. '不能不' 뒤에 '감사하다', '만나다' 등 동사를 붙이는 것은 그렇게 해야 한다는 의미다. 다시 말하면 어떤 행위를 꼭 해야 하는 의미를 드러낸 이중 부정문이다. 중국어도 '不能不'의 이중 부정 형식을 취하여 긍정을 나타낸다.

3.5. 분석 결과에 관한 논의

한국어 추측의 '-(으)ㄹ 수(도) 있다'와 그에 대응하는 중국어 '能／能够, 可能'을 상술한 논의를 바탕으로 정리하면 아래와 같다.

(1) 통사적 측면의 대조 분석 결과

추측을 의미하는 '(으)ㄹ 수 있다'는 주체와 관련된 행위에 대한 일반적인 추측 의미를 나타낼 때 주어의 사용에 제약이 없다. 주어는 행위자뿐만 아니라, 비행위자일 경우에도 가능하다. 선행용언이 동작 동사만 아니라 상태 동사일 경우도 가능하다. 그러나 1인칭, 2인칭 주어가 상태 동사와 결합할 수 없다. 하지만 앞에 부연 설명 내용이 있을 경우에는 주어의 인칭과 상관없이 상태성 용언은 사용될 수 있다. 이와 달리 중국어의 '能／能够, 可能'은 인칭 제약 없이 동작성 용언과 상태성 용언에 모두 결합할 수 있다.

시제 제약에서 '(으)ㄹ 수 있다'는 위치의 제약 없이 시제와 자연스럽게 결합하여 쓸 수 있다. 본용언의 과거 시제에 추측의 '(으)ㄹ 수 있다'가 결합되었을 때에는 주체의 행위가 과거에 이미 이루어졌음을 막연히 추측하는 것이고, '(으)ㄹ 수 있다'의 뒤에 과거 시제가 결합되었을 때에는 사태에 대한 화자의 아쉬움이나 후회를 드러낸다. 또한 미래 시제를 나타내는 '-겠-'과 '-(으)ㄹ 것이다'와도 자연스럽게 결합할 수 있다. 그것은 미래에 발생할 일에 대한 가능성을 충분히 추측을 할 수 있기 때문이다. 중국어 추측 의미의 '可能'은 명제의 실현이 가능성이 낮은 표현이기 때문에 동태조동사 '了, 着, 过' 와 결합해서 추측 표현을 한다. 여기서 과거 시제의 의미보다 '상태의 변화'의 의미를 나타내며 '过'와 결합할 때 지나간 과거의 추측을 드러낸다. 또한 가능성보다 높은 '개연성'을 나타내는 '能/能够'는 동태 조사 '着'와 결합할 수 없고 '了'와 결합이 가능한데 이때의 '了'는 과거 시제를 나타낸다기보다 '상태의 변화'에 가까운 '了'에 속한다. 그리고 '能/能够'는 과거의 시제, 상태적 의미를 나타내는 '过'와 결합하면 지나간 과거에 대한 추측을 나타낸다.

서법 제약에서 '(으)ㄹ 수 있다'는 인식 양태의 가능성을 나타내기 때문에 청유문이나 명령문은 실현될 수 없고, 평서문과 의문문만 실현될 수 있다. 이에 대응하는 중국어의 '能/能够, 可能' 역시 청유문과 명령문을 실현할 수 없다. 그러나 평서문이나 의문문 실현 양상에서는 두 양태 조동사의 경우가 조금 다르다. '能/能够'는 일반적인 '가능성'의 판단이므로 평서문, 의문문 모두 실현할 수 있다. 그런데 중국어 추측의 '可能'은 과거의 경험이나 어떠한 객관적인 근거가 있을 경우에 쓰는 추측 표현이므로 명제 실현의 정도가 상대적으로 높기 때문에 의문문에서 사용하면 부자연스럽다.

(2) 의미적 측면의 대조 분석 결과

추측의 '(으)ㄹ 수 있다'는 명제에 대한 '가능성'의 판단을 나타낸다. '-(으)ㄹ 수(도) 있다'와 대응되는 중국어 '能/能够, 可能'의 의미적 대조 분석 결과를 보면 '能/能够'은 주체와 관련된 일반적인 가능성 의미에 쓰이고 '可能'은 문장 전체에 대한 화자의 막연한 추측 즉 '우발성(偶發性)'의 의미에 쓰인다. 따라서 '能/能够'는 '可能'에 비하여 명제 실현의 정도가 상대적으로 높다고 할 수 있다.

(3) 화용적 측면의 대조 분석 결과

추측 의미를 나타내는 '(으)ㄹ 수 있다'는 인식 양태로서 불확실한 가능을 표현하면서 허락을 받는 상황에서 완곡어법으로 사용될 수 있다. 이때 중국어에서도 '可能'을 덧붙여 완곡함을 나타낸다. '-(으)ㄹ 수(도) 있다'는 선행용언의 부정에 '-(으)ㄹ 수(도) 있다'의 의문문을 사용하여 수사적 의문문을 만듦으로서 강세 어법의 화용 기능을 한다. 이때 수사적 의문문의 성격을 띤 강한 긍정문이라고 할 수 있다. 중국어에서는 '哪+能+不', '怎(么)+能+不', '哪+能+没' 등 형식으로 그 의미 기능을 나타낸다. '(으)ㄹ 수 있다'는 이중부정인 '-지 않을 수 없다'를 사용하여 강한 긍정 다시 말하면 어떤 행위의 '당위성'을 나타낸다. 이와 대응하여 중국어에서도 '不+能+不'의 이중부정 형식이 있다.

4 결론

　본고에서는 한국어 추측 표현 '(으)ㄹ 수 있다'와 이에 대응되는 중국어의 대표적인 추측 표현 '能／能够, 可能'의 통사론적 특징과 의미론적 특징, 그리고 화용론적 특징을 살펴보고 비교해보았다. 이를 통해 중국인 한국어 학습자들은 '-(으)ㄹ 수(도) 있다'와 '能／能够, 可能'의 통사론적과 의미론적 그리고 화용론적 차이를 파악함으로써 한국어 학습을 할 때나 일상생활에서 더 정확하고 자연스럽게 이 추측 표현을 사용할 수 있을 것이다

　2장에서는 양국 추측 표현의 개념과 특징 대조 분석을 하였다. 한국어와 중국어의 추측 표현에 대한 개념이 크게 다르지 않았으며 '추측'은 화자의 감정, 생각, 느낌 등 심리를 나타내는 주관적인 판단을 말한다. 추측 표현은 화자의 심리적 태도인 '양태'의 하위 범주이며 그중에서도 인식 양태 안에 포함된 범주이다. 다시 말하면 '추측'은 양태의 한 부분으로 파악된다. 또한 2장에서는 한국어와 중국어 추측 표현의 특징에 대한 내용도 제시되었다. 한국어와 중국어 추측 표현은 음운론적 요소, 어휘적 요소, 문체적 요소 세 가지 형식으로 나타난다.

　우선 국어학에서의 추측 표현 항목 및 의미를 분석해보았다. 또한 한국어에 대응되는 중국어 추측 표현 항목을 제시하였다. 마지막으로 국어학에서의 한국어 추측 표현 항목들이 국내외 한국어 교재에서 어떻게 제시되어 있는지를 살펴보았다. 그 결과 '-(으)ㄹ수 있다'가 국내 한국어 교재에서 출현 빈도가 가장 높은 추측 표현 문법중의 하나였다. 국내 한국어 교재에서 출현 빈도 높다는 것은 한국어 의사소통에

기본적으로 필요하다는 것을 보여주는 것이기 때문이다. 따라서 본 연구에서 '-(으)ㄹ 수(도) 있다'와 '能／能够, 可能'을 선택하여 대조 연구를 하였다.

3장에서는 라센프리먼의 '삼차원의 문법 틀'을 기준으로 '(으)ㄹ 수 있다'와 대표적인 중국어 추측 표현 조동사 '能／能够, 可能'을 통사, 의미, 화용적 측면에서 대조 분석하였다.

통사적 측면에서 또 주어/용언의 제약, 시제 제약, 서법 제약에서 '(으)ㄹ 수 있다'와 중국어 '能／能够, 可能'의 공통점과 차이점을 나타낸다.

주어/용언의 제약에서는 '(으)ㄹ 수 있다'는 주체와 관련된 행위에 대한 일반적인 추측 의미를 나타낼 때 주어의 사용에 제약이 없다. 선행용언으로는 동작동사만 아니라 상태 동사일 경우도 가능하지만 1인칭, 2인칭 주어가 상태 동사와 결합할 수 없다. 그러나 앞에 부연 설명 내용이 있을 경우에는 주어의 인칭과 상관없이 상태성 용언은 사용될 수 있다. 이와 달리 추측 의미의 '-(으)ㄹ 수(도) 있다'에 대응 하는 중국어의 '能／能够, 可能'은 인칭 제약 없이 동작성 용언과 상 태성 용언에 모두 결합할 수 있다.

시제 제약에서 '(으)ㄹ 수 있다'는 위치의 제약 없이 시제와 자연스 럽게 결합하여 쓸 수 있다. 본용언의 과거 시제에 추측의 '(으)ㄹ 수 있다'가 결합되었을 때에는 주체의 행위가 과거에 이미 이루어졌음을 막연히 추측하는 것이고, '(으)ㄹ 수 있다'의 뒤에 과거 시제가 결합되 었을 때에는 상황에 대한 화자의 아쉬움이나 후회를 드러낸다. 또한 미래 시제를 나타내는 '-겠-'과 '-(으)ㄹ 것이다'와도 자연스럽게 결합 할 수 있다. 그것은 미래에 발생할 일에 대한 가능성을 충분히 추측 을 할 수 있기 때문이다. 중국어 추측 의미의 '可能'은 동태조동사

'了, 着, 过'와 결합해서 추측 표현을 한다. 또한 가능성보다 높은 '개연성'을 나타내는 '能/能够'는 동태 조사 '着'와 결합할 수 없고 '了'와 결합이 가능한데 이때의 '了'는 과거 시제를 나타낸다기보다 '상태의 변화'에 가까운 '了'에 속한다. 그리고 '能/能够'는 과거의 시제, 상태적 의미를 나타내는 '过'와 결합하면 지나간 과거에 대한 추측을 나타낸다.

서법 제약에서 '(으)ㄹ 수 있다'와 이에 대응되는 중국어의 '能/能够, 可能'은 인식 양태의 가능성을 나타내기 때문에 청유문이나 명령문은 실현될 수 없고, 평서문과 의문문만 실현될 수 있다. 또한 평서문이나 의문문 실현 양상에서는 두 양태 조동사의 경우가 조금 다르다. '能/能够'는 일반적인 '가능성'의 판단이므로 평서문, 의문문 모두 실현할 수 있다. 그런데 중국어 추측의 '可能'은 의문문에서 사용하면 부자연스럽다.

의미적 측면에서는 추측의 '(으)ㄹ 수 있다'와 대응되는 중국어 '能/能够, 可能'중 '能/能够'는 주체와 관련된 일반적인 가능성 의미에 쓰이고 '可能'은 문장 전체에 대한 화자의 막연한 추측 즉 '우발성(偶發性)'의 의미에 쓰인다.

마지막으로 화용적 측면에서 '(으)ㄹ 수 있다'는 인식 양태로서 불확실한 가능을 표현하면서 허락을 받는 상황에서 완곡어법으로 사용될 수 있으며 이때 중국어에서도 '可能'을 덧붙여 완곡함을 나타낸다. 또한 '-(으)ㄹ 수(도) 있다'가 수사적 의미의 성격을 띤 강한 긍정문을 표현할 때 중국어 '哪+能+不', '怎(么)+能+不', '哪+能+没' 등 형식으로 그 의미 기능을 나타낸다. 그리고 '(으)ㄹ 수 있다'가 이중부정인 '-지 않을 수 없다'를 사용하여 이와 대응되고, 중국어에서도 '不+能+不'의 이중부정 형식이 그 기능을 나타낸다.

참고문헌

고영근(1986), 『서법과 양태의 상관관계』, 탑출판사.

국립국어원(1999), 『표준국어대사전』 국립국어연구원.

_____(2005), 『외국인을 위한 한국어 문법Ⅱ』, 커뮤니케이션북스.

김지은(1998), 『우리말 양태용언 구문 연구』, 한국문화사.

박덕유(1998), 『국어의 동사상 연구』, 한국문화사.

_____(2002), 『文法敎育의 탐구』, 한국문화사.

_____(2009), 『학교문법론의 이해』, 역락.

_____(2013), 『한국어 문법의 이론과 실제』, 박문사.

박재연(2003), 『국어 양태의 화·청자 지향성과 주어 지향성』, 국어학회.

박지연(2003), 「한국어와 영어의 양태 표현에 대한 대조적 고찰: 부정과 관련한 문법 현상을 중심으로」, 『이중 언어학』22호.

房玉清(2001), 『实用汉语语法』, 北京大学出版社.

范 晓(1996), 『三个平面的语言观』, 北京语言文化大学出版社.

서정수(1995), 『국어문법』, 한양대학교 출판원.

선은희(2003), 『한국어 문법 교수 방안 연구』, 연세대학교 석사학위논문.

손옥정(2012), 『한국어와 중국어의 '가능성' 표현 대조 연구』, 건국대학교 석사학위논문.

宋小娇(2011), 『중국인 학습자를 위한 한국어 추측 표현 교육 방안 연구』, 인천대학교 석사학위논문.

宋永圭(2004), 『現代漢語情態動詞"能"的否定研究』, 復旦大學博士學位論文.

안주호(1997), 『한국어 명사의 문법화 현상 연구』, 한국문화사.

안주호(2004), 「-ㄹ 수 있- 구성의 특징과 문법화」, 『한국언어문학』제53호.

_____(2006),『-ㄹ 수 있다-구성의 특징과 문법화』, 한국 언어문학회.

엄 녀(2009),『한국어 교육을 위한 양태 표현 교육 연구』, 서울대학교 박사학위논문.

이 영(2011),『한국어 교육을 위한 한·중 양태 표현의 대조 연구』, 고려대학교 박사학위논문.

이미혜(2005),『한국어 문법 항목 교육 연구』, 박이정.

이정희(2011),『중국인 학습자를 위한 한국어 추측 표현 교육 방안 연구』, 경희대학교 석사학위논문.

이혜용(2003),『짐작, 추측 양태 표현의 의미와 화용적 기능』, 이화여자대학교 석사학위논문.

이효정(2004),『한국어 교육을 위한 양태 표현 연구』, 상명대학교 박사학위논문.

임지룡(2005),『인지 의미론』, 탑출판사.

장경희(1985),『현대 국어의 양태 범주 연구』, 탑출판사.

최윤곤(2010),『한국어 문법 교육과 한국어 표현범주』, 한국문화사.

胡裕树(1981),『动词研究』, 河南大学出版社。

Lyons, John(1983), Semantics vol2. Cambridge University.

Martin R, "Langage et croyance", Pierre Mardaga, 1987, pp.189.

연세대학교 <연세 한국어> 1-3권, 연세대학교 출판부.

경희대학교 <혼자 공부하는 한국어> 초급-고급, 경희대학교 출판국.

서울대학교 <한국어> 1-4권, 서울대학교 출판부.

고려대학교 <재미있는 한국어>, 1-6권, 교보문고.

제 3 장
중국인 학습자를 위한
어휘와 담화 표현 연구

연어 관계를 통한 동사 '나다' 교육 방안 연구

발표 담화 분석을 통한 효과적인 발표 기법 교육에 관한 연구

연어 관계를 통한
동사 '나다' 교육 방안 연구
-초급 중국인 학습자 중심으로-

 서론

현재까지의 외국어 학습법은 문법 중심, 듣기 중심, 말하기 중심, 독해 중심 등으로 다양하게 모색되어 왔다. 대부분의 교수법이 어휘에 관하여 큰 관심을 갖지 않았다. 그러나 듣기, 읽기, 쓰기, 말하기 등 각 영역에서 어휘력이 있어야만 자신의 의사를 올바로 전달할 수 있으므로 한국어교육에서 어휘 교육은 매우 중요한 위치를 갖는다.

그러나 개별 어휘를 많이 외울수록 언어 능력이 그만큼 향상할 수 있는 것은 아니다. 어휘들이 어떻게 결합하는 것을 알아야 언어 능력이 향상될 수 있다. 특히 외국인의 입장에서 모국어 간섭 때문에 한국어 어휘들의 결합을 이해하지 못할 때가 많다. 이런 어려움을 해결하기 위해서 연어 관계를 통해서 어휘를 배우는 것은 좋은 방법이 될 수 있다. 모국어 간섭은 두 가지가 있는데 하나는 방해되는 소극적인 전이고, 다른 하나는 적극적인 전이라 할 수 있다. 외국인의 입장에서는 적극적인 전이를 이용하여 모국어와 대조하는 방법을 통해서 매우 효율적인 학습 방법을 모색할 수 있다.

허용 외(2008)에서는 어휘 교육에 있어서 개별 단어의 교수에만 국한하지 않고 구 단위 이상의 고정표현을 교육하는 것이 어휘를 학습하는 데 매우 중요하다고 주장한다(김지은:2010 재인용). 유창하고 적절한 언어 사용은 연어적 지식을 필요로 한다. 실제 언어에 나타나는 관습적인 주요 표현을 학습하는 것은 언어 사용의 실제성을 제고할 수 있다는 점에서 큰 의미가 있다.

이에 본고에서는 모국어의 적극적인 전이를 충분히 이용하여 연어 관계를 통한 동사 '나다'에 대한 교육 방법을 모색하고자 한다. 먼저 사용빈도가 높은 동사 목록을 추출한다. 그 중에서 사용빈도가 높고 중국인 학습자들이 어려워하며 다의성을 가진 동사 '나다'를 연구 대상으로 선정한다. 다음은 동사 '나다'의 의미를 파악한다. 그리고 중국인 학습자들이 동사 '나다'를 보다 더 잘 이해하기 위해 동사 '나다'와 중국어를 대조할 것이다. 다음으로 동사 '나다'의 연어 교육 현황을 살펴보고, 동사 '나다'의 연어 교육 방안을 제시할 것이다.

 ## 2 이론적 배경과 연구 대상의 선정 기준

2.1. 연어에 대한 기초적인 인식

한국어에는 두 개의 어휘가 통합한 통사적 구성을 이루면서 두 어휘의 의미적 긴밀성으로 인해 하나의 어휘처럼 다루어야 하는 언어

형식이 있다. 연어 관계는 바로 이런 범주에 속한 것으로 H .jackson
에 의하면 연어(collocation)는 상호의존적 기대치를 갖는 낱말의 결합
관계를 말한다. 예를 들면,

　　____ 들다.

'들다'는 '가방, 짐, 힘, 나이…' 등 많은 단어와 결합할 수 있다. 이
처럼 하나의 낱말은 다른 낱말과 의미적으로 공기관계[1]에 놓이는 결
합관계를 갖는데 이를 연어라고 한다. 이러한 연어 형식은 모국어 화
자에게는 직관에 의해 자연스럽게 수용되지만, 외국인은 외국어로서
한국어를 학습할 때에 큰 어려움을 겪게 된다. 이런 어려움을 극복하
기 위해서 학습자들이 자신의 모국어와 대조하는 학습 방법을 익히는
것은 매우 의미가 있을 것이다.

2.2. 동사 '나다' 선정 기준

외국인들이 한국어를 배울 때에 많은 어려움을 겪는 것이 사실이
다. 특히 동사를 배울 때에 동사가 기본 의미에서 여러 의미로 파생
되는 경우나 동사가 다른 명사와 결합할 때에 의미를 파악하기가 어
려운 경우가 많다. 예를 들면, '눈에 나다'의 의미는 '마음에 들지 않
는다'는 부정적인 의미인데 대부분 중국인은 좋은 의미로 착각한다.
이럴 경우 동사 '나다'에 대해서 더 잘 이해하려면 연어 관계를 통해
서 이해하는 것이 좋다.

---

1) 공기관계(cooccurrence): 한 요소가 나타나면 이에 의하여 다른 요소가 선택됨
으로써 이들 요소가 항상 함께 나타나는 현상을 말한다. 예를 들어 '께서'와
'-으시-'는 공기관계를 가지고 문장에 실현된다고 본다.

본고는 국립국어원(2003년)2)에서 발표한 한국어 학습용 어휘 목록
을 참고하여 총 5,965개 단어 중에서 일차적으로 1,345개 동사를 추출
하였다. 추출하는 과정에서 먼저, 품사별로 12가지 어휘 목록으로 분
류하였다. 그 다음에 동사별 어휘 목록에서 2차적으로 사용빈도가 높
은 초급 단계 155개 동사를 추출하였다. 구체적으로 표시하면 155개
의 동사 빈도 순위는 <표 1>과 같다.

<표 1> 초급 동사 빈도 순위 표

빈도순3)	어휘	빈도순	어휘	빈도순	어휘	빈도순	어휘
17194	실례하다	1970	걸어가다	684	태어나다	253	생기다
14695	요리하다	1959	닫다	669	올라가다	243	내리다
14518	선물하다	1876	다녀오다	661	일하다	231	죽다
7864	운전하다	1859	않다	657	팔다	227	부르다
7634	질문하다	1852	뛰다	600	지내다	219	넣다
6878	잡수시다	1795	쓰다	596	울다	216	일어나다
5949	여행하다	1626	뛰다	594	놀라다	209	읽다
5777	식사하다	1483	물어보다	577	설명하다	206	서다
5382	연습하다	1460	드리다	576	말다	202	잡다
5293	초대하다	1452	끝내다	573	시작되다	199	사다
5154	춤추다	1401	소개하다	546	걷다	196	나가다
4966	감사하다	1381	말씀하다	541	자다	191	찾다
4946	청소하다	1334	적다	539	이야기하다	183	앉다

---

2) 국립국어원은 2002년에 '현대 국어 사용 빈도 조사'를 실시하였으며, 이를
근거하여 2003년 5월에 한국어 학습용 어휘 목록을 발표하였다. 이 어휘 목록
은 가나다 순으로 배열하였으며 12개의 품사별로 정리하였다. 주로 감탄사,
고유 명사, 관형사, 대명사, 동사, 명사, 보조 용언, 부사, 수사, 의존 명사, 형용
사, 그리고 분석 불능 12가지이다.

빈도순3)	어휘	빈도순	어휘	빈도순	어휘	빈도순	어휘
4822	운동하다	1305	도착하다	519	돌아가다	175	쓰다
4656	축하하다	1263	불다	515	이해하다	169	쓰다
4547	잠자다	1239	피우다	495	못하다	167	내다
4461	전화하다	1188	찍다	479	잘하다	166	만나다
4096	인사하다	1163	계시다	441	배우다	158	들어가다
4041	걸어오다	1130	결혼하다	439	그리다	131	시작하다
3630	늦다	1109	돕다	438	좋아하다	130	들다
3398	노래하다	1107	준비하다	432	바꾸다	104	나다
2970	안되다	1104	벗다	418	놀다	101	주다
2905	잊어버리다	1096	대답하다	415	놓다	94	가지다
2812	지우다	1060	가져오다	394	오르다	91	들다
2726	크다	1041	내려가다	377	돌아오다	88	들다
2715	신다	1007	싸우다	376	끝나다	70	먹다
2660	약속하다	992	쉬다03	366	치다	61	만들다
2636	싫어하다	947	씻다	365	마시다	59	모르다
2606	잃어버리다	931	잊다	354	입다	58	생각하다
2495	끄다	929	안다	327	떠나다	55	살다
2491	걱정하다	894	내려오다	324	웃다	50	나오다
2465	깎다	888	있다	298	기다리다	47	받다
2427	켜다	810	닦다	289	묻다	36	알다
2426	추다	807	공부하다	287	열다	35	오다
2230	날다	764	사랑하다	284	다니다	32	말하다
2194	도와주다	756	잃다	265	보내다	25	가다
2145	졸업하다	736	얘기하다	260	타다	17	보다
1982	출발하다	716	걸다	256	들어오다	5	되다
1970	걸어가다	698	가르치다	254	사용하다	2	하다

추출된 155개 동사 중에서 '실례하다'는 전체 순위에서 17,194 순위로 동사 목록에서 제일 낮은 순위로 나타난다. '하다'는 전체 순위에서 2위로 동사 목록에서 제일 높은 순위를 차지하고 있다. 사용 빈도 1~150 순위의 어휘는 총 21개가 있고, 동사 목록의 13.5%로 차지하고 있다. 사용 빈도 151~300 순위의 어휘는 총 25개이며, 동사 목록의 16.1%로 차지하고 있다. 사용 빈도 301~599 순위의 어휘는 총 26개가 있고, 동사 목록의 16.8%로 차지하고 있다. 그러나 사용 빈도 600 이상 순위의 어휘는 총 83개가 있고, 동사 목록의 53.5%를 차지하고 있다. 이 중에서 '나다'는 104 순위의 높은 빈도 순을 보이고 있다.

이들 어휘 중에서 '나다'를 연구대상으로 선정한 이유는 첫째, 동사 '나다'는 사용 빈도가 높고 생산적인 어휘로 다양한 의미를 가질 뿐만 아니라, 일상 생활에서도 '나다'에 관한 연어를 많이 사용하게 된다. 둘째, 본인이 한국어를 배울 때에 '나다'에 관해서 많은 오류를 범하였다. 따라서 중국인 한국어 학습자들은 '나다'의 의미부터 쓰임까지 확실하게 연구할 필요가 있다고 본다. 이에 본고에서는 '나다'의 학습 필요성을 인지하여 본 연구의 대상으로 삼고자 한다.

---

3) 빈도순위는 국립국어원의 2002년에 보고서인 『현대 국어 사용 빈도 조사』를 근거하여 작성하였다.

3 동사 '나다'의 의미와 연어 결합

3.1. 동사 '나다'의 사전적 의미

『표준국어대사전』(1999)에 의하여 동사 '나다'의 의미를 정리하여
제시하면 <표 2>와 같다.

<표 2> 동사 '나다'의 의미 표

동사 '나다'의 의미	예문(동사 '나다'의 연어결합)
①신체 표면이나 땅 위에 솟아나다.	개나리 가지에 **새싹이** 났다.
② 【…으로】 길, 통로, 창문 따위가 생기다.	우리 마을에 **길이** 났다.
③어떤 사물에 구멍, 자국 따위의 형체 변화가 생기거나 작용에 이상이 일어나다.	양말에 **구멍이** 나다. 컴퓨터가 **고장이** 났다.
④신문, 잡지 따위에 어떤 내용이 실리다.	**기사가** 신문에 **나다.**
⑤홍수, 장마 따위의 자연재해가 일어나다.	남부 지방에 **홍수가** 나서 많은 수재민이 생겼다.
⑥농산물이나 광물 따위가 산출되다.	이 지역에는 **금이** 난다.
⑦어떤 현상이나 사건이 일어나다.	축대가 무너져 온 동네에 **난리가** 났다.
⑧인물이 배출되다.	어머니는 우리 집에 **천재가** 났다면서 좋아하셨다.
⑨이름이나 소문 따위가 알려지다.	그는 학계에 **이름이** 나 있다.
⑩문제 따위가 출제되다.	시험에 무슨 **문제가** 날지 모르겠다.
⑪홍미, 짜증, 용기 따위의 감정이 일어나다.	**겁이** 나다/**화가** 나다/일에 **짜증이** 나다/요새는 매사에 신경질이 난다.
⑫구하던 대상이 나타나다.	중소기업에 취직 자리가 나서 연락을 해 보았다.

⑬돈, 물건 따위가 생기다.	이 돈 어디에서 **났니?**
⑭생명체가 태어나다.	나는 부산에서 **나서** 서울에서 자랐다.
⑮소리, 냄새 따위가 밖으로 드러나다.	청국장에서는 구수한 **냄새가 난다.**
⑯신체에서 땀, 피, 눈물 따위의 액체 성분이 흐르다.	손에서 **피가 나다.**
⑰어떤 나이에 이르다.	우리 큰애는 이제 겨우 세 살 **났어요.**
⑱병 따위가 발생하다.	**탈이 나다/몸살이 나다/현기증이 나다.**
⑲생각, 기억 따위가 일다.	그는 그제야 멋진 **생각이 났는지** 무릎을 쳤다.
⑳시간적 여유가 생기다.	나는 내일이면 **시간이 난다.**
㉑기풍, 멋 따위가 더 나아지다.	그는 스카프를 매고 나서 한결 **멋이 났다.**
㉒어떤 작용에 따른 효과, 결과 따위의 현상이 이루어져 나타나다.	**결론이 나다/**이제서야 광고 **효과가 나기** 시작했다.
㉓속도, 열, 빛 따위의 속성이 드러나다.	그의 그림은 볼수록 더욱 **빛이 났다.**
㉔맛이 생기다.	조미료를 잘 써야 음식이 더욱 **맛이 난다.**
㉕햇빛 따위가 나타나다.	**해가 나서** 빨래를 널었다.
㉖사람 됨됨이나 생김새가 뛰어나다.	이런 시골에 저런 **난 인물이** 있을 줄이야.
㉗밖으로 나오거나 나가다.	든 자리는 몰라도 **난 자리는** 표가 난다.
㉘철이나 기간을 보내다. 살림, 세간 따위를 따로 차리다.	**겨울을 나다/**그는 전쟁 기간 동안 시골에서 **3년을 나고** 다시 서울로 올라왔다.

3.2. '나다'의 의미 확장 양상과 대응되는 중국어 표현

중국인 학습자들이 동사의 의미를 이해할 때에 자연스럽게 모국어와 비교하게 된다. 만약에 모국어 중에 대응되는 표현이 있으면 비교적 이해하기 쉽고, 그 단어의 의미의 기억과 저장을 효율적으로 할 수 있다. 그러므로 동사 '나다'의 의미 양상과 대응되는 중국어 표현을 대조할 필요가 있다.

<표 3> 동사 '나다'의 의미 확장 양상과 대응되는 중국어 표현

의미 파생 경로4)	'나다'의 연어 결합 양상	중국어 대응되는 표현
기본 의미	개나리 가지에 새싹이 났다.	迎春花出新芽了。
ㄱ.사람	어머니는 우리 집에 천재가 났다고 하셨다.	妈妈说我们家出天才了。
생물	개성에서는 인삼이 난다.	開城出人参。
무생물	이 지역에는 금이 난다.	这个地方出(产)金子。
ㄴ.구체성	손에서 피가 나다.	手出血了。
추상성	컴퓨터가 고장이 났다.	电脑出毛病了。
ㄷ.물리적	청국장에서는 구수한 냄새가 난다.	豆瓣酱有(发出)很香的味道。
사회적	중동 지역에서 전쟁이 났다.	中东地区发生战争。
심리적	화가 나다.	发火。
ㄹ.공간	든 자리는 몰라도 난 자리는 표가 난다.	进去的座位可能不知道，出来的座位很显眼。
시간	나는 내일이면 시간이 난다.	明天的话我有时间。

동사 '나다'의 의미 확장 양상은 몇 가지 유형으로 나누어 볼 수 있다.

첫째, 사람에서 생물로, 그리고 무생물로 확장된다. 예를 들면, '나다'의 기본적인 의미를 지닌 연어 '새싹이 나다'에서 사람 대상인 '천재가 나다', 생물 대상인 '인삼이 나다', 그리고 무생물 대상인 '금이 나다'로 의미 확장이 된다. 중국어의 대응되는 표현은 각각 기본적인

---

4) ㄱ~ㄷ는 임지룡(1996)의 이론을 따르고, ㄹ는 이유경(2011)의 관점을 따른다.

의미를 지닌 '出新芽'에서 사람 대상인 '出天才', 생물 대상인 '出人参', 그리고 무생물 대상인 '出(产)金子'로 의미 확장이 된다.

둘째, 구체성에서 추상성으로 확장된다. 예를 들면 구체적인 '피가 나다'에서 추상적인 '고장이 나다'로 확장된다. 이에 대응되는 중국어 표현은 구체적인 '出血'에서 추상적인 '出毛病'로 확장된다.

셋째, 물리적에서 사회적으로 그리고 심리적으로 확장된다. 예를 들면 물리적인 '냄새가 나다'에서 사회적인 '전쟁이 나다'로, 그리고 심리적인 '화가 나다'로 확장된다. 이에 대응되는 중국어 표현은 물리적인 '发出味道'에서 사회적인 '发生战争'으로, 그리고 심리적인 '发火'로 확장된다.

넷째, 공간에서 시간으로 확장된다. 예를 들면 공간적 표현인 '난 자리'에서 시간적 표현인 '시간이 나다'로 확장된다. 이에 대응되는 중국어 표현은 공간적인 '出来的座位'에서 시간적 '有时间'로 확장된다.

<표 3>에서 보듯이 '나다'는 중국어 '出', '出产', '发生', '有', '出来' 등에 대응된다. 그 중에서 '出'는 '나다'와 공통적인 의미가 가장 많다고 볼 수 있다.

이에 한국어 '나다'와 중국어 '出'의 공통적인 의미를 보일 것인데, '나다'는 『표준국어대사전』(1999)을 참조하고, '出'는 『新华字典』을 참조하여 그 의미를 비교하여 정리한 것이 다음의 <표 4>이다.

<표 4> '나다'와 중국어 '出'의 공통적인 의미

나다	연어	出	연어
신체 표면이나 땅 위에 솟아나다.	새싹이 나다	长出(자라나다)	出新芽(새싹이 나다)
햇빛 따위가 나타나다.	해가 나다	出现, 显露(출현하다, 나타나다)	出太阳(해가 나다)
농산물, 광물이 산출되다.	인삼이 나다	出产(산출되다)	出人参(인삼이 나다)
사람 됨됨이나 생김새가 뛰어나다.	난 인물5)	高出;超出(뛰어나다)	出尖的人(난 인물)
신문잡지에 어떤 내용이 실리다.	공고 나다	发出, 发布(발표하다, 선포하다)	出布告(공고 나다)
흥미, 짜증, 용기, 감정 등이 일어나다.	화가 나다	发泄;发散(감정 등을 배출하다)	出火(화가 나다)
생명체가 태어나다.	부산에서 나다	出生;生育(태어나다)	出胎(태어나다)
밖에 나오거나 나가다.	난 자리	出去, 出来(나가다, 나오다)	出门(나가다)
어떤 현상이나 사건이 일어나다.	사고 나다	发生(발생하다)	出事(사고 나다)
어떤 사물에 구멍, 자국 따위의 형체변화가 생기거나 작용에 이상이 일어나다.	구멍이 나다	产生(생기다)	出洞(구멍이 나다)

위의 표에서 보듯이 중국어 '出'는 한국어 동사 '나다'와 기본 의미에서 파생의미까지 많은 공통점을 가진다. 중국인 한국어 학습자가 동사 '나다'를 배울 때에 이런 점을 충분히 이용하면 보다 효율적인 학습 효과를 거둘 수 있을 것이다.

---

5) '난'의 의미는 "시골에 저런 난 인물이 있을 줄이야."에서처럼 '뛰어난'의 의미이다.

3.3. 동사 '나다'의 연어 결합과 중국어 대조

동사 '나다'의 의미를 활용한 의사소통이 어떻게 이루어지는지를 알아보기 위해서 동사 '나다'의 연어 결합을 연구할 필요가 있다. 왜냐하면 동사 '나다'의 의미만 알면 의사소통 능력을 곧바로 향상시킬 수 있는 것이 아니라 실제 상황에서 다른 단어와 어떻게 결합하는지를 알아야 의사소통 능력을 향상시킬 수 있기 때문이다.

동사의 다양한 의미를 이해하고 실제 언어사용 능력을 기르려면 동사 '나다'의 여러 연어 결합을 충분히 알아야 한다. 그러나 외국인 학습자들이 많은 연어 결합을 이해하고 기억하는 것은 매우 어려운 문제이다. 만약 그 여러 연어 결합을 모국어로 대응할 수 있다면 훨씬 이해하기 쉬워지고 효율적인 활용을 가능하게 할 수 있을 것이다.

본고에서는 이러한 문제를 해결하기 위해서 동사 '나다'를 선정하여 연어의 다양한 결합을 각각 중국어와 대응되는 표현을 제시하였다. 이렇게 한국어와 공통적인 의미를 가진 많은 중국어의 대응되는 표현을 발견한다면 한국어 연어 결합에 대해 더 잘 알 수 있고, 나아가 그 동사의 의미에 대해 깊이 이해할 수 있게 된다.

<표 5> 동사 '나다'의 연어 결합과 중국어 대조

나다 연어	대응되는 '出' 결합	기타 결합
여드름이 나다	出痘痘	
수염이 나다		长胡子
쪽문이 나다	出了单扇门	
길이 나다		成路了(成为习惯)
구멍이 나다	出洞	
상처가 나다		受伤
발자국이 나다		留下脚印

나다 연어	대응되는 '出' 결합	기타 결합
티가 나다		有……劲儿
고장이 나다	出毛病	
곰팡이가 나다		长毛
녹이 나다		生锈
금이 나다		裂缝
흠집이 나다	出瑕疵	
싸움이 나다		打架
사고 나다	出事故	
차이가 나다	出差距	
착오가 나다	出错	
산산조각이 나다		成了碎片
신문에 나다	出新闻	
홍수가 나다		发洪水
금이 나다	出金子	
인삼이 나다	出人参	
사과가 나다	出苹果	
난리가 나다	出乱子	
전쟁이 나다		发生战争
폭력 사건이 나다	出暴力事件	
화재가 나다		发生火灾
천재가 나다	出天才	
선비가 나다	出状元	
예술가가 나다	出艺术家	
인물이 나다	出人才	
이름이 나다	出名	
들통이 나다	出破绽	
문제가 나다	出问题	
학가 나다	出火	发火
짜증이 나다		来气儿
신경질이 나다		发神经

나다 연어	대응되는 '出' 결합	기타 결합
샘이 나다		眼红
오기가 나다		长志气
용기가 나다		鼓起勇气
흥미가 나다		感兴趣
신이 나다		来劲儿
싫증이 나다		感到厌烦
자리가 나다	出空位	
부산에서 나다	出生在釜山	
냄새가 나다	出味道	
향기가 나다	出香味	
소리가 나다	出声音	
피가 나다	出血	
눈물이 나다		流泪
땀이 나다	出汗	
탈이 나다	出毛病	
몸살이 나다		着凉
현기증이 나다		眩晕
구토가 나다		呕吐
입덧이 나다		妊娠反应
배탈이 나다		闹肚子
설사 나다		腹泻
기침이 나다		咳嗽
웃음이 나다		露出笑容
트림이 나다		打嗝儿
재채기가 나다		打喷嚏
열이 나다		发烧
병이 나다		生病
하품이 나다		打哈欠
한숨이 나다		叹气
울음이 나다	出哭声	

나다 연어	대응되는 '出' 결합	기타 결합
생각이 나다	出主意	
기억이 나다		记起来
마음이 나다		有⋯⋯想法
힘이 나다		产生力量
부아가 나다		生气
엄두가 나다		产生⋯⋯念头
바람이 나다		动春心
살맛이 나다		活着的滋味
실감이 나다		真实感
시간이 나다		有时间
짬이 나다		有空闲
좋은 수가 나다		交好运
멋이 나다		帅气
기풍이 나다		有风采
품이 나다		有品位
맵시 나다		有姿态
결론이 나다		下结论
효과가 나다		有效果
능률이 나다	出效率	
결정이 나다		下决定
거덜이 나다		垮台
박살이 나다		打碎
빛이 나다		有光彩
금색이 나다		禁止性交
속도가 나다		加快速度
윤기가 나다		有光泽
맛이 나다	出味道	
햇빛이 나다	出阳光	
해가 나다	出太阳	
겨울을 나다		过冬

3.4. 동사 '나다'의 연어 결합과 중국어 대조 결과 분석

<표 5>를 통해서 명사와 동사 '나다'와 결합의 부류를 제시하고, 이에 대응되는 중국어 표현을 고찰하였다. '나다'와 연어 결합은 총 97개가 있다. 그 중에서 '出'와 대응되는 표현은 38개가 있고, '有'와 대응 되는 표현은 10개가 있다. 그리고 '发'와 대응되는 표현은 6개가 있으며, '打'와 대응되는 표현은 5개가 있고, '长'와 대응되는 표현은 3개가 있다. 그리고 기타 여러 가지 대응되는 표현은 35가지가 있다. 그 중에서 대응되는 동사 빈도가 2회 넘지 않기 때문에 개별적으로 통계하지 않았다.

'나다' 연어 결합과 대등되는 중국어 표현

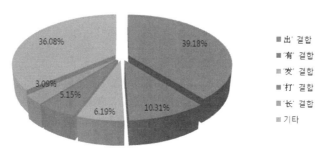

36.08%
39.18%
3.09%
5.15%
6.19%
10.31%

■ '出' 결합
■ '有' 결합
■ '发' 결합
■ '打' 결합
■ '长' 결합
■ 기타

<그림1> 한국어 '나다' 연어 결합과 대등되는 중국어 표현 양상

동사 '나다' 연어와 대응되는 중국어 표현인 '出' 결합은 39.18%를 차지하고, '有' 결합은 10.31%를 차지하고 있으며, '发' 결합은 6.19%를 차지하고 있다. 그리고 '打' 결합은 5.15%를 차지하고, '长' 결합은 3.09%를 차지하고 있는데 기타 여러 종류의 결합은 합쳐서 총 36.08%를 차지하고 있다.

그 중에서 동사 '나다' 연어와 대응되는 중국어 표현인 '出'의 결합은 제일 큰 비중인 39.18%를 차지하고 있다. 그러므로 중국어 '出'의 결합을 이용해서 동사 '나다'의 여러 의미와 연어 표현을 학습한다면 매우 효율적일 것이다.

 동사 '나다' 연어 교육 현황

4.1. 초급교재에서의 제시 양상

동사 '나다'의 교육 현황을 분석하기 위해 초급교재를 살펴보았다. 『쉬운 한국어』, 『서강대 한국어』, 『아름다운 한국어』, 『한양 한국어』, 『건국대 한국어』 등 5개 초급교재에서 조사한 '나다'의 연어 결합을 보이면 <표 6>과 같다.

<표 6> 초급교재에 나타난 동사 '나다'의 연어 결합 제시[6]

교재	쉬운 한국어	서강 한국어	아름다운 한국어	한양 한국어	건국대 한국어
'나다'의 연어 결합이 교재에서 출현된 양상 및 순서	교통 사고가 나다(1-16)[7] 시간이 나다(1-18) 생각이 나다(1-20) 신나다(2-4) 피가 나다(2-10) 병이 나다(2-10) 배탈이 나다(2-10) 콧물이 나다(2-10) 몸살이 나다(2-10)	화가 나다(1B-4) 고장나다 (1B-6) 시간이 나다(2A-5) 교통 사고가 나다(2A-9) 빛이 나다(2B-4) 열이 나다(2B-5) 배탈이 나다(2B-6) 소리 나다(2B-7) 기억 나다(2B-9)	기운이 나다(2-13) 땀(이) 나다 (2-21) 열이 나다(2-22) 고장(이) 나다(2-25) 배탈이 나다(2-26) 신나다 (2-29)	생각이 나다(2-4) 화가 나다(2-4) 고장나다 (2-5) 기억나다 (2-7) 열이 나다(2-9) 배탈이 나다(2-9) 교통사고가 나다(2-10) 소리가 나다(2-11)	고장나다 (1-19) 열이 나다(2-16) 화가 나다(2-16) 생각이 나다(2-17) 시간이 나다(2-29)

『쉬운 한국어』는 1권 16과에서 2권 10과까지 '나다'의 연어 결합은

---

6) 본문에서는 '신나다', '고장나다', '기억나다'를 모두 연어로 본다. 왜냐하면 조사한 교재 중 어떤 교재에서 '신나다', '고장나다', '기억나다'로 제시하였지만 실제 교육에서는 교사가 '고장나다/고장이 나다', '신나다/ 신이 나다', '기억나다/ 기억이 나다'의 형태로 가르치기도 한다. 두 형태는 모두 같은 의미로 쓰인다. 외국인 학습자의 입장에서 연어인지 단어인지 따지는 것은 중요하지 않고 한꺼번에 많이 학습할 수 있다는 것이 중요하다. 그러므로 본고에서는 모두 연어로 본다.

7) '교통 사고가 나다(1-16)'에서 '1-16'은 1권 16과에서 출현했다는 의미이다. 표에서 모든 연어 뒤의 유사한 형식의 표현은 x권 x과에서 출현했다는 것을 의미한다.

모두 9가지로 나타났다. 『서강 한국어』는 1B권 4과에서 2B권 9과까지 모두 9가지로 나타났다. 그리고『아름다운 한국어』는 1권에는 없고 2권 13과에서 2권 29과까지 총 6가지로 나타났다.『한양 한국어』는 1권에는 없고 2권 4과에서 11과까지 총 8가지로 나타났다. 마지막으로『건국대 한국어』는 1권 19과에서 2권 29과까지 총 5가지로 나타났다.

4.2. 동사 '나다' 연어 결합 교육의 문제점

각 교재에서 '나다' 연어 결합 출현 순서에 근거하여 '나다'의 의미 출현 순서를 제시하면 다음과 같다.

『쉬운 한국어』: ⑦[8])어떤 현상이나 사건이 일어나다. → ⑳ 시간적 여유가 생기다. → ⑲ 생각, 기억 따위가 일다. → ⑪ 흥미, 짜증, 용기 따위의 감정이 일어나다. → ⑯ 신체에서 땀, 피, 눈물 따위의 액체 성분이 흐르다. → ⑱ 병 따위가 발생하다.

『서강대 한국어』: ⑪ 흥미, 짜증, 용기 따위의 감정이 일어나다. → ③ 어떤 사물에 구멍, 자국 따위의 형체 변화가 생기거나 작용에 이상이 일어나다. → ⑳ 시간적 여유가 생기다. →⑦어떤 현상이나 사건이 일어나다. → ㉓ 속도, 열, 빛 따위의 속성이 드러나다. → ⑱

---

8) '나다'의 의미 출현 순서 분석을 편리하도록『표준국어대사전』을 참고하여 <표 2>와 같이 '나다'의 의미항 앞에 번호를 매겼다.

병 따위가 발생하다. → ⑮ 소리, 냄새 따위가 밖으로 드러나다. ⑲ 생각, 기억 따위가 일다.

『아름다운 한국어』: ㉔ 맛, 기운 등이 생기다. → ⑯ 신체에서 땀, 피, 눈물 따위의 액체 성분이 흐르다. → ⑱ 병 따위가 발생하다. → ③ 어떤 사물에 구멍, 자국 따위의 형체 변화가 생기거나 작용에 이상이 일어나다. → ⑱ 병 따위가 발생하다. → ⑪ 흥미, 짜증, 용기 따위의 감정이 일어나다.

『한양 한국어』: ⑲ 생각, 기억 따위가 일다. → ⑪ 흥미, 짜증, 용기 따위의 감정이 일어나다. → ③ 어떤 사물에 구멍, 자국 따위의 형체 변화가 생기거나 작용에 이상이 일어나다. → ⑲ 생각, 기억 따위가 일다. → ⑱ 병 따위가 발생하다. → ⑦ 어떤 현상이나 사건이 일어나다. → ⑮ 소리, 냄새 따위가 밖으로 드러나다.

『건국대 한국어』: ③ 어떤 사물에 구멍, 자국 따위의 형체 변화가 생기거나 작용에 이상이 일어나다. → ⑱ 병 따위가 발생하다. → ⑪ 흥미, 짜증, 용기 따위의 감정이 일어나다. → ⑲ 생각, 기억 따위가 일다. → ⑳ 시간적 여유가 생기다.

지금까지 한국어 교재에 나타난 동사 '나다'의 교육 현황을 분석한 결과 몇 가지 문제점을 발견할 수 있다.

첫째, 각 교재에서 '나다'의 의미 제시 순서는 단계적으로 인지심리에 맞게 제시되지 않았다. 제시한 순서의 유기적인 연관성이 없다.

둘째, 동사 '나다'의 기본적인 의미부터 제시해야 하는데 그러지를 못했다. 동사 '나다'는 여러 의미가 있는데 기본적인 의미부터 알아야 파생적인 의미를 잘 이해할 수 있다.

셋째, 초급 단계에서 어떤 연어 목록을 제시하는 것이 적당한지에 대한 공통성이 없다. 각 교재에서 제시한 것이 모두 다르다. '나다'의 연어 목록 중에서 어떤 것이 타당하고 합리적인지에 대한 연구가 필요하다.

넷째, 중국인 학습자만을 위한 동사 '나다' 연어 목록이 필요한데, 아직 이에 대한 연구 목록이 없다. 한국어 학습자 중에 중국인 학습자가 절대적인 비중을 차지할 정도로 많기 때문에 중국인을 위한 동사 '나다' 연어 교육 목록을 연구할 필요가 있다.

중국인을 위한 동사 '나다' 교육 방안

5.1. 동사 '나다' 의 의미 및 연어 결합 학습 목록 선정

동사 '나다'는 다의성을 갖기 때문에 중국인 학습자들이 학습하기에 많은 어려움을 겪는다. 그러므로 중국인을 위한 동사 '나다'의 교육을 연구할 필요성이 있다. 특히 한국인과 의사소통 능력을 향상시키기 위해 연어 관세를 통한 동사 '나다'를 교육하는 것이 필요하다. 그러려면 동사 '나다'의 여러 의미를 갖는 연어 학습에서 '나다'의 뜻과 용법을 파악해야 한다.

우선 동사 '나다'의 연어 목록을 선정해야 한다. 선정 기준은 기본적인 의미부터 학습하는 것이 좋다. 그리고 학습자에게 난이도가 낮은 연어 목록을 먼저 제시하는 것이 좋다. 중국인 학습자들은 자기 모국어에 대응되는 표현을 통해 학습한다면 보다 빠르고 쉽게 이해하고 효율적으로 기억할 수 있다. 한국어 동사 '나다'의 연어 결합은 중국어 '出'와 기본적인 의미에서부터 파생의미까지 비슷한 부분이 많으므로 초급 단계에서는 '出'와 비슷한 의미를 가진 연어 결합부터 학습하는 것이 좋다.

이에 초급 단계에서 중국인 학습자를 위한 동사 '나다'의 의미 교육 목록을 제시하면 다음과 같다.

<표 7> 중국인 학습자를 위한 동사 '나다'의 의미에 대응되는
연어 결합 목록

'나다'의 의미9)	대응되는 연어 결합
① 신체 표면이나 땅 위에 솟아나다.	새싹이 나다/ 여드름이 나다
③ 어떤 사물에 구멍, 자국 따위의 형체 변화가 생기거나 작용에 이상이 일어나다.	구멍이 나다 / 고장이 나다
⑥ 농산물, 광물 등이 산출되다.	인삼이 나다/ 사과가 나다
⑪ 흥미, 짜증, 용기, 감정 등이 일어나다.	화가 나다/짜증이 나다
㉕ 햇빛 따위가 나타나다.	해가 나다
⑱ 병 따위가 발생하다.	병이 나다/배탈이 나다/열이 나다

---

9) ①, ③, ⑥, ⑪, ㉕의 의미항은 사용빈도가 높으며 대응되는 중국어 표현은 주로 '出' 등이 있다. ⑱의 의미항은 사용빈도가 높으며 대응되는 중국어 표

5.2. 동사 '나다' 교육의 수업 모형

본고에서는 연어 관계를 통하여 동사 '나다'의 효율적인 학습 방법을 모색하고자 한다. 따라서 동사 '나다'의 교육과정에서 연어 결합을 이용하는 교육 방법을 모색할 것이다. 이에 어휘 교육 방법과 연어 교육 방법을 모두 참고하고자 한다.

성인 어휘 학습자의 L2 어휘 습득에 대한 연구에서 3단계로 나누어 정리한 Jiang(2004)는 Coady&Huckins(1997)의 어휘 습득 단계와 관련이 있어 보인다. 이 연구는 특히 L2 어휘 습득에 초점을 둔 것이라는 점과 학습자 모어가 어휘 습득 단계에 중요한 요인으로 작용한다(이유경:2011 재인용).

현은 주로 '有' 등이 있다. 이 여섯 가지 의미항은 중국어 표현과 비슷한 점이 매우 많으면서 사용빈도가 높은 의미항이다. 그래서 이 여섯 의미항에 대응되는 연어 목록은 중국인 학습자에게 가장 적합하다고 생각한다.

<표 8> 성인 학습자의 L2 어휘 습득 단계와 과정(Jiang, 2004)

1 단계	단어 연상 단계 (Word Association Stage)	1a. 표제어가 L2 어휘 목록에 생성된다. 이 목록은 L1으로 번역되는 단어와 어형(from) 설명을 포함한다. 1b. L2 단어들은 표제어(entry)의 의미, 통사, 형태, 그리고 어형 정보를 포함하는 L1의 해석에 기대어 사용된다. 1c. L1 어휘집(lemma)는 L2 단어를 사용하는데 필수적인 정보(통사와 의미)를 제공하고 동시에 L2 단어를 활성화한다. 1d. L1 어휘집(lemma)의 정보는 계속적인 상호활성화(coactivation)의 결과 L2 표제어로 전이된다.
2 단계	L1 어휘집 조정 단계 (L1 Lemma Mediation Stage)	2a. 전이된 표제어 정보는 L2 단어와 개념과 연결되고 L2 사용을 조정한다. L2 사용에서 L1 해석의 활성화는 줄어든다. 2b. 문맥화 된 입력에 지속적인 노출은 L1과 L2 모두 가지는 의미와 새로운 L2 세부적인 의미를 알게 할 것이다.
3 단계	완전 통합 단계	L2의 특정 의미 정보는 L2의 표제어로 설명하게 된다. ; L2 단어와 개념의 강력한 연결, 형태 정보와의 통합, L1 번역과 L2단어의 어휘적 연결은 약화된다.

이에 성인 학습자의 L2 어휘습득 단계와 과정을 참고하여 수업모형을 제시하면 <그림 2>와 같다.

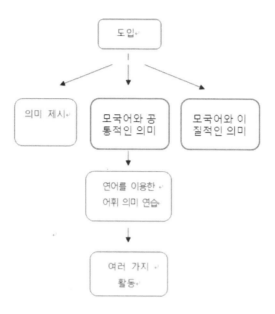

<그림 2> 동사 '나다'의 수업 모형

(1) 제시 단계에서는 우선 동사 '나다'의 연어 결합을 포함하는 문 장을 제시하여 그 의미를 유추한다. 다음으로 모국어로 번역해 보게 하고, 학생으로 하여금 동사 '나다'와 대응되는 중국어 표 현을 터득하게 한다. 그리고 중국어 표현에 대한 의미 파악을 이용해 동사 '나다'의 의미를 이해시킨다. 또한, 동사 '나다'에 대응되는 중국어 표현과 공통적인 의미 및 이질적인 의미를 생 각해 보게 한다. 마지막으로 초급단계에서 적절하게 배울 필요 가 있는 동사 '나다' 의 몇 가지 의미를 정리하게 한다.

(2) 연어를 이용한 어휘 의미 연습단계에서는 충분히 모국어의 적 극적인 전이를 이용해 진행하도록 한다.

(3) 여러 가지 활동 단계에서는 학생의 흥미를 불러일으킬 수 있도

록 다양한 활동을 진행하고, 이를 통해서 동사 '나다'의 의미를 연어와 결합하여 연습하는 과정에서 기억하고 저장하게 한다.

5.3. 동사 '나다' 교육의 수업 실제

동사 '나다'의 수업 모형에서는 4단계로 나누고 있다. 도입 단계, 제시 단계, 연습 단계, 활용 단계가 있다. 도입 단계에서 학습 목표인 동사 '나다'의 의미를 도입하게 되는데, 이 단계에서는 일반 수업과 다름없기 때문에 여기서 특별히 언급하지 않는다. 주로 제시 단계, 연습 단계, 활용 단계를 중심으로 수업 실제를 다루겠다.

5.3.1. 동사 '나다'의 의미 제시

동사 '나다'의 의미 제시는 세 부문으로 나뉜다. ① 동사 '나다'의 기본 의미를 제시한다. ② 동사 '나다'와 중국어 '出'의 비슷한 파생 의미를 제시한다. ③ 중국어 '出'와 이질적이고 초급 학습자가 배워야 할 동사 '나다'의 파생 의미를 제시한다. 동사 '나다'의 의미 제시는 주로 모국어 번역을 이용해서 제시한다.

① 먼저 <표 9>처럼 기본 의미부터 제시한다.

<표 9> 동사 '나다'의 기본 의미 제시

다음 문장에서 '나다'의 의미에 대해 생각해 보세요.
⑴ 싹이 나다.
　(出芽了)
⑵ 얼굴에 여드름이 나다.
　(脸上出痘痘了。)

⇒ 위 문장에서 '나다'는 중국어 '出'로 대응되며 '出'의 의미 가운데 '长出'의 의미로 쓰였다. '나다'의 기본적인 의미 '신체 표면이나 땅 위에 솟아나다'에 해당된다. 학생에게 '나다'의 의미를 설명한다.

　모국어를 번역하는 방법으로 '나다'의 기본적인 의미를 제시하는 것이 학습자들은 더욱 잘 이해할 수 있다. 그러나 만약에 모국어에 대응되는 어휘가 목표 어휘와 기본 의미만 비슷하고 여러 파생 의미가 다르면 학습자에게 오히려 혼란을 일으킬 수 있다. 다행히 동사 '나다'와 중국어 '出'는 기본적 의미에서 파생의미까지 비슷한 점이 많아서 이런 방법을 사용하면 동사 '나다'의 파생적인 의미의 어려운 부분도 이해할 수 있으며 큰 곤란을 겪지 않고 효율적으로 학습할 수 있다.
　그러나 한국어와 중국어는 서로 다른 언어이기 때문에 대응되는 단어의 의미는 아무리 비슷해도 똑같다고 할 수 없다. 그래서 모국어 번역은 단지 이해에만 도움되는 역할을 하기 때문에 한국어로 되어 있는 의미 해석이 빠지면 안 된다.

② 동사 '나다'와 중국어 '出'의 비슷한 파생 의미를 제시한다.

<표 10> 동사 '나다' 여러 파생 의미 제시

다음 문장에서 '나다'의 의미에 대해 생각해 보세요.

(1) ㉠대구에서는 사과가 난다.

㉡이 지역에는 금이 난다.

학생들에게 중국어로 표현해 보게 한다.

㉠(大邱出苹果。)

㉡(这个地方出产金子。)

⇒ 위 문장에서 '나다'는 중국어 '出'과 대응되며 '出'의 의미 가운데 '出产'의 의미로 쓰였다. '나다'의 ⑥ 의미항인 '농산물이나 광물 따위가 산출되다'에 해당된다. 학생에게 '나다'의 의미를 설명한다.

(2) 양말에 구멍이 났다

학생들에게 중국어로 표현해 보게 한다.

(袜子出洞了。)

⇒ 위 문장에서 '나다'는 중국어 '出'과 대응되며 '出'의 의미 가운데 '露出'로 쓰였다. '나다'의 ③ 의미항인 '어떤 사물에 구멍, 자국 따위의 형체 변화가 생기거나 작용에 이상이 일어나다.'에 해당된다. 학생에게 '나다'의 의미를 설명한다.

(3) 해가 나다.

학생들에게 중국어로 표현해 보게 한다.

(出太阳了。)

⇒ 위 문장에서 '나다'는 중국어 '出'과 대응되며 '出'의 의미 가운데 '出现, 显露'로 쓰였다. '나다'의 ㉕ 의미항인 '햇빛 따위가 나타나다.'에 해당된다. 학생에게 '나다'의 의미를 설명한다.

③ 중국어 '出'와 이질적인 동사 '나다'의 파생 의미를 제시한다.

다음 문장에서 '나다'의 의미에 대해 생각해 보세요.

(4) 오늘 선생님이 화나셨다.

　　학생들에게 중국어로 표현해 보게 한다.

　　(今天老师发火了。)

　　⇒ 위 문장에서 '나다'는 중국어 '出'과 대응되며 '出'의 의미 가운데 '发出', '发泄'로 쓰였다. '나다'의 ⑪ 의미항인 '흥미, 짜증, 용기, 감정 등이 일어나다.'에 해당된다. 학생에게 '나다'의 의미를 설명한다.

(5) 그가 병이 났다.

　　학생들에게 중국어로 표현해 보게 한다.

　　(他有病了。)

　　⇒ 위 문장에서 '나다'는 중국어 '有'과 대응된다. '나다'의 ⑱ 의미항인 '병 따위가 발생하다.'에 해당된다. 학생에게 '나다'의 의미를 설명한다.

　학생에게 동사 '나다'의 기본적인 의미와 중요한 다섯 가지 파생 의미를 제시하고 정리한다. 동사 '나다'의 기본적인 의미는 '신체 표면이나 땅 위에 솟아나다.'로 이는 다섯 가지 의미를 파생시킨다. 먼저 대상자인 사람에서 생물이나 무생물로 파생되는 의미로는 '농산물이나 광물 따위가 산출되다.' '햇빛 따위가 나타나다.' 그리고 구체적인 상황에서 추상적인 상황으로 파생되는 의미로는 '병 따위가 발생하다' '어떤 사물에 구멍, 자국 따위의 형체 변화가 생기거나 작용에 이상이 일어나다.' 또한 물리적인 상황에서 사회적 심리적 상황으로 파생되는 의미로는 '흥미, 짜증, 용기 따위의 감정이 일어나다.'를 들

수 있다.

이에 동사 '나다'의 의미를 정리하면 다음 <그림 3>과 같다.

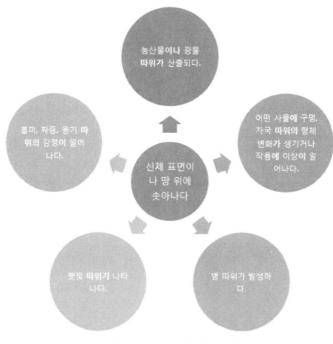

<그림 3> '나다'의 의미 정리

5.3.2. 연어를 이용한 연습

연어를 이용한 연습은 결합 관계를 이용한 학습이기 때문에 결합해야만 해당 의미를 제대로 학습하고, 덩어리로 기억한다는 측면에서 더 효과적이라고 볼 수 있다.

다음 빈칸을 채우고 동사 '나다'의 연어 결합을 만들어 보세요.

위 표와 같이 연어 결합을 만드는 과정에서 학생들로 하여금 자연스럽게 '여드름이 나다, 싹이 나다, 금이 나다, 인삼이 나다, 구멍이 나다, 고장이 나다, 사고가 나다, 화가 나다, 신이 나다, 해가 나다, 배탈이 나다, 열이 나다, 병이 나다.' 등처럼 연어 결합을 알게 한다. 뿐만 아니라 연어 결합을 만들면서 동사 '나다'의 여러 의미에 대해 더 깊이 이해 할 수 있도록 한다.

5.3.3. 활동

　여러 가지 활동을 통해서 연어 형식으로 동사 '나다'의 여러 의미를 머릿속에 기억하고 저장하게 한다.

　㉠ 그림을 보고 적당한 연어를 채워 보세요.

ⓛ 다음 중국어를 한국말로 표현해 보세요.

出痘痘→
出苹果→
出金子→
出毛病→
出太阳→
发火→
生病→
兴奋→

ⓒ '나다'와 결합할 수 있는 단어를 구름에서 채워 보세요.

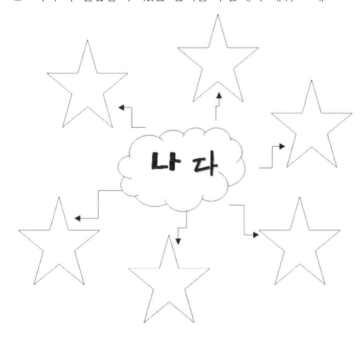

6 결론

본문에서 초급 중국인 학습자를 위해 동사 '나다'의 여러 의미를 효율적으로 배울 수 있는 방안을 모색해 보았다. 이를 위해 동사 '나다'의 의미와 연어 결합을 검토해 보았다. 동사 '나다'는 스물여덟 가지의 의미가 있으며 연어 결합은 매우 다양하다. 동사 '나다'의 의미 분류가 많지만, 의미의 파생경로를 분석해보면 기본적인 의미에서 주로 네 가지 경로로 파생되고 열 가지 의미 유형이 있음을 알 수 있다. 본 연구의 학습 대상자가 중국인이어서 동사 '나다'의 연어 결합과 중국어 대응되는 표현을 대조해 보았다. 동사 '나다'의 연어 결합과 이에 대응되는 중국어 표현은 주로 '出', '有', '发', '打', '长' 등이 있다. 그 중에서 '出'은 제일 큰 비중을 차지했다.

본고에서 중국인 한국어 학습자를 위한 동사 '나다'의 효율적인 교육 방안을 모색해 보았는데, 우선, 동사 '나다'의 기본적인 의미부터 제시하고 기본적인 의미와 다섯 가지 중요한 파생의미를 목록으로 정하여 제시하였다. 교육 과정에서 동사 '나다'와 대응되는 중국어 표현을 이용하여 모국어의 저극적인 전이를 충분히 이용해 교육하는 것도 필요함을 보였다. 특히 동사 '나다'의 의미와 많은 유사한 점을 지닌 '出'을 이용해 '나다'의 의미를 유추하고 연어의 여러 가지 결합을 활용할 수 있도록 교육해야 할 것이다.

참고문헌

강범모, 김흥규,(2009), 『한국어 사용 빈도』, 한국문화사.

건국대학교 언어교육원(2005), 『한국어』, 건국대학교 출판부.

국립국어원 www.korean.go.kr.

국립국어원 표준국어대사전 stdweb2.korean.go.kr.

김지은(2010), "한국어 연어 교육의 내용과 방법 연구", 부산대학교 대학원 박사논문.

김진해(2000), 『연어 연구』, 한국문화사.

김하수(2007), 『한국어 연어목』, 커뮤니케이션북스.

남승호(2007), 『한국어 술어의 사건 구조와 논항 구조』, 서울대학교출판부.

서강대학교 한국어교육원(2005), 『서강한국어』, 서강대학교 출판부.

양수영(2008), "중・고급 학습자의 어휘적 연어 능력과 한국어 숙달도의 상관관계 연구", 한국외국어대학교 교육대학원 석사논문.

이유경(2011), "외국인 학습자를 위한 한국어 어휘의 의미 교육 방안", 고려대학교 대학원 박사논문.

이정현(2010), "한국어 교육에서의 연어 교육 양상 연구", 언어학연구.

임지룡(2009), 『국어 의미론』, 탑출판사.

조현용(2000), 『한국어 어휘 교육 연구』, 박이정.

최호철 외 (2005), 『학위 논문의 국어 의미 연구 경향』, 월인.

한국어교육개발연구원(2008), 『아름다운 한국어』, 아름다운한국어학교.

한국어교육문화원(2008), 『쉬워요 한국어』, 랭기지 플러스.

한양대학교 국제어학원(2008), 『한양한국어』, 한양대학교 출판부.

한정한(2008), 『한국어 어휘의미망 구축을 위한 기초 연구』, 보고사.

허영임(2010), "한국어 교육용 연어 선정 연구", 고려대학 교육대학원 석사논문.
홍종선, 강범모, 최호철(2001), 『한국어 연어 관계 연구』, 월인.

발표 담화 분석을 통한
효과적인 발표 기법 교육에 관한 연구

―대학 예과반 프레젠테이션 기법 수업을 중심으로―

 1 연구의 목적과 필요성

본 논문은 중국인 유학생의 요구 조사와 발표 담화 분석을 바탕으로 대학 예과반 수업을 위한 '발표 기법'의 교육 내용을 제안하고 그 의의를 밝히는 데 목적이 있다.

현재 대부분의 대학 수업 형태가 교수 중심의 강의식을 탈피하여 학생들의 발표를 겸하는 방식을 채택하고 있어 이러한 수업 방식에 익숙하지 않은 외국인 유학생들에게 큰 어려움을 주고 있다. '프레젠테이션 능력'으로 대변되는 '표현력'은 비단 대학에서뿐만 아니라 현대 정보 기술 사회에서 꼭 필요한 능력으로 꼽히지만1) 유학생의 경

---

1) 프레젠테이션은 직장에서의 채용 면접, 업무 보고, 회의, 홍보 등에 필요할 뿐만 아니라 최근에는 국가 기관의 대국민 정책 설명회나 법정 공판 등 사회의 각 영역에서 빈번하게 사용되고 있다. 한편, 조재윤(2004:99-100)에서 대학생들을 대상으로 실시한 설문조사의 결과 응답자의 98.5%가 실생활에서 프레젠테이션 능력이 필요하다고 답했다.

우 프레젠테이션 자체에 대한 이해 부족, 혹은 한국어를 사용하는 데
에 대한 미숙함, 한국어 발표 담화에 대한 지식 부족 등으로 인해 이
러한 수업 방식에 대해 어려움을 호소하고 있는 실정이다. 또한 일상
생활에서 격식에 구애 받지 않고 편하게 이야기하다가 발표와 같은
공식적인 말하기 상황에 놓이면 일 대 다수의 관계에서 긴 시간의 발
화를 혼자 이끌어가야 한다는 부담감이 상당히 커진다. 따라서 유학
생을 위한 발표 수업에서는 이를 단순히 한국어 수업으로 인식할 것
이 아니라 구체적인 언어 기술을 중심으로 유학생들에게 꼭 필요한
발표 이론을 익히고 실습 및 훈련을 통해 대학 수학에 대비할 수 있
도록 실질적인 도움을 줄 수 있어야 할 것이다. 이에 본 연구에서는
유학생들의 발표 이행 수준 및 발표에 대해 어려움을 겪는 부분을 조
사하고 이 조사 결과를 한양대학교 예과반[2] '프레젠테이션 기법' 수
업에 실제 적용한 내용을 중심으로 발표 기법 교육 방안에 대해 논의
해 보고자 한다.

---

2) 한양대학교 국제협력처에서는 2011년부터 유학생을 위한 특별 프로그램 중
의 하나로 '대학 예과반'을 운영하고 있다. 이 프로그램을 통해 수강생들은
대학생이 되기 위한 기본 자질들을 배우고 대학 생활에 필요한 각종 활동들
을 미리 경험함으로써 대학에 입학했을 때 좀 더 빠르게 적응할 수 있다. 또한
예과반에는 한양대 학부 과정 입학 후 학점을 인정받을 수 있는 정규 과목도
개설되어 있는데 해당 과목으로는 프레젠테이션 기법을 포함하여 한국 문화
의 이해, 대학 영어, 공업 수학 등 총 네 개 과목이 운영되고 있다.

2 발표 기법 교육을 위한 사전 점검

2.1. 발표에 대한 정의

'발표(發表)'의 사전적 정의는 '어떤 사실이나 결과, 작품 따위를 세상에 널리 드러내어 알리는 것'을 말한다.[3] 사전적 정의대로라면 언어를 통하지 않고도 신제품 따위를 출시하는 것, 혹은 예술 작품을 세상에 내놓는 것도 넓은 의미에서는 발표라 할 수 있다. 하지만 본 연구 주제를 고려하면 '발표'의 의미는 '다수의 청중들 앞에서 정보를 전달하거나 주장을 내세우는 공적인 말하기'로 좁혀질 수 있을 것이다. 교육 현장에서는 '발표'와 '프레젠테이션'이라는 용어가 잘 구분되지 않고 함께 쓰이는 경우가 많은데 사전이나 학술 연구물에서도 이 두 가지 용어에 대해 명료하게 정의되어 있지 않아 우선 개념 차이에 대해 규정해 보았다.

ㄱ) 발표: 즉석 문답[4], 자기소개, 연설, 프레젠테이션 등을 포함한
     광의의 개념
ㄴ) 프레젠테이션: 발표의 한 종류로, 다수의 청중들을 이해시키거
     나 설득하기 위해 사전에 필요한 내용을 체계적으로 조
     직하여 효과적으로 전달한다는 점에서 즉석 문답과 구별
     되며 Power Point Program이나 Prezi 같은 보조 자료를 쓰
     는 것이 일반화되어 있다[5]. 성공적인 프레젠테이션을 위

---

3) 『표준국어대사전』 참고.
4) 즉석 문답은 수업 시간에 흔히 볼 수 있는 형태로 사전 준비 과정 없이 즉석에
   서 질문이나 대답이 이루어진다는 특징이 있다.

해서는 사전에 철저한 계획과 준비가 이루어져야 하며
발표를 통해 듣는 사람을 변화시키고 발표자가 원하는
목적을 이룰 수 있어야 한다.

2.2. 선행 연구 검토

한국어 교육 분야에서 외국인 유학생의 발표 수업에 관한 연구는
아직 그 수가 많지 않고 본격화되지 않았다. 이 중 본 연구와 직접적
으로 관련을 지을 만한 연구는 발표 담화와 관련된 연구로 김윤희
(2006), 박지원(2007), 이해영(2008), 이정란(2010), 노미연(2011) 등이
있다.

이 중 이해영(2008)은 학문적 담화가 일상생활의 담화와 같지 않기
때문에 유학생들이 한국어 과정을 수료한 후에도 대학(원) 수업 수강
시 부족한 언어 능력으로 인해 계속적으로 어려움을 겪는다고 지적했
다. 따라서 학문적 담화의 장르 분석을 통해 특징을 분석해 내는 것
은 교육 자료를 구성하는 첫 단계라는 점에서 교과과정이나 교수요
목, 교재 개발에 앞서 분석되어야 한다고 밝혔다. 이 연구는 외국인
대학원생들의 발표를 관찰하여 발표 담화 구조별6) 언어 표현, 문체,

---

5) 여기에 기술한 프로그램을 사용하지 않고 사진이나 그림, 프랍(실물 자료)을
사용하거나 유인물을 배포하는 등의 방식을 사용한 프레젠테이션도 가능하
며 아무런 보조 자료 없이 구두 언어로만 이루어지는 프레젠테이션도 가능하
다. 하지만 최은지·이동은(2013), 유혜원(2009), 나은미(2007) 등 최근 연구
에서 나타나듯이 빔 프로젝트와 같은 기자재의 보급과 Power Point Program,
Prezi와 같은 보조 자료의 일반화로 프레젠테이션의 개념이 시청각 자료도
함께 사용하는 것으로 정의가 변화하고 있다. 본 논문의 제3장 요구 조사 분
석에 따르면 Power Point Program과 같은 보조 자료가 발표에 미치는 영향에
대해 76%의 학습자가 큰 도움이 된다고 응답했다.
6) 이해영(2008)에 의하면 발표의 담화 구조는 상위 구조와 하위 구조로 나뉘는

전달력, 상호 작용 등의 측면에서 어떠한 언어적 특징을 보이는지 밝히고 교육적 적용까지 제안하고 있다. 이정란(2010)에서는 고급 한국어 학습자의 발표 담화에 나타난 화용적 문제를 유형화하여 밝히고 있다. 연구 결과, 화용언어적 측면에서는 격식적 표현, 담화 표지, 관례적 표현, 공손성 등의 문제가 나타났으며 사회화용적 측면에서는 격식적 상황에 대한 인식과 사고 중심의 측면에서 한국어 모어 화자와 차이가 있는 것으로 나타났다. 노미연(2011)에서는 중급 한국어 학습자의 발표 담화 분석을 통해 담화 응결 장치인 접속부사와 연결어미의 사용 양상을 살피고 있다. 이 연구는 발표 담화의 특성상 청자가 발표 내용에 대해 사전 지식이 없기 때문에 맥락의 이해에 있어 접속부사나 연결어미가 주요한 역할을 한다는 점에서 타당성이 있다. 박지원(2007)에서는 비즈니스 목적의 한국어 학습자를 위하여 다국적 기업의 실제 프레젠테이션 담화를 전사하여 단계별로 나타난 담화 표지를 분석함으로써 핵심 의미 구조 표지, 부가 의미 구조 표지 및 전략적으로 쓰이는 표지를 밝혀냈다.

또한 발표 담화의 특징이 미리 원고를 준비하여 다시 입말로 전환하는 '문어성 구어'[7]라는 측면에 착안해 문어 텍스트의 재구성을 주

데 상위 구조는 도입, 본문, 마무리의 3단계로 나뉘며 도입의 하위 구조는 인사, 시작 알림, 주제의 명시화, 개요가 포함되며, 본문의 하위 구조는 내용 전개가, 마무리의 하위 구조는 결론, 평가, 질의응답, 마무리 알림, 인사로 이루어진다고 했다.

7) 김대행 외, 『하이퍼텍스트의 언어문화 이해교육』(2006:84 참조)에 따르면 연설의 경우 매체는 음성 언어이나 그 양식은 문자 언어라고 할 수 있다. 따라서 발표도 연설과 마찬가지로 매체는 음성 언어이나 양식은 문자 언어로 봐야 할 것이다.

양식＼매체	문자 언어	음성 언어
문자 언어	학술 논문 등	연설 등
음성 언어	방송 대본 등	대화 등

제로 한 연구도 이루어졌다. 김현강·손희연(2011)에서는 학술적 구두 발표 담화의 생산 도식을 밝히고 외국인 대학원생을 대상으로 논문 요약 발제를 실시했다. 이를 통해 문어와 구어 장르, 문장과 담화의 구성, 일반 구어체나 격식적 구어체 등 관련 영역의 언어적 활동에 대해 체계적이고 통합적인 교수와 학습이 필요함을 주장했다. 김지영(2007)에서는 고급 학문 목적 학습자를 대상으로 한 보고서 쓰기와 발표하기를 통합한 프로젝트 수업을 제안했으며 그 구체적인 내용으로 프로젝트 수업의 실러버스를 제시하고 실제 수업에 적용한 사례를 제시했다.

한편 발표 교육 내용 중 음성 언어뿐만 아니라 Power Point Program 같은 시각 자료의 구성 방법까지 포함해야 한다는 연구도 눈에 띈다. 유혜원(2009)에서는 보조 자료의 활용이 필수적으로 포함되어 있는 '발표'의 특성에 입각하여 발표 능력 향상을 위한 교육에서 '시각 자료 만들기, 시각 자료 적절하게 활용해서 말하기, 시각 자료를 적절히 가리키는 등의 제스처 취하기, 기기 조작과 말하기 병행하기' 등의 교육 내용이 포함되어야 함을 밝혔다. 한국어 교육에서 발표 보조 자료와 관련된 연구로는 최은지·이동은(2013)이 있다. 이 연구에서는 학부 과정 외국인 유학생의 수업 중 발표 자료 활용 양상을 분석하였다. 이를 통해 보조 자료가 청중과의 매개체, 발표 내용의 요약적인 제시물, 발표 내용에 대한 보충 자료로서 기능함을 밝히고 세 가지 측면의 능력을 향상시키기 위한 교육이 필요함을 주장하였다.

본 논문에서는 예과반을 수강하는 예비 유학생(이하 '유학생'이라 칭함)의 발표에서 나타난 특징을 살펴보고 이를 토대로 담화 능력 신장을 위한 발표 기법 교육의 내용과 방법을 밝히고자 한다.

3 한국어 학습자 발표 현황 분석

3.1. 설문 조사 결과

한 교과목의 교육과정을 수립하고 프로그램을 구성할 때에 수요자인 학습자에 대한 요구 조사가 이루어진다면 학습자들에게 좀 더 내실 있고 의미를 지닌 교육이 이루어질 수 있다.[8] 본 연구를 위해 한양대학교에서 입학전 예과(豫科)반 과정을 듣는 중국인 유학생 66명[9]을 대상으로 PPT 발표 과제를 수행한 경험과 발표 준비 단계에서 겪었던 어려움에 대해 설문 조사를 실시하였다.

설문 조사 결과 발표 현장에서의 두려움이나 시간 조절 등에 대한 두려움이 있다고 응답한 학생들도 다수 있었지만 발표 자료의 준비 및 관중과의 교류를 가장 어렵게 인식하는 것으로 나타났다. 이는 구어나 문어에서 한국어 모어 화자가 사용하는 학문적 담화 교수에 대한 필요성을 보여주는 것이며 아울러 한국인 청중과 교류할 수 있는 언어 표현 및 전달 기법, 태도적 방법도 함께 교육해야 함을 시사한다고 하겠다.

---

8) 조재윤(2010) 참조.
9) 2002년 1학기 27명, 2학기 11명, 2003년 1학기 15명, 2학기 13명으로 총 66명을 집계한 수치이다.

<표 1> 설문지의 내용 구성

설문 영역	설문 내용
1. 발표 경험에 관한 질문	발표 경험
	발표 시 어려움을 느끼는 부분
2. 발표 자료에 관한 질문	보조 도구 사용 여부
	PPT 프로그램 사용 경험
	PPT 제작 수준
	PPT가 발표에 미치는 영향

(1) 발표 경험에 관한 질문

① 발표 경험이 있습니까?

<표 2> 발표 경험

구분	자주	보통	없다	계
빈도(명)		32	34	66

대부분의 학생들이 중국에서 중, 고등학교나 대학교 정규 수업 과정 중에 발표가 이루어진 것이 아니라 반 회의나 학생회 활동, 학생회 연설 등에서 일부 경험해 봤다고 응답했다. 한국어 강좌 4급 이상의 경우는 한국에 와서 어학원 수업 중에 발표를 경험한 경우가 많았다. 하지만 발표 경험이 있는 학생들도 사전에 주제와 분량을 정해주는 것 외에 별도로 발표 내용 조직이나 전달 방법, 효과적인 발표 기법, 한국어 발표 담화 구조 등에 대해 배워본 경험은 전혀 없었다고 답했다.

② 발표 시 어려움을 느끼는 부분은 무엇입니까? (복수 응답)

<표 3> 발표 시 어려움을 느끼는 부분

구분	빈도(명)
발표 자료 준비	35
발표 시간 조절	13
청중의 공감 이끌어내기	28
자신감이 없음	27
기타	17

기타 의견으로는 '긴장하거나 흥분함, 주제 선정이 어려움, 외우기 힘듦, 말의 속도와 억양, 다른 사람의 눈을 보는 것이 무섭다' 등의 응답이 있었다.

가장 높은 응답률을 보인 것은 '발표 자료 준비'로 나타났는데, 학습자들은 기본적인 발표 준비 과정부터 자료를 구하는 방법, 자료를 짜임새 있게 조직하는 방법, 발표 시 주로 사용하는 한국어 표현 등에 대해 궁금해 했다. 또한 개별 인터뷰 시에 대부분의 학습자들은 본인이 내용적으로 나름대로는 철저하게 준비했다고 생각하지만 막상 발표 연단에 올라서면 발표의 흐름이 매끄럽게 연결되지 않고 발표자 혼자 진행하는 듯한 느낌을 받으며 관중을 몰입시키기가 어렵다고 응답했다.

(2) 발표 자료에 관한 질문
① 발표 시 보통 어떤 도구를 사용합니까? (복수 응답)

<표 4> 보조 도구 사용

구분	빈도(명)
보조 도구를 전혀 사용하지 않음	22
청중에게 유인물 배포	14
시각 자료 사용(사진, 그림, PPT 등)	30
기타	5

기타 의견으로는 '자기가 작성한 문서, 흥미로운 스토리텔링 준비' 등의 응답이 있었다.

보조 도구를 전혀 사용하지 않는 학습자들이 전체 응답자의 31%로 높게 나타났지만 과반수에 가까운 학생들은 역시 사진이나 그림, PPT 프로그램 같은 시각 자료를 활용하고 있는 것으로 나타났다.

② PPT 프로그램 사용 경험

<표 5> PPT 프로그램 사용 경험

구분	있다	없다	계
빈도(명)	35	31	66
%	53%	47%	100%

PPT 프로그램을 사용해 본 사람이 경험이 없는 사람보다 6% 더 높게 나타났다. 하지만 47%의 학습자가 한 번도 PPT 프로그램을 사용해본 적이 없다고 응답해 슬라이드 구성과 제작 방법에 대해서도 학습이 필요함을 알 수 있었다.

③ PPT 제작 수준

<표 6> PPT 제작 수준

구분	숙련됨	보통	할 줄 모름	계
빈도(명)	2	33	31	66
%	3%	50%	47%	100%

본인의 PPT 제작 수준에 대해 보통이라고 응답한 학습자가 50%로 가장 높게 나타났다. 하지만 이 응답은 PPT 프로그램을 다룰 줄 아는 수준일 뿐, 같은 내용을 좀 더 효율적으로 전달하기 위한 기법이나 슬라이드 제작 원리 등에 대해 특별히 인식하고 있지는 않다는 것을 의미한다.

④ PPT가 발표에 미치는 영향에 대한 인식

<표 7> PPT가 발표에 미치는 영향

구분	큰 도움이 된다	보통(효과는 있지만 주도적인 역할은 아니다)	도움이 안 된다	계
빈도(명)	50	16		66
비율(%)	76%	24%		100%

학습자들은 PPT를 보조 자료로 사용할 경우 구두 언어로만 전달하는 발표보다 훨씬 더 도움이 된다고 인식하는 것으로 나타났다. PPT 프로그램을 사용하는 것이 효과는 있지만 주도적인 역할은 아니라고 응답한 발표자는 24%로 비교적 낮게 나타났다. 발표할 때 PPT 같은 시각 자료를 많이 사용하지만 관중의 이해를 돕기 위해 사용하기보다

는 발표자의 편의를 위해 발표문을 그대로 갖다 붙여서 그대로 읽는 다는 학습자가 많았다. 이는 PPT 슬라이드를 제작 교육을 통해 효율 적인 발표를 도울 수 있음을 시사한다.

(3) 학습자의 한국어 수준
① 현재 한국어 강좌 몇 급에서 공부하고 있습니까?

<표 8> 현재 한국어 급수

구분	빈도(명)	비율(%)
초급(1~2급)	35	53%
중급(3~4급)	15	23%
고급(5~6급)	16	24%
계	66	100%

한국어 수업과 병행하는 예과반의 특성상 한국어 수준이 초급인 학생들이 50% 이상으로 가장 높게 나타났다. 그 다음으로 한국어 고급 학습자가 24%, 한국어 중급 학습자가 23% 순으로 나타났다. 따라서 본 수업에서 발표에 대한 이론적 내용에 대한 설명과 수업 진행 시 사용되는 메타 언어는 중국어와 한국어를 병용하였음을 밝혀 둔다.

본 수업은 기존의 언어 교육 안에서 행해지던 한국어 수업 형태를 벗어나 '발표'라는 이론적 측면에서도 접근하여 발표 자체에 대한 이해를 높이고, 발표에서 필요로 하는 다양한 능력[10]을 배양하며 실제적인 훈련과 피드백을 통해 발표력을 향상시키는 데 목적이 있다.

상기의 조사 결과는 대학 진학 예과반의 발표 기법 교육 프로그램을 수립하는 데 기초 자료로서 활용되었다.

---

10) 문제 분석 능력, 요약 능력, 논리적 사고 능력, 전달 능력 등.

3.2. 중국 유학생의 발표에 나타난 특징

본고에서는 프레젠테이션 교육에서 효율적인 교육 내용과 방법을 찾기 위해, 예과반 학생들을 대상으로 진행된 프레젠테이션 실습 자료를 분석해 보았다. 이를 통해 실증적 방법으로 중국 유학생들의 발표에 나타난 각 분석 항목별 특징 및 학습자들이 생성한 오류를 알아보고 교육에 필요한 항목들을 추출해 내었다. 분석 항목은 발표 구조상의 특징, 언어 표현상의 특징, 발표 내용상의 특징, 시각 자료 사용상의 특징, 발표 태도적 측면 등 5가지 항목으로 나누어 살펴보았다.

(1) 발표 구조상의 특징

발표 담화는 일상적 담화와는 달리 논리적인 순서를 따라 도입, 전개 그리고 마무리로 구성되어야 한다. 하지만 발표 구조를 단순히 3단 구성으로 설명하는 것은 충분하지 않다. 현장에서 눈앞에 있는 청중에게 실시간으로 내용을 전달하고 그에 대한 반응도 직접 느끼게 되는 발표의 특성상, 청중으로 하여금 흥미를 느끼게 하고 지속적으로 발표를 경청하게 만들 수 있도록 구조화되어야 하기 때문이다. 즉, 발표 내용의 요점을 체계적으로 배열하는 것과 동시에 내용 단계별로 청중과 상호 교감을 지속적으로 유지할 수 있는 장치들이 마련되어야 할 것이다[11].

이를 위해 도입부에서는 주제에 대한 소개를 비롯하여 발표의 목적, 배경, 발표 시간 등을 명시하고 목차나 틀 제시를 통해 전체 개요를 안내해야 한다. 전개부에서는 목적에 따라 시간적·공간적 구성, 비교·대조 구성, 원인·결과 구성, 문제·해결 구성, 화제별로 나열

---

11) 이창덕 외(2010) 참조.

하는 구성 등을 사용한다. 그리고 정리부에서는 핵심 사항을 점검하고 청중에게 질문을 요청한다.

유학생들의 발표에서 나타나는 구조상의 특징 중 가장 빈번하게 보이는 것은 도입과 마무리가 매우 형식적이고 짧다는 것이다. 이는 발표에서 도입과 마무리가 가지는 역할에 대해 충분히 인지하지 못했으며 이 단계에서 전략적으로 어떠한 유형의 담화가 사용되는지도 잘 이해하지 못하였기 때문이다.

① 도입부

주제 도입에 대한 청중과의 충분한 교감 없이 바로 주제만 간단히 명시하고 바로 본론으로 들어가는 경우가 많았다. 또한 대부분의 학습자들이 개요 설명을 하지 않아 청중으로 하여금 숲을 보지 못하고 나무만 보게 하여 전체적인 틀을 이해하는 데 어려움을 느끼게 했다.

(ㄱ)안녕하십니까? OOO입니다. 제가 발표할 제목은 "왜 한국에 왔습니까? 한국에서의 감상"입니다. 잘 못하더라도 끝까지 들어주시기 바랍니다. 그럼, 이제부터 발표를 시작하겠습니다.

(ㄴ)안녕하십니까? 여러분 앞에서 발표를 하게 되어서 기쁘게 생각합니다. 저는 중국 항주에서 온 OOO입니다. 제가 발표할 주제는 한국의 국제결혼입니다. 그럼, 이제 발표를 시작하겠습니다. 끝까지 잘 들어주시기 바랍니다.
　　⇒ 지나치게 짧고 형식적인 도입

(ㄷ)몰디브의 위치는 남아시아하고 아시아의 두 번째로 작은 나라인데 세계에서 제일 큰 산호섬나라예요. 몰디브는 인도양의 섬나라예하고 1200개 작은 산호섬 구성해요.
　　⇒ 도입 없이 바로 본론으로 들어가는 경우

---

② 전개부

전개부는 전체 주제를 이루는 여러 개의 소주제로 구성되어 있으며 화제별 구성이 가장 많이 사용되었다. 소주제의 전개는 '첫 번째, 두 번째,……, 마지막'과 같이 대부분 정형화된 형태로 나타났다. 또한 전개부에서는 각 소주제에 대한 구체적인 설명이 뒷받침되어야 청중의 이해를 도울 수 있는데 이러한 근거나 예시 없이 다음 주제로 급격하게 전환되는 경우도 다수의 학습자에게서 나타났다.

(ㄱ)다음에는 괌의 노는 곳에 대한 소개해 드리겠습니다. 첫 번째는 파세오 공원입니다. (중간 생략)
두 번째는 사랑의 절벽입니다. (중간 생략)
마지막 괌은 면세한 항구이고 아시아와 태평양 구역에서 제일 큰 면세 쇼핑지 중의 하나이니까 여기서 쇼핑하는 것이 쌀뿐더러 편리합니다.
⇒ 첫 번째, 두 번째, 마지막... 처럼 정형화된 표현 사용.

(ㄴ)탈춤들의 내용을 살펴보면 서민들의 생활에 대한 묘사 자주 등장합니다. 한국에는 각 지방마다 독특한 탈춤이 전해지고 있습니다. 특성으로는 얼굴이나 몸에 탈을 쓰며 춤을 추는 것으로 각 지방들마다 등장인물과 구성이 다릅니다.
⇒ 급격한 주제 전환

③ 정리부

정리부에서는 앞서 이야기한 내용의 핵심을 정리하거나 점검, 강조하는 인상적인 마무리가 있어야 하는데 대부분의 유학생들은 본론 전개가 끝내자마자 특별한 마무리 없이 서둘러 발표를 끝내는 모습을 보였다. 혹은 본론 전개가 끝난 후 발표 종료에 대한 특별한 언급 없이 자리로 들어가 버리는 학습자도 있었다.

> (ㄱ)제 발표는 여기까지입니다. 끝까지 들어주셔서 감사합니다.
>   ⇒ 내용에 대한 정리나 질문 유도 없이 정형화된 표현을 사용해
>   바로 끝맺는 경우

(2) 언어 표현

① 발표에서 주로 사용되는 종결어미는 격식체인 '-(스)ㅂ니다'의 종결형이다. '-아/어/해요'의 비격식체 종결형을 사용하는 경우는 보통 '-(으)ㄴ/는데요, -고요, -지요, -면요' 등으로 한정돼 있다. 하지만 유학생들은 일상 담화에서 많이 사용하는 '아/어/해요'를 무분별하게 사용하는 경향을 보였다. 또한 PPT나 유인물 상에 명사형이나 문어체 '-다'의 종결형으로 되어 있는 경우 이를 바꾸지 않고 그대로 읽는 경우가 많았다.

또한 언어 표현에는 사회 문화적 특성이 드러나게 마련인데 한국어의 경우 높임법이 가장 대표적인 예라고 할 수 있다. 유학생들은 주체 높임법을 상대 높임법으로 착각하여 본인을 높이는 경우 등 높임의 대상을 이해하지 못하는 경우가 있었다. 그리고 발표라는 담화유형의 특성상 불특정 다수의 대중에게 말하게 되는데 이때는 대중이 가장 높은 지위를 차지하게 되므로 대중을 최우선으로 고려하여 담화속에 등장하는 다른 사람은 존대하지 않아야 하는데 높임법을 무분별하게 사용하는 경우가 나타났다.

> (ㄱ)몰디브 사람은 술을 전혀 마시지 않아요. 수도 마레에 술집이 있지만
> 술 안에 알코올이 없어요. 그리고 술집은 여관 안에서만 있어요.
> ⇒'아/어/해요'의 무분별한 사용
>
> (ㄴ)마지막으로 나의 미래
> ⇒ PPT에 나와 있는 요약적인 문자를 그대로 읽는 경우
>
> (ㄷ)이렇게 하면 좋은 대학교에 갈 수 있어.
> ⇒ 발표 도중 반말을 혼용하는 경우

② 문법적인 측면에서는 조사를 생략하거나 적절하지 못한 조사를
사용하는 경우, 문장의 호응이 맞지 않는 경우 등이 나타났다.

> (ㄱ)*한국산가 아니고 (한국산이)
>
> (ㄴ)*옷이가 입었습니다. (옷을)
> ⇒ 조사 사용 오류
>
> (ㄷ)제 소원은 가능하다면 젊은 친구들처럼 대학원에 들어가서 공부를 할
> 수 있으면 좋겠다고 생각합니다.
>
> (ㄹ)우리 20대의 청춘은 꽃처럼 피는 것으로 바랍니다.
> ⇒ 주어와 서술어 호응 오류
>
> (ㅁ)이게 한국의 전통적인 처마와 단청입니다.
>
> (ㅂ)이거 교과서인데
> ⇒ 무분별한 축약형 사용

③ 문장 간의 연결이 매끄럽지 않은 경우 및 청중의 이해를 적극적으로 도울 수 있는 담화표지를 적절히 사용하지 못한 경우도 있었다.

(ㄱ)조사결과 보기에는 대학생들이 경제적인 화장품을 더 애용합니다. 43% 대학생들이 품질을 선택했습니다. 브랜드를 선택하는 비율은 21%나 차지했습니다.

  ⇒ 통계 자료의 순위를 설명할 때 사용되는 담화표지가 제시되지 않아 경제성>품질>브랜드의 순으로 응답이 나왔다는 내용이 빨리 와 닿지 않고 앞뒤 문장이 매끄럽게 연결되지 않아 발표자의 의도 파악이 어려움.

---

④ 그밖에 사진이나 그래프를 충분히 설명하지 않아 자료를 성실하게 준비하고도 청중들에게 제대로 이해시키지 못하는 경우가 많았는데 슬라이드에서 명확하게 어느 부분인지 가리켜 주면서 청중의 이해를 적극적으로 돕는 연습이 필요하다.

(3) 내용적 측면

발표의 '내용'은 발표자가 전달하고자 하는 가장 핵심적인 부분이라 말할 수 있다. 이러한 내용을 준비하기 위해 사전에 많은 자료를 조사하고 정리 및 가공하는 작업을 거치게 되는데 유학생들의 발표에서는 다음과 같이 효과적이지 못한 내용 전개를 보이는 경우가 있었다.

① 널리 알려진 사실만을 위주로 말하는 경우

너무 일반적인 소개에 그쳐 그 주제에 대해 조금이라도 알고 있는 사람이라면 특별히 얻는 것이 없는 발표가 되고 만다. 이러한 발표자들은 내용의 깊이를 추구하기보다는 넓이를 추구하여 지나치게 다양한 분야를 소개했으나 청중 입장에서는 깊이 있게 이해하지 못해 전혀 새롭지 않고 남는 것이 별로 없다는 인상을 받게 된다.

② 추상적, 피상적 내용의 열거

청중으로 하여금 그 실체에 와 닿는 느낌이 없고 발표 후 뚜렷한 인상이 남지 않는 경우이다. 되도록 구체적인 사례나 개인의 경험 등을 통해 청중과 발표 내용 사이를 연결해주는 다리를 놓아 주고 내용을 더 현실감 있고 풍부하게 만들려는 노력이 필요하다고 하겠다.

③ 딱딱하게 개별의 사실들을 나열하듯이 말하는 경우

청중은 그 내용이 너무 건조하고 흥미가 없어 발표를 들을수록 발표자와의 거리가 멀어지는 느낌을 갖게 한다. 발표자는 발표 준비 시에 주제와 청중 사이의 연계점을 찾아 되도록 빨리 청중의 공감을 얻도록 해야 한다. 발표 내용 사이의 자연스러운 연결성도 중요하다.

④ 책이나 기사, 인터넷 자료 등을 보고 그대로 가져와서 말하는 경우

발표자의 진심이 담겨 있지 않고 자신의 어투와 다르기 때문에 청중으로 하여금 거리감을 느끼게 한다. 아무리 좋은 자료일지라도 자기가 이해한 다음에 자기 말로 바꿔서 말해야 듣는 사람이 편안하게 받아들일 수 있다.

⑤ 그 밖에 말에 알맹이가 없고 공허한 경우, 내용을 뒷받침하는 근거가 불충분한 경우, 수사 의문문의 사용이 어색하여 흐름에 방해가 되는 경우, 지루한 전개, 자료를 너무 많이 준비하여 일부 내용을 제대로 설명하지 않고 대강 넘어가는 경우, 주제에서 벗어난 이야기

등이 내용 전달을 방해하는 요소로 나타났다.

(ㄱ)한국에서는 국산품을 잘 파는 걸 느꼈습니다. 한국 사람들은 물건을
살 때 국산품을 더 선호합니다. 예를 들어 한국에서 한우는 다른 수입
쇠고기보다 더 비쌉니다.
  ⇒ 근거가 불충분한 경우

(ㄴ)사랑은 한 줄기 햇살입니다. 한 줄기 소나기이며 이슬입니다. 마음의
문을 여는 열쇠입니다.
  ⇒ 추상적·피상적인 내용

(ㄷ)그런데 저는 왜 한국에 왔습니까?

(ㄹ)김치 없이 먹는 밥 어떤 밥입니까? 생각도 못하는 경우입니다.
  ⇒ 수사의문문의 사용이 어색한 경우

---

(4) 시각 자료 사용

청중의 이해를 도우려면 언어적인 표현과 더불어 그림, 사진, 소리,
동영상, 실물, 모형 등 다양한 매체 자료를 활용하는 것이 효과적이
다. 발표 내용의 특성에 적합한 매체 자료를 선정하고 이를 언어적인
내용과 효과적으로 조합할 수 있다면 청중이 발표 내용을 쉽게 이해
할 수 있고 장기적으로 기억할 수 있으며 설득력 또한 높아질 것이
다12).

유학생이 제작한 시각 자료에 나타난 오류들은 다음과 같다.

---

12) 한정현(2011)에서는 교육과정의 화법 내용 요소를 살펴보면 듣기, 말하기 능
력과 문식성이 통합된 형태의 교수·학습 활동을 다수 제시하면서 온전한 의
사소통 능력의 향상을 꾀하고 있다고 분석했다. 상황을 분석하고 내용을 조
직한다거나, 정보를 해석하고 매체를 활용하는 부분, 정보를 전달하는 표현
전략 등은 모두 언식성이 가미된 문식성 교육의 일환이라고 보았다.

① 가장 많은 학습자들에게서 나타난 오류는 한 슬라이드 안에 제시된 글이 너무 길어서 청중으로 하여금 시각적인 피로감을 주는 경우이다. 글의 핵심을 찾아내어 압축적인 방법으로 제시하는 연습이 필요하다고 하겠다. 또한 긴 문자 설명보다는 사진이나 그림, 그래프, 절차도 등을 활용하여 시각적으로 표현하는 연습도 필요하다.

② 그래프나 도표 등을 제대로 만들고도 충분한 설명을 하지 않아 청중들이 다시 질문하는 경우도 있었다.

③ 이 밖에 색채나 디자인이 어울리지 않는 경우, 배경색이 너무 화려하거나 글자색과 유사하여 글자가 잘 안 보이는 경우, 슬라이드마다 배경 사진이 바뀌어서 통일감이 없고 산만한 느낌을 주는 경우, 글자 크기가 너무 작은 경우, 글자를 슬라이드 하단부에 배치하여 뒷사람은 읽기 힘든 경우, 애니메이션을 자동 전환으로 설정하여 말하는 속도와 PPT 화면 전환된 내용이 맞지 않는 경우, 소주제에 번호를 매기지 않아 흐름을 알기 어려운 경우 등이 있었다.

시각자료를 활용하여 발표를 할 경우 화면에서 해당되는 특정 부분을 보면서 들을 수 있도록 시각 자료의 해당 부분을 언급하는 담화도 적절히 사용해야 하는데 대부분의 학습자들이 그런 부분까지 꼼꼼하게 신경 쓰지 않았다.

(ㄱ)한국과 중국은 같은 아시아대륙 동쪽에 자리 잡고 역사적, 문화적으로 연관이 밀접한 두 이웃나라지만 20세기 40년대 후단에 각자의 새로운 나라가 탄생하면서 현재는 사회현황과 인민생활상태의 차이가 뚜렷한 두 나라로 변천하였습니다.

　　⇒ 슬라이드를 보면서 언급하는 내용이지만 '여기 지도를 한번 봐 주십시오. 어느 시대의 지도인지 아십니까? 바로 삼국시대의 지도입니다.'와 같이 청중으로 하여금 적극적으로 슬라이드를 보게 하고 참여하게 만드는 발화를 하지 않았다.

(ㄴ)중국의 유학생 수가 증가하고 있습니다.
⇒ 연도별 중국 유학생 수 변화에 대한 막대그래프를 보여주면서
간단하게 '증가되었다'는 설명만 하였기 때문에 청중들로 하여
금 '중국 유학생들은 어느 나라에 가장 많이 가는지, 최근에 유
학생이 늘어난 이유가 무엇인지' 등 연속적으로 질문이 나오는
상황이 벌어졌다.

(5) 발표 태도적 측면

직접적인 언어 표현은 아니지만 태도적 측면 때문에 발표에 영향
을 주는 경우도 쉽게 볼 수 있다. 메라비언의 법칙(Mehrabian's 7%-
38%-55% Rule)은 메라비언이 1971년에『Silent Messages』라는 책에
서 처음 주장한 것으로 자신의 감정을 전달하는 데 중요한 세 가지
요소가 있는데 그 중 말의 내용(Words)이 7%, 목소리(Tone of voice)
가 38%, 그리고 시각적 요소(Non-verbal behavior)가 55%를 차지한다
고 말하고 있다. 가장 큰 비중을 차지하는 '시각적 요소'는 자세, 용
모, 복장, 제스처 등 외적으로 보이는 부분을, 청각적 요소는 목소리
의 톤이나 음색처럼 언어의 품질을 말하는데, 유학생들의 발표에서
보인 시각적, 청각적 오류는 다음과 같다.

① 가장 빈번하게 나타나는 태도적 오류는 연습이 부족하거나 준
비한 내용을 충분히 숙지하지 못해서 원고를 보면서 읽어나가는 것이
다. 원고를 읽을 때의 가장 큰 부작용은 청중의 표정이나 반응을 확
인할 수 없다는 것이다. 청중과 교류하지 못하고 청중의 반응에 따라
적절하게 말의 속도를 조절할 수 없기 때문에 필요한 때에 부가 설명
할 기회도 잃어버리게 된다. 또한 시각 자료를 사용할 경우 해당 부
분을 제때 가리키지 못한다. 청중들 역시 이런 태도를 가진 발표자에
게 집중하기가 힘들기 때문에 결과적으로 좋은 효과를 기대하기 힘들

다. 또한 원고를 읽으면서 자연스럽게 교탁에 기대거나 원고의 작은 글씨를 보기 위해 몸을 숙이게 되므로 자세가 흐트러지게 된다. 손과 눈이 원고에 묶여 있기 때문에 제스처 사용 역시 부자연스럽다.

② 발표 전개 속도가 너무 빨라서 청중들로 하여금 사고할 시간을 주지 않는 경우 아무리 좋은 내용의 발표라 할지라도 기대한 효과를 거두기 어렵다.

③ 그밖에 힘없는 목소리나 작은 목소리, 어조가 지루할 정도로 일정한 경우, 발음이 불명확한 경우, 발표에 대한 열정이 충만하지 못해 얼른 끝내고 들어가고 싶은 모습을 보이는 경우, 청중이 있는 정면을 보지 않고 몸을 반쯤 돌려 측면을 향하거나 아예 (PPT가 있는) 뒤쪽으로 향한 채 발표하는 경우, 지나치게 산만하거나 혼자 웃음을 터뜨리는 경우, 몸을 과도하게 옆으로 흔드는 모습, 주머니에 손을 찌르고 말하는 모습, 예의 없게 동료 학습자를 대하는 경우 (발표자가 마치 선생님처럼 다른 학생에게 PPT를 소리내어 읽어보라고 시키는 경우), 휴대폰으로 쓴 원고를 보고 읽는 모습 등이 부정적인 발표 태도로 나타났다.

4 담화 능력 신장을 위한 발표 기법 교육 내용의 추출

담화 능력은 통일된 텍스트를 만들기 위하여 단어, 문장, 담화들을 선택하고, 연결하고, 배열하는 능력을 말한다.[13] 효과적인 발표를 하기 위해서는, 설명이나 설득 등 발표의 목적에 맞게 핵심적인 내용을

---

13) 박영순(2007:66~68). 전은주(2009)에서 재인용.

추출하는 요약 능력과 이를 논리적으로 구성하는 내용 구성 능력, 시청각 자료를 활용하여 내용을 효과적으로 전달하는 표현 능력이 동시에 필요하다.[14] 즉, 유학생들이 습득해야 할 발표 기법은 내용의 단순한 전달이 아니라 청중의 입장에서 가장 이해하기 쉽게 내용을 재구성하고 효과적인 방식으로 전달하는 능력을 배양하는 데까지를 이른다고 할 수 있다.

참고로 아래는 교육과정(2007) 고등학교 선택 '화법' 과목 중 '발표' 항목에 해당하는 성취 기준이다[15].

① 발표의 목적과 형식에 따른 준비 절차와 발표 방법을 이해한다.
② 핵심 내용을 중심으로 정해진 시간에 맞게 발표한다.
③ 다양한 자료와 매체를 효과적으로 활용하여 발표한다.
④ 청중의 반응을 고려하며 성실한 태도로 발표한다.
⑤ 발표 내용의 핵심과 문제점을 파악하면서 듣는다.

본 논문에서는 발표의 준비 단계부터 실행 단계까지 담화 능력을 신장시킬 수 있는 기법에 대해 살펴보고자 한다.

4.1. 단계별 발표 기법

(1) 발표의 준비 단계
① 주제 정하기
학습자들은 특히 주제를 정할 때 막막하다는 이야기를 많이 하는데 발표할 주제와 범위를 정하는 것은 청중이 누구인지를 파악하는

---

14) 이창덕 외(2010:384) 참조.
15) 이창덕 외 참조.

데서 시작된다고 볼 수 있다. 청중의 나이, 성별, 학력, 직업(전공), 흥미, 관심사, 성향, 주제에 대한 이해 정도를 조사하여 청중이 가장 듣고 싶어 하는 것이 무엇인지 파악하는 것이 중요하다.

② 자료 수집

질보다는 양을 추구하여 자료를 수집하도록 한다. 발표의 논지를 전개하다 보면 버리게 되는 자료가 훨씬 많아지기 때문에 준비 단계에서는 되도록이면 많은 자료를 찾아보는 것이 좋다. 자료의 출처도 함께 정리해 놓는 것이 좋다.

(2) 도입 단계

① 개요 안내

도입에서는 개요나 발표의 전체 틀을 안내해 줘야 청중들이 발표의 전체적인 범위와 소요 시간 등을 예상하며 들을 수 있다. 청중들이 전체 틀을 미리 알고 있을 경우 발표 전개 이해에 도움이 되어 결과적으로 설득력과 전달력이 강화될 것이다.

② 도입 방식

ⅰ) 내용과 관련된 일화로 시작하는 방법

발표와 관련된 짧은 일화를 소개함으로써 청중들로 하여금 긴장을 풀고 본 주제에 대해 흥미 있게 접근하게 한다.

ⅱ) 인상적인 질문으로 시작하는 방법

'좋아하는 나라'에 대한 발표를 했던 학생이 발표 주제인 '아일랜드'에 대해 미리 알려주지 않고 다음과 같이 퀴즈 형식으로 주제를 맞혀보게 하였다. 퀴즈를 접한 청중들은 문제에 대한 답을 생각하느라 적극적으로 생각을 활성화시켰으며 발표에 호기심과 관심을 보였다.

(ㄱ) 이 나라의 별명은 '비취 섬나라'입니다. 이 나라를 소개하기 전에 여러분 추측해 봅시다. 세 개 키워드가 있습니다.
첫 번째 키워드는 '네잎 클로버'입니다.
두 번째 키워드는 '탭댄스'입니다. (탭댄스 동영상 30초 정도 보여줌)
세 번째 키워드는 '술이 있는 커피'입니다.

위의 세 가지 질문에 청중들은 호기심을 보였지만 정답을 맞히지는 못했다. 하지만 발표자는 당황하지 않고 객관식 형태로 다시 문제를 제시했다.

(ㄴ) 다음 나라 중에서 어느 것이 맞습니까?
① 영국 ② 뉴질랜드 ③ 호주 ④ 아일랜드

---

(3) 전개 단계
① 전개 방식: 소주제 전개 시 '첫 번째, 두 번째,......, 마지막'과 같이 정형화된 형태에서 탈피해 다양한 담화 형식을 사용하도록 한다.

(ㄱ) 가장 현저한 한국 이미지가 뭐냐는 질문에 응답자의 거의 절반이 "삼성"이나 "LG" 등 전자나 정보통신 대기업이라고 응답했습니다. <u>이에 버금가는 이미지로는 남북 관계와 위기라는 응답이 뒤를 이었습니다.</u>
⇒ '버금가다', '뒤를 잇다'라는 표현을 통해 설문에서 두 번째로 많은 응답한 내용이라는 것을 알 수 있다.

② 전달력을 높이는 발표 기법
ⅰ) 청중을 주인공으로 하는 화법을 통해 청중이 능동적인 발표 참
여자가 되게 한다.

> (ㄱ) 지금부터 보실 동영상은……
> ⇒ '발표자가 보여드리는' 동영상이 아니라 '청중이 보실' 동영상
> 이라는 의미로 사용됨.

ⅱ) 숫자로 제시하는 방법
아래는 스티브 잡스가 2005년 애플의 신제품 프레젠테이션 현장에
서 '아이팟 나노'를 소개할 때 사용한 표현이다. mp3 제품은 흔히 저
장 용량을 내세워 제품의 성능을 이야기할 것이라 예상하지만 스티브
잡스는 그런 예상을 깨고 아래와 같이 일반 청중 입장에서 쉽게 와
닿는 설명 방식을 사용하여 강한 인상을 남겼다.

> (ㄱ) 1000 songs in your pocket (주머니 속의 1000곡의 음악)

발표는 보통 주어진 시간이 짧기 때문에 주어진 시간 안에 발표자
가 전달하고자 하는 내용을 최대한 효과적으로 표현할 수 있어야 한
다. 위의 예처럼 쉽게 잡히지 않는 개념을 숫자로 상징화한다면 보다
쉽게 이해되고 청중의 뇌리에도 오래 남을 수 있다.

ⅲ) 예시를 사용하는 방법

> (ㄱ) 이런 배경에서 물가 수준이 비슷한 두 나라 국민의 생활수준은 다르
> 기 십상입니다.
> ⇒ 이런 배경에서 물가 수준이 비슷한 두 나라 국민의 생활수준
> 은 다르기 십상입니다. 예를 들어 한국 사람들은 일반적으로

> 몇 달치 월급으로 쉽게 외국으로 여행 갈 수 있는 반면에 대다
> 수 중국사람에게 있어서 해외 여행을 간다는 것은 여전히 매
> 우 사치스러운 일로 여겨질 뿐입니다.

(4) 정리 단계

① 요약 정리

일반적으로 발표의 마무리 단계에서는 본론에서 다룬 내용을 간략
히 정리하고 핵심 사항을 강조한 후 마무리하는 것으로 되어 있지만
제한된 시간에 이루어지는 발표가 대부분인 만큼 이미 자세히 다뤘던
본론 내용을 다시 결론에서 정리하는 것은 불필요한 경우가 많다. 이
창덕 외(2010)에 의하면 그런 경우는 요구하는 구체적인 행동을 직접
제시하거나, 의사결정이 필요한 사안에 대해 구체적으로 언급하고,
발표를 마무리하는 것이 바람직하다고 이야기하고 있다.

② 감성적 메시지 전달

발표의 마무리는 이미 청중을 논리적으로 설득하기에는 너무 늦은
시각이므로 때로는 감성적 메시지를 통해 공감과 감동을 주는 방식이
효과적일 수 있다.

4.2. 내용 연결 표현

문장과 문장, 단락과 단락의 효과적인 표현과 더불어 중요한 것은,
이들 문장과 문장 또는 단락과 단락이 전환할 때 이를 연결해 주는
내용 연결 표현이다16). 내용 연결 표현은 구두 의사소통의 전형적인

---

16) 이창덕 외(2010:396)에서 발췌.

특징으로 잉여적인 표현이라고도 볼 수 있다. 책이나 신문 같은 문어 (文語) 자료는 독자가 몇 번이고 반복해서 읽음으로써 내용에 대해 충분히 이해할 수 있으며 들여쓰기 등 시각적 장치를 통해 단락의 전환을 알 수 있다. 하지만 발표와 같은 구어에서는 이런 시각적 장치들이 없고 현장에서 이루어지는 의사소통이라는 특성상 한 번 지나간 발화는 저장해 놓을 수가 없기 때문에 발표자는 세심하게 청중의 이해를 고려하여 발표를 전개해야 한다. 발표자는 지금 발표의 흐름이 어디쯤 가고 있는지, 앞에 나온 내용과 뒤에 나올 내용이 어떤 연관 관계를 갖고 있는지 등을 수시로 알려 주어 길을 잃지 않게 도울 필요가 있는데, 이럴 때 필요한 것이 '내용 연결 표현'이다[17]. 내용 연결 표현은 이처럼 담화를 매끄럽게 연결하고 논리적 흐름을 부여하는 중요한 역할을 하는 것으로, '그러면', '이', '그'처럼 간단한 담화 표지[18]부터 "지금까지 OOO에 대해 살펴보았습니다. 이제 다음으로 넘어가겠습니다."와 같은 한 문장 이상의 표현까지 포함한다.

펜숄트(Fensholt, 2006)에서는 내용 연결 표현 중 장면 전환의 실례를 구체적으로 소개하고 있다.[19]

---

17) 박재현(2006) 참조.
18) 전영옥(2002)에 의하면 담화 표지란 실제 상황에서 사용된, 긴밀한 짜임을 가진 문장이나 발화(utterances)의 연결 구조를 의미한다.
19) 이창덕 외(2010: 397) 재인용.

전환 내용	예
지금까지 설명한 내용	"자, 이제 흙을 준비하는 방법을 알았을 겁니다."
이를 설명한 이유	"다시 말하지만 흙을 잘 준비하는 게 중요합니다. 식물을 튼튼하고 건강하게 해주니까요."
다음에 다룰 내용	"지금부터 묘목을 준비한 흙에 옮겨 심는 방법을 알아봅시다."
이를 다루는 이유	"제대로 옮겨 심으려면 다음에 설명할 세 방법을 따라야 합니다. 이렇게 하면 묘목이 아주 무성하게 자랄 겁니다."
설명한 두 요점의 연관성	"다시 강조하지만 항상 이 점을 염두에 두세요. 묘목의 종류에 따라서 흙을 준비하는 방법이 달라집니다."
두 요점과 전체 내용의 연관성	"정원 관리의 모든 면에서 그렇듯이 이 단계에서 핵심은 인내심을 갖는 것입니다. 계획, 준비, 식물, 인내를 명심하세요. 나머지는 자연의 섭리에 맡기면 됩니다."

　　다음은 실제 수업 시간에 학생의 발표 원고를 토대로 단계별 발표 기법 및 내용 연결 표현을 학습한 자료이다. <자료 1>은 처음에 학생이 작성한 발표 원고이고, <자료 2>는 교사가 내용을 일부 수정하고 내용 연결 표현을 사용하여 완성한 원고이다. 수업 시간에 집중적으로 살펴본 부분은 내용 연결 표현과 같은 담화 장치가 있는 부분으로, 밑줄을 그어 표시하였다.

<자료 1>
중국과 한국의 사회현황과 국민생활 비교

한국과 중국은 같은 아시아대륙 동쪽에 자리 잡고 역사적, 문화적으로 연관이 밀접한 두 이웃나라지만 20세기 40년대후단에 각자의 새로운 나라가 탄생하면서 현재는 사회현황과 인민생활상태의 차이가 뚜렷한 두 나라로 변천하였다.

주지하는 바와 같이 중국은 1978년부터 시작된 개혁개방 정책의 덕분으로 30여년동안 급속한 경제발전을 이루었고 오늘날에는 미국만 앞두는 세계 제2대 경제강국이 되었으며 국제적 지위도 예전과 비교하여 대단히 제고되었다. 하지만 이러한 현실에 대해 중국사회는 찬가만 가득한 것이 아니라 불만과 근심도 여간 많지 않고 심지어 "국진민퇴"(國進民退), "국부민빈"(國富民貧) 등 부정적 관점도 나타낸다. 하지만 이런 관점들은 완전히 근거가 없는 것이 아니다고 본다.

국가의 실력이 늘언 만큼 국민들의 생활수준은 제고하지 못 했기 때문이다. 다시 말하면 부동산 가격, 교육 비용, 의료 비용 등을 비롯한 생활 필수비용이 점점 높아지는 동시에 국민들의 수입은 보편적으로 그 만큼 오르지 않았다. 2012년의 통계 수치에 의하면 북경에서 취직하고 있는 사람들 중에 97.9%는 현제 수입으로 평생 벌어도 집 한 체 살 수 없다고 한다.

대조적으로 한국의 국민 생활은 중국보다 우월하다는 거이 사실이다. 한국은 1960년대 부터 비약적인 경제발전이 시작되어 오래 전에 이미 세계 선진국으로 승진하였다. 국가 경제 실력으로 볼 때 한국의 GDP는 중국과 거리가 거대하지만 일인당 평균 GDP로 따지는 경우에는 2012년 한국의 일인당 평균 GDP는 약 2,3000딸라에 달하였으며 중국의 4배 가량이였다. 이런 배경에서 물가 수준이 미슷한 두 나라 국민의 생활수준은 다르기 십상이다. 한국 사람들은 일반적으로 몇 달 월급으로 쉽게 외국으로 여행할 수 있는 반면에 출국여행이란 대다수 중국사람에게는 여전히 매우 사치한 일이다.

이러한 중 한 양국의 사회현황과 국민생활의 차이가 거대한 원인을 탐구한다면 다양한 답을 얻을 수 있다. 하지만 그 중에서 가장 근본적인 원인는 민주화의 정도가 다르다는 것으로 본다. 세계 역사를 개관하면 인류 사회를 대략 인치사회와 법치사회 이 두 가지 형태로 구분할 수 있다. 인치사회와 법치사회는 사람의 의지가 사회의 최고 통치력이고 법치사회는 무엇 보다 법률이 최우선 위치를 차지하는 사회이다. 객관적으로 한국은 거의 법치사회라고 할 수 있고 중국은 아직까지 법치사회보다 인치사회에 더욱 접근한다. 법률이란 사회 질서의 보장이고 국민의 공동의지의 구현이다. 그래서 법치사회는 민주의 지표이다. 그리고 민주는 한 나라의 경제 발전에도 매우 중요한 영향을 미친다. 국가는 항상 자신이 강대하기 위하여 경제를 발전시킨다. 하지만 국가의 강대는 결국 전체 국민의 복지를 최종 목표로 정해야만 의미가 있는 것이다. 한국 같은 민주주의 법치나라는 국민의 공동 부유를 위한 경제발전이 더 쉽고 철저하게 이루어질 수 있지만 아직까지는 인치 정서가 더 진한 중국에서는 국가의 관리권이 법률에 부착한 것이 아니라 소수 유권자 손에 움켜쥐어 있기 때문에 경제 발전의 성과는 소수자들이 점유하게 되었다. 이러다 보니 국민의 빈부차이가 나날이 커지고 이로 인해 여러가지 심각한 사회문제가 생기게 되었다.

여기에서 한 가지 꼭 강조할 것은 법치와 인치의 차별은 단지 민주 정도의 차별이지 자본주의와 사회주의의 차별이 아니다. 사회주의의 본질적 목표는 바로 인민의 공동부유고 반면에 자본주의나라의 역사에서도 독재자들의 모습이 늘 보인다.

즉 오늘날 한국과 중국은 민주 정도의 고저로 기인하여 사회현황과 국민생활 방면에서 뚜렷한 차이를 가지고 있다. 하지만 이 세상에는 완벽한 정치 제도나 완벽한 사회가 전혀 없다. 한국도 자기의 발전과정 중에서 IMF 같은 엄청난 타격을 입으적이 있고 지금도 경제 불경기, 청소년문제 등 문제에 시달리고 있는 반면에 중국은 새 정부가 집권하면서 민주 심화를 핵심으로 한 정치개혁을 여느때 보다 더 중시하였다. 총괄적으로 말하면 한국이나 중국이나 할 것 없이 꼭 각기 다른 발전 단계에서 각기 다른 난관을 맞이할 것이다. 절대 어려움을 회피하지 말고 다른 나라의 경험을 본국 국정과 상합하여 더욱 민주적이고 공평한 나라를 건설하기 위해 노력하는 것이 바람직할 것이다. 그리고 세계의 미래로서 우리 청년들도 국가와 사회를 더욱 주시하면서 자기의 책임감을 느껴야 한다고 본다.

<자료 2>

중국과 한국의 사회현황과 국민생활 비교

OO학과 OO학번 OOO

안녕하십니까? 저는 경제학과 13학번 OOO입니다. 오늘 저는 '중국과 한국의 사회현황과 국민생활 비교'라는 제목으로 발표하고자 합니다.

여기 지도를 한번 봐 주십시오. 어느 시대의 지도인지 아십니까? 바로 삼국시대의 지도입니다. 한국과 중국은 같은 아시아대륙 동쪽에 자리 잡고 역사적, 문화적으로 연관이 밀접한 두 이웃나라지만 20세기 40년대 후반에 각자의 새로운 나라가 탄생하면서 현재는 사회현황과 국민생활 수준의 차이가 뚜렷한 두 나라로 변천하였습니다. 자 그럼 이제부터 본격적으로 발표를 시작하겠습니다.

주지하는 바와 같이 중국은 1978년부터 시작된 개혁개방 정책의 덕분으로 30여 년 동안 급속한 경제발전을 이루었고 오늘날에는 미국의 뒤를 이어 세계 제2대 경제강국이 되었으며 국제적 지위도 예전과 비교하여 대단히 높아졌습니다. 하지만 아이러니하게도 이러한 현실에 대해 중국 사회는 찬가만 가득한 것이 아니라 불만과 근심도 여간 많지 않고 심지어 "국진민퇴"(國進民退), "국부민빈"(國富民貧) 등 부정적 시각도 나타나고 있습니다. 하지만 이런 관점들은 완전히 근거가 없는 것은 아니라고 봅니다.

그 이유는 바로 국가의 실력이 느는 만큼 국민들의 생활수준은 높이지 못 했기 때문입니다. 다시 말하면 부동산가격, 교육 비용, 의료 비용 등을 비롯한 생활 필수 비용이 점점 높아지는 동시에 국민들의 수입은 보편적으로 그 만큼 오르지 않았습니다. 2012년의 통계 수치에 의하면 북경에서 취직하고 있는 사람들 중에 97.9%는 현재 수입으로 평생 벌어도 집 한 채 살 수 없다고 하니 이 얼마나 참담한 현실입니까?

대조적으로 한국의 국민 생활은 중국보다 우월하다는 것이 사실입니다. 한국은 1960년대부터 비약적인 경제발전이 시작되어 오래 전에 이미 세계 선진국으로 도약했습니다. 국가 경제 실력으로 볼 때 한국의 GDP는 중국에 한참 못 미치지만 일인당 평균 GDP로 따질 경우에는 2012년 한국의 일인당 평균 GDP는 약 2,3000달러에 달하였으며 이는 중국의 4배 정도의 수준이었습니다. 이런 배경에서 물가 수준이 비슷한 두 나라 국민의 생활 수준은 천양지차라 할 수 있습니다. 예를 들어 한국 사람들은 일반적으로 몇 달치 월급으로 쉽게 외국으로 여행 갈 수 있는 반면에 대다수 중국 사람에게 있어서 해외여행을 간다는 것은 여전히 매우 사치스러운 일로 여겨질 뿐입니다.

이처럼 중·한 양국의 사회현황과 국민생활의 차이가 현저한 원인을 살펴보자면 다양한 답을 얻을 수 있을 것입니다. 하지만 제가 생각하기에 그 중에서 가장 근본적인 원인은 민주화의 정도가 다르다는 것에서 기인한다고 봅니다. 세계 역사를 개관하면 인류 사회를 대략 인치사회와 법치사회 이 두 가지 형태로 구분할 수 있습니다. 인치사회는 사람의 의지가 사회의 최고 통치력이고 법치사회는 무엇보다 법률이 최우선 위치를 차지하는 사회입니다. 객관적으로 한국은 거의 법치사회라고 할 수 있고 중국은 아직까지 법치사회보다는 인치사회에 더욱 가깝습니다. 법률이란 사회 질서의 보장이고 국민 공동의지의 구현입니다. 그래서 법치사회는 민주의 지표입니다. 뿐만 아니라 민주는 한 나라의 경제 발전에도 매우 중요한 영향을 미칩니다. 국가는 항상 자신이 강대해지기 위하여 경제를 발전시킵니다. 하지만 국가의 강대는 결국 전체 국민의 복지를 최종 목표로 정해야만 의미가 있는 것이 아닐까요? 한국 같은 민주주의 법치 나라는 국민의 공동 부를 위한 경제발전이 더 쉽고 철저하게 이루어질 수 있지만 아직까지 인치 정서가 더 진한 중국에서는 국가의 관리권이 법률에 달린 것이 아니라 소수 기득권자들의 손에 움켜쥐어 있기 때문에 경제 발전의 성과는 소수자들이 점유하게 되어 있습니다. 이러다 보니 국민의 빈부 차이가 나날이 커지고 이로 인해 여러 가지 심각한 사회문제가 생기게 되었습니다.

여기에서 한 가지 꼭 강조할 것은 법치와 인치의 차별은 단지 민주 정도의 차별이지 자본주의와 사회주의의 차별이 아니라는 것입니다. 사회주의의 본질적 목표는 바로 인민의 공동 부이고 반면에 자본주의 나라의 역사에서도 독재자들의 모습이 늘 보입니다.

지금까지 말씀드린 것을 요약하자면 오늘날 한국과 중국은 민주화 정도의 차이로 기인하여 사회현황과 국민생활 방면에서 뚜렷한 차이를 보이고 있습니다. 하지만 이 세상에는 완벽한 정치제도나 완벽한 사회가 전혀 없습니다. 한국도 자기 발전과정 중에서 IMF와 같은 엄청난 타격을 입은 적이 있었고 지금도 경제 불경기, 청소년 문제 등 각종 문제에 시달리고 있습니다. 한편 중국은 새 정부가 집권하면서 민주 심화를 핵심으로 한 정치개혁을 여느 때보다 더 중시하고 있습니다. 총괄적으로 말하면 한국이나 중국이나 할 것 없이 꼭 각기 다른 발전단계에서 각기 다른 난관을 맞이할 것입니다. 하지만 절대 어려움을 회피하지 말고 다른 나라의 경험을 자기 나라의 정치 상황과 잘 결합시켜 더욱 민주적이고 공평한 나라를 건설하기 위해 노력하는 것이 바람직할 것입니다. 그리고 세계의 미래로서 우리 청년들도 국가와 사회를 더욱 주시하면서 자기의 책임감을 느껴야 한다고 봅니다.
　제가 준비한 내용은 여기까지입니다. 경청해 주셔서 감사합니다.
　제 발표 내용 중에서 궁금하신 점이 있거나 다른 의견이 있으신 분은 질문해 주시기 바랍니다.

5 연구의 요약과 향후 과제

　외국인 유학생에게 있어 한국어를 학습하는 궁극적인 목적은 일상적 회화를 넘어서 대학에서 학문적 활동을 성공적으로 수행하는 것이라 할 수 있다. 이에 본 연구에서는 대학 예과반을 수강하는 중국인 유학생을 대상으로 발표 수업에 대한 요구 조사 및 유학생이 생성한 발표 담화에 대한 분석을 진행하였으며 발표 구조상의 특징, 언어 표현상의 특징, 발표 내용상의 특징, 시각 자료 사용상의 특징, 발표 태도적 측면 등 5가지 항목에 대한 분석을 토대로 담화 능력 신장을 위한 발표 기법 교육 내용을 추출하였다.

　본 연구는 대학 진학이나 편입 직전 학생들을 위해 발표 자체에 대한 기본적인 지식과 발표 담화 교육 내용을 마련하는 데에 주안점을 두었다. 하지만 본 연구의 핵심인 4장 '담화 능력 신장을 위한 발표 기법 교육 내용의 추출'에서는 PPT 슬라이드 구성과 제작 방법, 발표에 영향을 미치는 비언어적인 요소에 대한 부분을 담지 못해 차후 연구 과제로 남겨 두었다.

또한 본 연구에서 학생들이 발표한 주제 선정은 특정 영역에 국한되지 않고 폭넓게 접할 수 있도록 조직하였는데 앞으로 이러한 프로그램이 좀 더 확산되고 다양화된다면 전공과목(혹은 각 계열별이나 각 단과대학별)에 따라 프로그램을 수립하고 주제 역시 전공과 관련된 것으로 심화시킬 수 있을 것이다.

참고문헌

강혜순(2010), "파워포인트 슬라이드 제작 및 활용을 통한 영어 협동 학습 방안 연구", 영상영어교육 제11권, 영상영어교육 학회.

권지숙(2005), "효과적인 커뮤니케이션을 위한 수용자의 만족요인 추출에 관한 연구 -프레젠테이션 디자인 구성요소를 중심으로", 한양대학교 디자인대학원 석사학위논문.

김영랑(2007), "외국인 유학생을 위한 대학 수학 목적의 발표 교육 방안 연구", 고려대학교 교육대학원 석사학위논문.

김우중(2009), "영어독해능력 향상을 위한 PPT 활용 Blended Learning 연구 : 실업계 고등학교 영어수업을 중심으로", 단국대학교 교육대학원 석사학위논문.

김윤희(2006), "학문적 구두발표에서의 메타언어표현에 관한 연구 - 한국어 모어화자와 외국인 유학생의 비교를 중심으로", 이화여자대학교 국제대학원 석사학위논문.

김지영(2007), "보고서 쓰기와 발표하기를 통합한 한국어 고급 단계의 프로젝트 수업 연구", 한국어교육 18-2, 국제한국어교육학회.

김해동(2007), "파워포인트를 이용한 그룹 발표에서 동료평가의 활동", 멀티미디어 언어교육 제10권, 한국멀티미디어언어교육학회.

김현기(2010), 파워 프레젠테이션 특강, 한국문화사.

나은미(2007), "효과적인 프레젠테이션의 조건 및 평가에 대한 고찰", 화법연구 제11권, 한국화법학회.

노미연(2011), "한국어 중급 학습자의 응결 장치 사용 연구 -발표 담

화 분석을 중심으로", 문법 교육 제14집, 한국문법교육
학회.

도원영(2008), "말하기에서의 동작 언어에 대한 고찰 -자기소개와 프
레젠테이션을 중심으로", 한국어학 제39호, 한국어학회.

박영찬(2011), 스마트 프레젠테이션, 매일경제신문사.

박재현(2006), "설득 화법 교육을 위한 텍스트 연결 표현의 의미 기능
연구", 텍스트언어학 제21권, 한국텍스트언어학회.

박지원(2005), "비즈니스 한국어 교육을 위한 프레젠테이션 담화 분
석", 연세대학교 교육대학원 석사학위논문.

박혁종(2010), CEO를 감동시키는 프리젠테이션의 비밀, 미래와경영.

김대행 외(2006), 하이퍼텍스트의 언어문화 이해교육, 서울대학교출
판부.

유미희, 차인혜(2009), "외국인 대학생 PPT 수업 발표에 대비한 읽기
수업 모형", 국제한국어교육학회 춘계학술발표논문집,
국제한국어교육학회.

유혜원(2009), "프레젠테이션 평가 내용을 통한 교육 내용의 모색에
관한 고찰-대학 말하기 교육을 중심으로", 한국어학 제
44호, 한국어학회.

이승일 외(2011), Presentation Coaching Book, 길벗.

이정란(2010), "고급 한국어 학습자의 발표 담화에 나타난 화용적 문
제 연구", 이중언어학 제42호, 이중언어학회.

이창덕 외(2010), 화법교육론, 역락.

이해영(2008), "외국인 대학원생의 학문적 구두 발표 장르 분석 -한
국인 대학원생 및 학문 목적 한국어 학습자의 구두 발
표와 비교하여", 이중언어학 제37호, 이중언어학회.

이혜경(2010), "상경 계열 한국어 학습자를 위한 내용 중심 교육 방안 연구 -신문 텍스트 활용 방안을 중심으로", 인하대학교 교육대학원 석사학위논문.

임칠성 외(2013), 공공화법, 태학사.

조재윤(2004), "프레젠테이션 교육의 문제점과 그 개선 방안", 화법연구 제7호, 한국화법학회.

_____(2011), "대학 '사고와 표현' 교육에 대한 대학생들의 요구 조사 연구", 새국어교육 제87호, 한국국어교육학회.

최은지, 이동은(2013), "외국인 유학생의 발표 보조 자료 활용 양상", 새국어교육 95권, 한국국어교육학회.

하영목, 최은석(2007), 프레젠테이션의 정석, 팜파스.

한국텍스트언어학회(2004), 텍스트언어학의 이해, 도서출판 박이정.

한정현(2013), "듣기·말하기 문식성 교육의 방향성 모색 -고등학교 '화법'을 중심으로", 한국어교육학회 학술발표논문집, 한국어교육학회.

함주한(2009), 프레젠테이션 상식 사전, 길벗.

Andrew V. Abela(2011), 익스트림 프레젠테이션, 커뮤니케이션북스.

Carmine Gallo(2010), 스티브 잡스 프레젠테이션의 비밀, 랜덤하우스 코리아.

Carl Pullein, 임랑경(2011), Presentation Story in English, (주)다산북스.

Garr Reynolds·정순욱 역(2011), 프레젠테이션 젠: 생각을 바꾸는 프레젠테이션 디자인, 에이콘.

Garr Reynolds·王佑 汪亮 역(2008), 裸演說, 電子工業出版社.

제 **4** 장
중국인 학습자를 위한
문학교육 연구

중국인 학습자를 위한
  문학작품의 선정 기준 및 문학교육의 실제

중국인 학습자를 위한
문학작품의 선정 기준 및 문학교육의 실제

 서론

본 연구는 중국인 한국어 학습자를 대상으로 한국어교육에서 효과적인 문학교육의 방향을 모색하는 것이 목적이다. 초기 1980년대 한국어교육은 교육 기관에서 유학생을 중심으로 의사소통을 중시한 듣기, 말하기, 읽기, 쓰기 등 기능적인 측면이 강조된 수업에 치중되어 있었고 수업 내용 또한 각 기관이 추구하는 교육 목표에 따라 모두 다르게 설계되고 교수·학습되었다. 한국어교육에서 추구되어야 할 교육 목표와 그 철학적 가치의 논의가 그치지 않는 이유는 여기에서부터 비롯되었다. 이후 한국의 경제 고도성장에 맞물려 한국 사회와 더불어 한국어교육에 많은 변화를 가져왔다. 외국인근로자, 결혼이주민, 유학생, 중도입국 자녀, 다문화 자녀 등의 증가에 따른 차별화되고 고급화된 한국어교육의 필요성을 모두가 깨닫게 되었다. 특히 2005년 이후 유학생 증가에 따른 한국어교육의 다양성 추구는 빠르게 확산되었다.[1] 이 중 중국인 유학생의 수는 전체 유학생의 63.8%를 차지할 만큼 다른 국적의 유학생에 비해 그 숫자가 독보적으로 앞서 있다.[2] 마찬가지로 중국 현지에서도 한국어에 대한 관심은 날로 늘어 나고 있다. 1980년대 이전까지만 해도 한국어학과를 설치한 대학은 대여섯 개에 불과했다. 이십여 년이 지난 지금은 25개가 넘는 대학들 에서 한국어(조선어)학과를 운영하고 있는 것으로 집계되었다.[3] 현재 도 한국어학과는 꾸준히 늘고 있는 추세이다. 인접국가로 오랜 역사 를 함께 교류해온 중국과 한국과의 관계는 남다르며 그에 따라 중국 인들이게 한국어는 특별한 언어로 존재하고 있다.

최근에 중국어권 학습자를 대상으로 하는 한국 문학교재나 중국인 을 독자로 하는 한국 문학 책이 다양하게 개발되고 있지만, 중국인 학습자를 위한 전문적인 한국 문학교육에 관한 연구는 드물다. 한국 어교육에서 중국인 학습자는 특별한 대상이 되어 있어 그들에 대한 전문적인 한국 문학교육 연구가 필요하다.

이러한 학습자 변화에 따라 본고가 주목한 것은 차별화되고 고급

---

1) 연도별 국내 외국인 유학생수, 교육부 제공(http://www.mest.go.kr).

연도별 국내 외국인 유학생 수

2) 2012년 주요 국가별 유학생 현황, 교육부 제공(http://www.mest.go.kr).

주요 국가별 현황

국 가	중국	일본	미국	베트남	대만	몽골	기타	계
유학생수	55,427	4,093	2,665	2,447	1,510	3,797	16,939	86,878
비율(%)	63.8	4.7	3.1	2.8	1.7	4.4	19.5	100

3) 이성도, 「중국에서의 한국어 교과과정에 대하여」, 『중국에서의 한국어교육』, 태학사, 2000, p.127. 참조.

화된 한국어교육을 위해서 문학을 활용하는 방법이다. 문학은 언어 교수를 위한 특정한 목적을 위해 쓰이지 않았기 때문에 시·공간을 초월하여 영속적인 문자 자료로서의 풍부함과 다양함을 제공하고, 소설이나 희곡 등은 허구이지만 다양한 사회적 배경을 특징으로 한 완전하고 생생한 맥락, 즉 문화적 풍성함을 제공하며 맥락이 있는 실제 문학작품 읽기는 글말의 여러 기능뿐만 아니라, 어휘와 통사 구조가 풍부한 맥락을 제공하기 주기 때문에 언어적으로 풍성함을 얻을 수 있으며 언어 학습 과정에서 정서적인 면에서나 흥미와 같은 동기 부여로 학습자 개인화의 이점을 위해서도 문학을 사용할 수 있다.4)

또한, 문학은 인간의 삶을 반영하고 있기 때문에 텍스트를 통한 언어·문화 학습은 학습자에게 목표문화를 이해하는 정신 활동의 기초를 이루게 된다.5) 문학작품은 학습자에게 언어와 문화 학습을 동시에 병행할 수 있는 자료로서 중요한 가치를 지니고 있다. 문학작품을 통한 언어·문화 학습은 인물들의 사상, 감정, 관습, 소유물, 관계, 가치관, 태도를 통해 문화에 대한 총체적인 경험을 수반한다.6) 따라서 작품 속의 문화 요소를 알고 이해하는 것이 작품에 대한 이해와 감상에 직결되기 때문에 중요하다. 일찍이 문학작품은 인간의 사상이나 감정을 표현하고 의사소통을 하기 위해 소리나 문자 따위의 수단으로 되어 있어 교육용 텍스트로써의 활용가치를 높게 인정받아 왔다. 특히

---

4) ① 문학은 가치 있는 믿을 만한 자료로서, 높은 수준의 언어 능력의 함양에 도움을 준다. ② 문학은 언어적 다양성과 풍성함을 제공한다. ③ 문학은 문화적 풍성함을 제공한다. ④ 문학은 독자의 인간적 참여를 촉진시킨다. Collie. Joanne and Stephen Slater., *Literature in the Language Classroom : A Resource Book of Ideas and Activities,* Cambridge University Press, 1988, pp.3~15. 조일제 역, 『영어교사를 위한 영문학 작품 지도법』, 한국문화사, 2002, pp.15~19.
5) 우한용 외, 『문학교육 과정론』, 삼지사, 1997.
6) 윤여탁, 「문학을 활용한 한국어 교육 방법」, 국제학술회의, 1994. p.4

시나 수필과 같은 여타 다른 장르에 비해 인물과 사건 배경을 중심으로 구체적으로 서술해 나가는 것을 본질로 하고 있는 단편소설은, 인간의 삶을 재현해 내며 인화된 사진과 같이 사회의 모습을 극명하게 드러낸다는 점에서 언어적으로나 문화적으로 교육적 효용성이 크다. 더불어 삶의 한 단면을 보여주는 입체성이 자신의 삶과 생활에 그대로 반영하기에 적합하다.

결과적으로 중국인 한국어 학습자는 문학작품을 읽는 과정 속에서 문학 자체에 대한 교육을 받고, 자연스럽게 차별화되고 고급화된 언어 수업을 하게 된다. 나아가 문학작품을 이해하고 감상하는 동안 작품 속 한국 문화를 접하여 한국에 대한 긍정적인 견해를 갖게 하는 교육적 효과를 얻을 수 있다.

2 중국에서의 한국어 교과과정 현황

중국은 21세기에 맞는 인재를 양성하기 위하여 선진국이 지향하는 고등교육이 무엇인지에 대하여 고민하고, 각 대학들에서 자신들의 교육 이념에서 출발하는 교과과정 구조와 교학 조직을 적극적으로 개혁하기로 하였다. 충실하고 풍부한, 개성이 있고 다양한 교학 내용과 교과과정 시스템 구축을 시도한 것이다. 학생의 분석능력, 문제해결능력, 개척능력과 응변능력을 배양함으로 21세기 비약적으로 발전하는 사회 수용에 대응하고자하는 노력이다.[7] 다음은 그에 따른 교육목표

---

7) 유지동, 「21세기를 향한 한국학 학과 한국어 과정 설치」, 『중국에서 한국어교육 연구』, 태학사, 2000, pp.91~104.

의 내용이다.

한국학 학과의 한국어 교과과정 체계 설치의 교육 목표는 지, 덕, 체가 고르게 발전하고 21세기 발전과 수용에 적응하며 튼튼한 한국어 기초지식과 실천능력을 길러 중·한 번역, 대외업무, 교학 연구 등을 감당할 수 있으며 중·한 교류와 협력할 수 있는 고급전문 인재를 배양하는데 있다.

대학 정치 과목의 기본이론을 완전히 습득하고 변증유물주의와 역사유물주의의 세계관을 수립한다. 이상(理想), 도덕, 문화, 규율이 있으며 전심전력으로 사회를 위해 헌신하며, 중·한 경제, 기술, 문화교류를 위하여 일할 수 있도록 한다.

본 학과가 수요로 하는 어음, 문법, 단어 등 일반 언어이론 지식을 갖추고 한국어 듣기, 말하기, 읽기, 쓰기, 번역 능력을 향상시키며; 한국의 정치, 경제, 사회문화, 과학 등 방면의 전문지식을 갖추며; 수준 높은 한어 표현 능력에 비교적 능숙하고; 과학연구 능력을 얼마간 갖추고 있으며; 국가가 실시하는 제2외국어 능력 시험에 4급 혹은 6급 이상을 통과해야 한다.

이에 따라 중국 교육부에서 제시하고 있는 교육과정 중 외국어에 대한 내용을 담고 있는 '대학생 문화소양교육 강화에 대한 몇 가지 의견'과 '21세기를 향한 외국어 학부 교육 개혁에 관한 몇 가지 의견'8) 등의 문서에 근거하여 제정한 북경대학교 조선어학과의 양성

---

8) 한국어 습득 기준
　① 어음, 어조가 정확하고 자연스러워야 한다.
　② 문법 개념이 명확하고 말하기와 작문 시 적용이 정확하며 표현이 적절하고 작문이 규칙적이어야 한다.
　③ 단어 12,000~14,000개를 암기해야 하고 그 중 7,000개 좌우는 능숙하게 사용할 수 있어야 한다. 튼튼한 듣기, 말하기, 읽기, 쓰기, 번역의 실제적 능력이 있어야 한다.

목표는 다음과 같다.[9]

> 양성목표: 외교, 무역, 국제문화교류, 외국이업관리, 신문, 출판, 외국어
> 교수-학습 및 외국 문제 연구 등 여러 분야에서 활동할 수
> 있는 문화적 소양, 도덕적 소양, 전공지식을 갖추는 전문 분
> 야에서 활동할 수 있는 인재를 양성하는 것을 목표로 한다.
> 교육목표: 학습자들로 하여금 조선어(한국어)어문학 기초 지식을 가지
> 게 하며, 해당 분야에서 활동할 수 있도록 필요한 듣기, 말하
> 기, 쓰기, 읽기, 번역하기 기능을 신장시킨다. 이와 동시에 한
> 국의 사회, 역사, 문화, 외교, 정치, 경제 현황 등에 관한 비교
> 적 폭넓은 이해를 가지게 하며, 중국과 세계 문화에 관한 해
> 박한 지식을 알게 한다.

문화적 소양의 함양 및 한국과 관련된 전문 지식을 가지는 인재를
양성하는 것을 목표로 복합적 성격의 인재를 양성해야 한다는 내용을
강조하고 있다. 그러나 여기서 문제가 되는 것은 중국을 포함한 세계
각국에서 강조하고 있는 창의력을 지니는 인재를 양성해야 한다는 내
용이 빠져 있다는 것이다. 21세기는 지성과 감성이 조화를 이룬 창의
적인 인간을 요청하고 있으므로 이에 대비하기 위한 교육도 건전한
인성 및 창의성을 함양하는 인재를 양성하는 방향으로 나가야 한
다.[10] 이러한 문제점을 해결할 수 있는 것이 바로 문학교육이다. 이해
와 감상 나아가 창조라는 문학교육이 지향하고 있는 목표가 지성과
감성이 조화를 이룬 창의적 인재 양성이라는 21세기 한국어학과의

---

④ 듣기, 말하기, 읽기, 쓰기, 번역 능력의 기준.
9) 여타 다른 대학의 양성 목표와 교육 목표가 대동소이하다.
10) 남연, 「중국인 학습자를 위한 한국문학 교육과정에 관한 연구 -목표, 내용의
선정 및 위계화를 중심으로-」, 『한국어교육』 제15권 3호, 국제한국어교육학
회, 2004, pp.45~46.

지향 목표에 알맞은 역할을 할 수 있다.

다음은 교과과정에 따른 중국내 대학의 교과목이다. 교과명을 통하여 실제 중국내 문학교육의 실태를 파악해 보고자 한다.

<표 1> 중국내 대학의 교과과정에 따른 교과목 편성

연변대학교	복단대학	낙양외대	산동대학교
① 전공필수 과목 한국어강독 조선어회화 한국어시청 조선어범독 신문잡지열독 조선어문법 번역기 ② 전공필수 및 선 택 조선-한국 개황 **조선문학사** 조선어응용습작 조선어규범화 조선어한자 조선민속 조한어휘대비 조한문법대비 외사기초지식 언어학개론 현대한어문법 ③ 전공자유선택 사회 언어학 교제 언어학 병구 분석 문서 지식 가이드 지식 공공 관계학	A. 기초교육(1) ① **한어열독과 작품** ② 서방문화 ③ 언어학개론 ④ **구미문학사** B. 기초교육(2) ① 기초한국어 ② 중급한국어 ③ 고급한국어 ④ 한국어시청설 ⑤ 한국어열독 ⑥ 한국어작문 ⑦ 한국 및 조선 개황 A. 필수 전공과목 ① 한국어문법 ② **한국문학사** ③ **한국문학선독** ④ 한국신문잡지선독 ⑤ 한국어번역이론과 기교 ⑥ 한국어어휘론 B. 선택 전공과목 ① 한국어수사학 ② 대외무역한국어	① 종합한국어 ② 한국어열독 ③ 한국어회화 ④ 한국어시청각 ⑤ 한국어문법 ⑥ 한국어분석작문 ⑦ 시사한국어선독 ⑧ 청력과 ⑨ **조선-한국문학선독** ⑩ 한중번역 ⑪ 조선-한국학연구 기초과정 (종합한국어-정독과, 한국어열독-범독과, 한국어회화, 한국어시청각, 학국어문법, 한국어분석작문, 한국-한국학연구 등) 전공과정 (한중번역, 한국-한국문학선독, 시사한국어선독, 청력과 등)	① 초급한국어 ② 중급한국어 ③ 고급한국어 ④ 한국어말하기 ⑤ 한국어시청 ⑥ 한국어문법 ⑦ 한국어글짓기 ⑧ **조선문학사** ⑨ **한국문학작품선독** ⑩ 조선역사 ⑪ 조선어휘론 ⑫ 중한번역 이론과 실천 ⑬ 중한통역 ⑭ 여행, 무역한국어 ⑮ 조선어발전사 ⑯ 한국신문, 잡지선독 ⑰ 한국타자

조선 문화 중조 문화 비교 서예	③ 과학기술한국어 ④ 중한문법비교 ⑤ 중한문학비교 ⑥ 한국한자음		

연변대학은 4년 동안 배워야 할 과목을 크게 두 개의 부류를 공동 학과목과 전공 학과목으로 나누고 있다. 그 비례는 3:7이다. 공동 학과목은 상급 교육기관으로부터 행정적으로 규정해 놓은 것이기 때문에 변경될 수 없지만 전공 학과목은 교과과정에 따른 교과를 편성하였다. 교과과정을 설계하면서 교수진들은 언어과와 문학과의 비례에 대한 문제를 다음과 같이 설명하였다.[11]

> 언어과와 문학과의 비례 문제: 학과목 설치에서 언어에 중점을 두었고 언어 중에서도 듣기·말하기·읽기·쓰기 등과 관계되어 있는 강독·회화·시청 등의 과목에 많은 시간을 돌렸습니다.
> 그러나 저희는 문학 과목에 대해서도 일정하게 중요하게 생각하였습니다. 문학 교수가 외국어 교제 능력을 양성함에 있어서 일으키는 작용을 홀시하지 않고 문학은 언어 예술로서 문학작품은 외국어를 배우는 학생들에게 풍부하고, 생동감 있고 흥미 있는 언어를 습득할 수 있게 합니다. 그리고 문학작품에는 그 민족의 문화 발전의 역사와 흔적이 집중적으로 반영되어 있어 그 사회의 문화에 대하여 깊은 인식을 갖게 할 수 있는 것입니다.

연변대학은 문학교육의 중요성을 인식하고 그동안 교과과정 편성시 고려하지 않았던 문학 수업을 편성하였다. 그러나 여전히 4년의 과정 안에 극히 일회적인 수업의 과목으로 자리하고 있고 문학작품에

---

11) 김해수, 「연변대학 조문학부 교육과정」, 『중국에서 한국어교육 연구』, 태학사, 2000, p.122~133.

대한 이해와 감상보다는 문학사적인 맥락에 놓여 있다.

복단대학의 현행 한국어 교과과정은 크게 보통교육과정, 기초교육과정, 전공교육과정 세 부분으로 나뉘어 있다. 이중 보통교육과정은 한국어 수업이 아닌 중국사와 관련된 내용의 수업이다. 기초교육과정과 전공교육과정부터 한국어와 관련된 수업을 한다. 'A. 기초교육(1)'는 외국어를 전공하는 모든 학생들이 공동으로 이수해야 할 필수 학과목들로서 모두 중국어로 강의한다. 'B. 기초교육(2)'는 한국 언어문학과 학생들이 필수적으로 전공해야 할 과목이다. 정독의 과정으로 어휘와, 조사와 어미 등의 기본문형을 비롯한 기본 문법 지식들을 습득하는 과정이다. 복단대학은 학과목 배열에 있어 단순한 국정교육에만 그 목적이 있는 것이 아니라 한국어 학습에 편의를 주려는 데 그 목적이 있다는 사정을 고려하여 작성되었다고 밝힌다.[12]

낙양외대는 교과과정을 기초과목과 전공과목으로 나누어 설치하였다. 기초과정으로는 종합 한국어(정독과), 한국어열독(범독과), 한국어회화, 한국어시청각, 한국어문법, 한국어분석작문, 한국-한국학연구 등을 설치하였다. 전공과정으로는 한중번역, 한국-한국문학선독, 시사한국어 선독, 청력과 등을 개설하고 있다. 낙양외대는 본대학의 문제점을 다음과 같이 지적하고 있다.[13]

교과과정은 전부 필수과정이 돼 있고 선택과정이 없습니다. 학생들의 지식과 시야를 넓히고 지능의 발전을 촉진시키기 위하여 그 인물에 맞게 교육하는 원칙에 따라 고급학년에 적합한 선택과정을 개설하는 것은 매우 바람직하지만, 우리 대학은 교수와 교과서 등 제 여건의 미비

---

12) 강은국, 「중국에서의 한국어 교과과정 연구」, 『중국에서 한국어교육 연구』, 태학사, 2000, pp.105~113.
13) 이국장, 「낙양외대 한국어과 교과과정」, 『중국에서 한국어교육 연구』, 태학사, 2000, pp.114~121.

로 아직 개설하지 못하고 있습니다. 앞으로 점차적으로 경제무역한국
어·관광한국어·산업한국어 등 실용한국어과정, 한국문화사·문학감
상 등 한국문학과정, 한국역사·한국문화사·한국민속 등 한국학과정,
중한번역 등의 과정 배치 혹은 특강을 할 예정입니다.

낙양외대의 교과과정에 따른 교과목을 살펴보았을 때 현저히 문학
과 관련된 수업이 없음을 확인할 수 있다. 특강 형식으로 문학 수업
을 예정하고 있지만 보다 확정적인 문학교육에 관한 과정을 배치해야
한다.

산동대학교 한국어학과는 5년제로서 학생들에게 일본어까지 함께
가르치고 있다. 한국어를 3, 4년 배운 후 일본어까지 배우면 졸업 후
취직에 도움이 된다고 하였다. 취업에 도움이 되는 교과과정으로 편
성되어 있어 문학관련 수업은 극히 적다.[14]

한국어학과 교과과정 중 핵심 과목으로는 기초한국어, 중급한국어,
고급한국어, 한국어 시청각, 한국어 회화, 한국어 번역, 한국어 읽기,
한국어 문법, 한국어 작품, 한글과 컴퓨터, 한국어 실습, 한국어 음운
학, 생활 한국어, 한국 현세(現勢) 그리고 관광 한국어가 일반적으로
개설되어있다. 보통 강의 시간은 3500시간~2500시간이며, 학점은 180
학점~150학점이다. 이중 문학 수업에 관련된 시간은 20시간 안팎에
있으며 시수 또한 10점 이상이 되지 않고 있다.

대체적으로 중국 대학의 한국 문학교육 관련 과목명은 한국문학사,
한국문학작품강독, 한국문학선독, 한국문학감상, 한국고전문학사, 한
국현대문학사, 문학선독, 문학번역, 한국문학 작품선, 중한문학비교,
근현대문학작품감상, 한국시감상, 한국고전문학작품감상, 한국현대문

---

14) 이성도, 「중국에서의 한국어 교과과정에 대하여」, 『중국에서 한국어교육 연
구』, 태학사, 2000,

학작품감상 등으로 나눠볼 수 있다. 살펴본 내용으로 보아 중국의 대학은 문학사와 강독을 중심으로, 한국 문화 수업에 문학 수업을 활용하거나 강독을 통하여 고급 수준의 언어 능력 신장을 도모하는 것으로 나타났다. 한국 문학교육이 더 어려운 것은 문학을 담당할 교수자가 확보되지 않은 대학은 교수자 확보에 따라 문학 교과 개설 존폐가 결정된다는 것이다. 따라서 중국내 한국어학과 개설 대학 대부분이 문학사 위주의 문화 수업은 될 수 있으나 문학작품을 읽고 분석하는 문학 수업은 할 수 없는 것으로 보인다.

3 문학작품의 선정 기준과 목록

국내 한국어 교육기관에서 특정 국가의 한국어 학습자를 위한 문학 수업은 없다. 따라서 현재까지는 국내에서 중국인 한국어 학습자만을 위한 문학교육은 없는 것으로 볼 수 있다.

중국 현지의 경우 문학교육은 한국어학과가 개설되어 있는 중국해양대학교, 산동대학교, 산동사범대학교, 청도대학교, 연태대학교, 노동대학교, 위해대학교, 복단대학교, 길림대학교, 연변대학교, 중앙민족대학교, 낙양외국어학원, 대외경제무역대, 남경사범대학교, 남경대학교, 광동외국어대외무역대학교 등을 중심으로 이뤄지고 있다. 한국 문학 과목은 대부분 3, 4학년 과정부터 개설되어 있으며 총 학습 시간은 36시간부터 252시간까지 대학에 따라 다소 차이를 보인다.[15] 그

---

15) 축취영,『중국인 고급 학습자를 위한 한국어 문학교육 연구 -연암소설과 <유림외사>의 비교·탐구를 중심으로-』, 서울대학교 박사학위논문, 2012, p.2.

러나 중국 현지의 경우도 문학교육이라고 하나 고급 단계에서 교양 차원의 수업으로 주로 한국 문학사와 관련한 수업을 하고 있다. 그리고 적지 않은 대학들에서 <한국문학작품강독>이나 <한국문학명저감상>이란 이름으로 문학 감상 과목을 개설하여 문학사 기간에 강의하지 못한 부분들을 보완하고 있다. 이 시간에는 일반적으로 한국 현대 작가 작품들을 주로 강의하고 있다. 학교에 따라 해방 전 작품뿐만이 아니고 70, 80년대 문학 작품, 심지어 90년대 문학 작품까지 강의하고 있다. 따라서 자연적으로 작품의 선정 기준이 문제시되고 있다.16)

이는 한국 문학사에서 인정받은 다양한 소설작품들 중에서 외국인 학습자에게 적합한 작품을 선정하는 기준을 마련하지 못했기 때문이기도 하다. 문학작품의 선정 기준을 마련하고 작품을 선정함에 있어 타당성과 현실성을 고려하여 갖춘다면 한국어교육에서 문학교육은 활발하게 이루어질 것이다. 그러나 국내의 언어교육기관이나 중국내 대학기관 어느 쪽에서도 한국 문학작품 선정 기준을 위한 적절한 요소들이 무엇인지 그 기준점을 마련하지 못하고 있다. 그만큼 열린 가능성으로 존재하고 있는, 문학작품에 대한 선별 기준을 마련하고 그에 따라 선택한다는 것은 어려운 일이다. 역으로 문학작품 선택에 있어 기준의 다양성에 따른 작품 선택의 자유로움을 시사한다. 여기에서 중요한 것은 어떤 방법으로든 한국어 학습자를 위한 문학작품은 선정되어야 한다는 것이다. 그동안의 문학작품 선정에 관련된 논의들을 살펴보면 다음과 같다.

콜리와 슬레이터(Collie & Slater)는 문학작품을 선정할 때, 학습자의 필요, 흥미, 문화적 배경, 언어 수준을 고려해야 한다고 말하였다.

---

16) 이광재, 「중국 대학 한국어학과 한국문학교육 현황 연구」, 『한국학연구』 제17집, 인하대학교 한국학연구소, 2007, pp.184~185.

그리고 무엇보다 고려해야 할 요소는 선정된 작품이 강력하고 적극적인 반응을 유발시킴으로써 학습자로 하여금 인간적인 참여를 자극할 수 있는지를 살펴보는 일이라 말하였다.[17] 리트우드(Littlewood)는 작품의 선정 기준은 지도해야 하는 교실의 상황과 그 교실에서 이루어 내고자 하는 학습 목표에 따라 달라질 수 있다는 전제 하에서 다음의 다섯 가지 기준을 제시하고 있다.[18]

① 언어 구조학적 적합성: 학습자의 언어 능력과 관련하여 작품 속에 나타난 언어의 난이도를 고려해야 한다.
② 문체적 적절성: 구조 언어학적 능력을 향상시키고자 하는 학생들을 대상으로 할 경우에 고어체나 지극히 형식적인 언어학적 변인은 피하고 일상적인 언어생활과의 관련성을 제시할 수 있는 문체를 지닌 자료를 선정해야 한다.
③ 표면적 주제 제시: 문학작품은 학습자의 흥미와 일상생활과 관련성이 있어야 하며 또한 학습자들은 문학작품을 감상하기 위한 문화적 배경에 대한 적절할 지식을 가지고 있어야 한다.
④ 심층적 주제 이해: 책 속에 나타난 경험의 영역과 학습자 자신의 경험의 영역이 서로 연관되어 학습자가 피상적인 주제뿐만 아니라 심층적 의미까지 이해할 수 있도록 한다.
⑤ 문학적 능력: 작품 자체에서 벗어나 문학사의 한 맥락에서 자료로 다루는 것으로 고급 단계에만 해당되는 선택기준이다. 만약 작품의 문학사적 위치나 문학적 지적 활동 때문에 작품을 의미 있게 다루고자 한다면 학습자는 그 개별 작품뿐만 아니라 그것이 잉태된 문맥까지도 포함한 광범위한 문학적 경험을 가지고 있어야 하기 때문이다.

---

17) 박창,『<외국인을 위한 한국 소설교육 방안 연구: 메밀꽃 필 무렵을 중심으로>』이화여자대학교 교육대학원 석사학위논문, 2001, p.39~40.
18) 장이,『중국인 학습자를 위한 현대소설을 활용한 한국어교육 방안 연구 -<소나기>를 중심으로』, 경희대학교 석사학위논문, 2011, pp25~26.

그들의 논의를 정리하면 학습자의 언어 수준을 고려한 흥미로운 작품으로 선택해야 하며, 문화적 배경을 포함한 문학적 가치가 있는 작품을 선정하도록 유도하고 있다. 한국어 학습자를 대상으로 한 문학교육 연구자들은 문학작품 선정에 있어 다음과 같은 기준을 제시하고 있다.

서영빈[19]은 정전과 난이도 문제를 문학사적 의의보다는 언어적 측면이 제1순위로 강조되는 텍스트를 선택하여야 학생들의 자연스러운 참여가 이루어질 수 있는 만큼 방언의 사용이 지나치다거나 언어감각이 현실적인 것이 아니라든가 하는 작품은 피하고 대신 현대 언어 감각이 뛰어나고 현실생활 문화가 많이 들어있는 재미있는 텍스트로 선택되어야 할 것이다. 따라서 학생들의 취미를 유발할 수 있는 대중소설 같은 것도 텍스트로 고려될 수 있다고 보았다. 그의 입장에서는 문학교육이라는 개념은 없고 오직 문학작품을 언어 수업의 보조 자료의 개념으로 사용하고 있다. 언어 교육의 보조 자료로 사용한다고 하더라도 한국을 대표할 만한 문학사적인 의의가 고려되지 않는 작품 선정에는 문제가 있다.

남연[20]은 '韓國文學作品選讀'의 교육 목표가 있는 중국인 학습자의 학습 여건을 감안하여 문학작품 선정 기준을 다음과 같이 제시하고 있다.

---

19) 서영빈, 「한국어교육을 위한 한국문학교재 개발 방안」, 『대외경제무역대학교 한국어교육을 위한 학술토론회 논문집』, 2001, pp.200~202.
20) 남연, 「중국인 학습자를 위한 한국 문학작품 읽기 교육 연구 -'韓國文學作品選讀' 과목을 중심으로-」, 『국어교육학 연구』 제23권, 국어교육학회, 2005, pp.255~258.

① 한국 문학 세계를 포괄적으로, 전반적으로 체험하게 하는 목표를 감안한다면 작품 선정 범위는 고전, 현대 각 시기의 각 장르, 다양한 작품으로 확대해야 하고 작품의 조직화에 있는 연대기적 방법을 택하는 것이 좋다.

② 학습자의 흥미를 끌 수 있는 작품을 선정하는 것이 좋다.

③ 문학적 가치가 있는 작품을 선정하는 것이 좋다.

④ 학습자의 한국어 언어 능력을 고려하여 언어가 너무 어렵지 않고 길이가 너무 길지 않은 작품을 선정하는 것이 좋다.

⑤ 한국인의 모습과 생활, 사고방식, 즉 정서를 잘 반영하는 작품 한국 문화의 특성을 보여주는 작품을 선정하는 것이 좋다.

⑥ 앞의 조건들을 갖춘다는 전제 하에 중국 문학 작품과 비교될만한 작품을 선정하는 것이 좋다.

⑦ 과목 개설 시간을 고려하여 선정될 작품의 수량을 결정한다.

그는 특히 중국인 학습자가 한국 문학작품을 이해하는 데 장애 요소로서 작용하는 것이 바로 작품 배경으로서의 한국의 역사적 상황 및 사회·문화 내용임으로 연대기 순으로 작품을 보는 것을 긍정적으로 평가하고 있다. 그 이유가 연대기적으로 작품 선택해 가르친다면 학습자들이 선정된 작품을 통해 작품과 그 작품이 창작된 배경으로서의 각 시대 한국의 역사적인 상황 및 사회·문화를 더욱 쉽게 연결시킬 수 있고, 당시의 사회·문화 등을 더욱 상세하게 이해하고 구체적으로 체험할 수 있게 해준다고 설명한다.[21]

윤영[22]은 외국인을 위한 소설작품 선정 기준을 학자들의 이론과 현장 교사의 의견을 바탕으로 다음과 같이 제시하고 있다.

① 외국인 학습자에게는 흥미가 있는 작품을 읽도록 하는 것이 중요하다.

---

21) 남연(2005)이 문학작품 제시한 위계화 내용 참조.

② 흥미와 재미를 가진 작품이더라도 문학적으로 가치가 없을 경우에는 문학 수업에서 자료로 사용될 수 없다.

③ 외국어를 배우는 언어학습자들에게 효과적인 문학텍스트는 시간과 공간을 초월하는 '보편적인 주제'들을 다루고 있어야 한다.

④ 한국인의 모습과 생활을 담은 작품, 한국 문화의 특성을 보여주는 작품이어야 한다.

⑤ 학생들의 언어능력을 고려해서 문학작품을 선택해야 한다.

⑥ 가능한 한 현대 작품이 좋다.

⑦ 주어진 시간에 소화할 수 있는 분량이어야 한다.

⑧ 현대 사회의 한 특징인 매체의 발달을 적극적으로 수용하는 것도 좋은 방안이다.

그의 논의를 정리하면 '보편적 주제'이면서도 '문학적 가치'를 지니고 '한국문화'를 잘 드러내는 '현대'의 '흥미로운 작품'이 그 선정의 대상이 될 수 있다고 정리할 수 있다. ②번의 문학적 가치를 지닌 작품 선정에 대한 내용은 남연과 의견을 같이하고 서영빈이 제시한 문학적 가치에 기준을 두지 않아도 된다는 내용과는 차이가 있다.

단계	학년	목표	내용 위계화
1	3학년	한국문학작품의 독해 능력 신장	2000년대의 수필, 희곡, 소설, 시 1990년대의 수필, 희곡, 소설, 시 ……
2	4학년 1학기	한국문학작품 감상·비평할 수 있는 능력 신장, 한국문학 특질 알기.	한국문학의 특질, 해당된 작품
3	4학년 2학기	한국문학작품 감상·비평할 수 있는 능력 심화, 한국문학사 알기.	원시시대(사회적 상황, 명작, 문학 특징, 중국문학과의 비겨 삼국시대 …… 해방 이후

22) 윤영, 『외국인을 위한 한국 소설교육 방안』, 이화여자대학교 석사학위논문, 1999, pp.36~46.

그 밖의 논의로 정기철[23])이 학습자 발달 단계와 읽기 능력에 맞는 잘 '이해되는 글', 글 속의 경험과 학습자의 경험이 유사하게 맞물리면서 학습자가 글의 내용뿐만 아니라 글쓴이의 정서와 심리까지도 같이 느낄 수 있는 '공감이 되는 글', 나를 변화 시킬 수 있는 진정한 삶의 행복을 가져다 줄 '감동 받는 글', 감동 이후에 '나를 변화시킬 수 있는 글'과 '삶의 문제를 해결할 수 있는 열쇠를 제공하는 글'로 구성되어야 한다고 작품 선정 기준을 제시하고 있다. 그의 견해는 작품의 이해와 감상 그리고 개인 정서에 영향을 미치는 문학의 교육 목표를 염두에 둔 것으로 보인다.

논의들이 일정부분 상이한 차이를 보이고 있지만 이상의 논의를 바탕으로 중국인 학습자의 학습자에게 적용될 수 있는 문학작품 선정 기준을 다음과 같이 제시할 수 있다.

첫째, 학습자 수준에 맞는 작품이어야 한다. 아무리 언어 교육적 가치가 높고 문학사적으로 가치가 높더라도 학습자의 언어 수준에서 받아들이기 어려운 작품은 아무런 효용이 없음으로 지양되어야 한다.

둘째, 학습자에게 쉽게 다가갈 수 있는 흥미로운 작품이어야 한다. 학습자의 흥미를 고려하지 않는 작품 선정은 학습의 효과를 떨어뜨릴 수 있고, 문학작품 자체에 대한 부담감과 거부감을 갖게 할 수 있음으로 작품 선정에 있어 반드시 고려되어야 할 사항이다.

셋째, 한국의 사회·문화가 담겨 있는 작품이어야 한다. 문학작품 안에는 한국 사회만의 독특한 정서와 문화를 반영하고 있다. 문학작품을 읽고 감상한다는 것은 단순히 언어 기호체계의 해석이 아니라, 그 속에 담겨 있는 한국인의 정서와 역사·사회 문화를 배운다는 의미로도 해석할 수 있다. 나아가 문학교육이 외국인을 대상으로 한 교육

---

23) 정기철, 『읽기 교육의 이론과 실제』, 역락, 2004, pp. 124~125.

의 하나로 언어교육과 문화교육을 반영하여 연계된 교육으로 나아갈
수 있다.

넷째, 문학사적으로 가치가 있는 작품이어야 한다. 문학교육은 문
학의 정의적 측면에서 기능적인 면도 배우지만 더욱 중요한 것은 문
학작품에 대한 깊은 이해와 감상이다. 따라서 문학사적으로 가치가
없는 문학작품을 배운다는 것은 문학교육에서는 아무런 의미가 없다.
언어교육에서도 마찬가지로 검증되지 않는 언어 자료를 사용하는 것
은 옳지 못하다. 언어 교육적·문학사적으로 검증되고 의의가 있는 작
품이 선정되어야 한다.

이와 같은 내용을 충족시킬 수 있는 문학작품은 국어 교과서에서
찾아 볼 수 있다. 국어 교과서 수록 작품들은 이미 오랜 시간을 동안
전문가에의해 검증·확인을 거쳐 선택된 작품들이다. 국어교과서 수록
작품에 대한 검증은 외국인을 대상으로 한 정전에 관해 논의한 윤여
탁의 연구 결과에서도 확인할 수 있다. 그의 논의 결과 국어교육에서
선정된 문학작품은 바람직한 정전의 역할을 할 수 있다는 긍정적인
견해가 두드러졌고, 국어교육에서 선정된 작품은 한국인들이 여러 가
지 상황을 고려하여 선별한 대표작에서 많이 벗어나지 않는 것으로
확인되었다.[24]

따라서 본고는 문학작품 선정을 위하여 중학교 국어교과서에 수록
된 단편소설을 중심으로 작품을 선정하기로 한다. 중학교 교과서를
중심으로 단편소설 목록을 살피는 이유는 초등학교 교과서에 수록된
현대 문학작품은 고전 문학작품에 비해 작품 수록의 변동 폭이 커 일
관성이 부족하고 단편소설의 비율이 낮아 제외되었고, 고등학교 교과

---

24) 윤여탁, 「한국어교육에서 현대 문학 정전 연구」, 『세계 속의 조선어 언어 문학
교양과 교재편찬 연구』, 중앙민족대학 국제학술회의 자료집, 2002. 참고.

서의 문학작품은 단편소설의 목록이 적고 심화 과정이라 작품성에 대한 평가를 검증하는 과정에 있어 제외되었다. 2007년 개정 교육과정 이전의 작품들이 보편적으로 2007년 개정 교육과정에의해 편찬된 교과서에 대부분 수록되어 있다는 것을 감안하여 첫 검인정 제도(2007년 개정 교육과정)로 개발된 중학교 23종 교과서에 수록된 단편소설 목록을 살폈다. 더불어 2007년 교육과정의 개정 이후 2008년, 2009년, 2012년에 조금씩 재개정되었으나 국어과 이외의 보건·사회·역사·문화·지리 등의 교과 내용이 개정된 것으로 국어과의 경우 2007년에 개정된 교육과정 이후 내용에 큰 변화가 없어 2007년 개정 직후 검인정제로 처음 편찬된 교과서가 그 중심이 되었다.

제7차 교육과정 이후 2007년 개정 교육과정에 따라 국어교과서가 국정에서 검인정 체제로 바뀌면서 2010년부터 중학교 1학년 23종, 2학년 15종, 3학년 12종의 교과서에서 학교마다 1종을 택하여 배우게 되었다. 학교별로 교과서가 다르고, 수록된 작품도 천차만별이다. 각각의 교과서에 수록된 작품들이 워낙 다양하고 방대하여 최소 3군데 이상 수록된 작품들만 선정하였다. 2007년도 개정 교육과정에 따른 중학 검인정 교과서 현대 단편소설 작품 수록 목록을 살펴보면 다음과 같다.

<표 2> 2007년도 개정 교육과정에 따른
중학 검인정 교과서 단편소설 목록

	제목(작가)	학년	수록 출판사	수록 총계
1	동백꽃(김유정)	1	대교(박경신), 비상, 지학사(이용남)	12
		2	교학사, 금성, 디딤돌, 미래엔컬처(이남호), 미래엔컬처(윤여탁), 새롬	
		3	디딤돌, 지학사, 천재	
2	자전거 도둑(박완서)	1	교학사(김형철), 대교(박경신), 박영사, 유웨이, 좋은책신사고, 천재(김대행), 천재(노미숙)	7
3	수난이대(하근찬)	1	디딤돌(김종철), 미래엔컬처(윤여탁), 박영사, 좋은책신사고, 창비	10
		2	대교(박경신), 좋은책신사고, 지학사(방민호), 지학사(이용남), 해냄	
4	나비를 잡는 아버지(현덕)	1	교학사(남미영), 미래엔컬처(윤여탁), 웅진, 창비	4
5	소나기(황순원)	1	교학사(남미영), 대교(박경신), 디딤돌(이삼형), 박영사, 천재(김대행)	9
		2	대교(왕문용), 미래엔컬처(윤여탁), 좋은책신사고, 창비	
6	학(황순원)	1	새롬, 유웨이, 지학사(방민호)	3
7	금수회의록(안국선)	2	금성, 미래엔컬처(이남호), 새롬	3
8	할머니를 따라간 메주(오승희)	2	교학사, 비상, 지학사(이용남)	3
9	기억 속의 들꽃(윤흥길)	2	좋은책신사고, 새롬, 천재	3
10	돌다리(이태준)	2	교학사, 비상, 해냄	3
11	사랑손님과 어머니(주요섭)	2	교학사, 금성, 대교(박경신), 대교(왕문용), 미래엔컬처(윤여탁), 미래엔컬처(이남호), 비상, 새롬, 좋은책신사고, 지학사(방민호), 지학사(이용남), 창비	12

	제목(작가)	학년	수록 출판사	수록 총계
12	허생전을 배우는 시간 (최시한)	2	금성, 미래엔컬처(윤여탁), 미래엔컬처 (이남호), 좋은책신사고	4
13	아우를 위하여(황석영)	2	금성, 대교(박경신), 미래엔컬처(이남호)	3
14	관촌수필(이문구)	3	디딤돌, 비상, 천재, 미래엔컬처(윤여탁)	4
15	메밀꽃 필 무렵(이효석)	3	교학사, 디딤돌, 해냄	3
16	노새 두 마리(최일남)	3	금성, 지학사, 천재	3
17	운수 좋은 날(현진건)	3	미래엔컬처(이남호), 창비, 천재	3

17편의 단편소설이 각기 다른 교과서에 분포 수록되어 있다. 김유정 '동백꽃'(12곳), 주요섭 '사랑손님과 어머니'(12곳), 하근찬 '수난이대'(10곳), 황순원 '소나기'(9곳), 박완서 '자전거 도둑(7곳)으로 김유정의 '동백꽃'이 가장 많은 곳에 수록되었다. 황순원의 '소나기'와 주요섭의 '사랑손님과 어머니'는 7차 교육과정 이전에서부터 2007년 개정 교육과정 이후까지 지속적으로 수록되었다. 다작 수록 작가로는 황순원이 '소나기'와 '학' 두 작품을 교과서에 싣고 있다. 황순원은 '소나기'를 가장 오래도록 많은 곳에 수록하고 있다.

작품의 발표 시기는 ① 동백꽃(1936) ② 자전거 도둑(1999) ③ 수난이대(1957) ④ 나비를 잡는 아버지(연대미상, 1940년대 경) ⑤ 소나기(1953) ⑥ 학(1956) ⑦ 금수회의록(1908) ⑧ 할머니를 따라간 메주(2000) ⑨ 기억 속의 들꽃(1970) ⑩ 돌다리(1943) ⑪ 사랑손님과 어머니(1935) ⑫ 허생전을 배우는 시간(1982) ⑬ 아우를 위하여(1972) ⑭ 관촌수필(1977) ⑮ 메밀꽃 필 무렵(1936) ⑯ 노새 두 마리(1974) ⑰ 운수 좋은 날(1924)로 1900년대에서부터 2000년대의 작품까지 고루 분포 되어 있다.

한국문학사에서[25] 단편소설의 흐름은 20년대에 이르러서 <개벽>, <창조>, <폐허>와 같은 동인 문예지가 발간되면서 본격화되었다. 서사문학에서 작가들이 장편을 쓸 만큼 경험이 많지 않았고, 시대적 암흑기에 단편소설은 사회로부터 소외당하고 규범에서 일탈한 떠돌이·몽상가·추방된 자 또는 희생된 자의 꿈과 한두 사람에게 얽힌 갈등을 그 특징으로 하고 심리적 단편을 밝히는 문학 장르로 가장 적합한 양식이 되었다.

1920년에 현진건은 '빈처', '운수좋은 날', '고향' 등을 발표하면서 극단적인 궁핍화현상을 소재로 삼았다. 1930년대에 이효석은 '메밀꽃 필 무렵' '돈' '산협' 등의 서정적 향토적 작품을, 김유정은 '소낙비', '동백꽃', '봄·봄' '산골 나그네' 등 농촌을 배경으로 한 소설을 내놓았다. 일제 식민지 아래에서 경제적 빈곤에 대한 인식이 구체화되어 식민지 착취 하에서의 가난 속의 고통은 조선인 누구에게나 함께 하는 공유물이라는 전형적인 인식에서 벗어나 하층민의 빈곤에 관심의 초점을 맞춘 주요섭의 '추운 밤'이 있지만 그의 작품은 1935년에 발표한 '사랑손님과 어머니'를 더욱 사랑받고 있다. 봉건적인 윤리 속에서 어린 딸을 키우고 있는 과부와 사랑손님의 이루어질 수 없는 사랑에 대한 내용이 여섯 살 옥희의 시선에서 그려진 순수하고 친근감 넘치는 문체가 한국인의 정서에 큰 파장을 일으켰기 때문이다.

1945년 해방이 되기 전까지의 한국문단은 여러 가지 사상과 인식에 대한 색채와 음성으로 뒤섞여 매우 복잡한 상태에 놓여 있었다. 일본제국주의의 식민지로서 언어를 박탈당하기도 하고 <문장>, <인문평론> 등의 문예지가 폐간되기도 하면서 문인들이 칩거에 들어갈

---

25) 한국문학사의 전체적인 흐름은 ① 강인수·한정옥, 『한국문학의 이해』, 삼영사, 2009. ② 김윤식·김우종 외, 『한국현대문학사』, 현대문학, 2002개정증보판을 주로 참고하여 정리되었음.

수밖에 없는 상황에 있었다. 황순원은 1936년 시를 써 문단에 나왔으나 1940년 단편집『늪』을 출간하면서 소설 창작에 전념하였다. 단편 '별' '소나기' 등 세상을 떠나 어머니의 아름다운 영상을 간직하고 있는 소년의 정신세계를 드러내거나 도시와 시골 첨지의 병약한 손녀와 소작농의 소년의 첫사랑을 기억하는 낭만적인 글을 세상에 내놓았다. '소나기'는 한국인의 정서에 뿌리 박혀 소년과 소녀의 풋풋한 첫사랑의 대표가 되었고 여타 많은 장르에서 사랑 이야기의 모티브로 활용되고 있다.

　1950년대 이후 한국소설은 전쟁 후의 허무와 암울한 지식인의 삶의 방법에 대해 추구하고 있었다. 이 시기의 소설들을 대체로 해방 전후의 조국현실을 있는 그대로 묘사함으로써 그 실상을 극명하게 보여주려는 소설과 일제식민지 체험을 깨달아 잘못에 대해 속죄하는 관점에서 쓴 소설, 해방된 조국에서 벌어지고 있는 사실들을 똑바로 보지 못하고 굴절된 관점에서 쓴 소설, 순수문학을 지향하는 소설, 계급의식에 용기와 기운을 북돋아 프롤레타리아혁명을 일으키려는 소설 등이다. 가치관의 변화와 파괴된 삶을 그린 작품으로는 정한숙의 '고가', 곽학송의 '바윗골', 안수길의 '제3인간형', 손창섭의 '비오는 날', 오상원의 '백지의 기록' 서기원의 '암사지도', '이 성숙한 밤의 포옹' 하근찬의 '수난이대', 이호철의 '파열', 김동리의 '자유의 역사', 장용학의 '원형의 전설', 이범선의 '오발탄', 정연희의 '파류상' 등이 주목받았다. 어린이 시각으로 전쟁의 참상을 그린 일종의 성장소설로는 하근찬의 '흰종이 수염', 송병수의 '쑈리 킴', 백인빈의 '조용한 강' 등이 있다. 죽음과 병사의 이야기를 소재로 한 작품들로는 김동리의 '밀다원 시대', 장용학의 '요한시집', 송병수의 '탈주병', 선우휘의 '단독강화'를 들 수 있고 이데올로기 문제를 다룬 작품으로는 황순원의

'학', 선우휘의 '불꽃', 박연희의 '증인', 오상원의 '모반', 송병수의 '인간신뢰' 등이 있다. 황순원은 시대를 거듭하면서도 꾸준한 작품 활동으로 다양한 시선의 작품을 선보이고 있는 것이 두드러진다.

1960년대는 6·25전쟁으로 붕괴된 사회에서 새로이 만들어진 권력층, 권력층으로부터 소외된 인간들의 집단, 나아가 도시화와 산업화로 더욱 소외되고 있는 인간의 문제 등 제반 갈등이 쌓이는 상황에서 작가들은 다양하게 자기 나름의 치유책을 제기하였다. 신세대 기수 김승옥은 '서울, 1964년 겨울', '무진기행'을 통해 새세대의 감정을 유감없이 발휘했으며, 지성을 강조한 이청준은 '퇴원', '병신과 머저리'를 내성적 기교주의와 혹은 모더니즘의 작품으로는 최인호의 '견습환자', 홍서원의 '종합병원', 서정인의 '후송' 등이 있다. 전통적 서정주의 작품으로는 김동리의 '등신불', '늪', '윤사월', 오영수의 '은냇골 이야기', '고개'들이 있다.

1970년대는 전쟁의 폐허를 딛고 근대화와 산업화의 열기, 고속경제성장, 대중문화의 급팽창의 시대라 할 수 있다. 작가들은 근로자 영세민을 주인공으로 내세워 병리현상과 변화를 작품의 주제로 다루었고, 더러는 불행한 여자를 소재로 하기도 했다. 또한 정치적으로 유신시대가 펼쳐 인권과 자유에 대한 저항의 참여문학이 맹위를 떨치던 시대다. 예술적 가치로써 흥행에 성공한 작품들은 이청준의 '소문의 벽', '당신들의 천국', 윤흥길의 '장마', '아홉 켤레의 구두로 남은 사내', 황석영의 '객지', '삼포 가는 길', '장길산', 김원일의 '어둠의 혼', 전상국의 '하늘아래 그 자리', 박경리의 '토지', 이병주의 '지리산', 박완서의 '휘청거리는 오후', 조세희의 '난장이가 쏘아올린 작은 공'(연작소설), 김성동의 '만다라', 이문열의 '사람의 아들' 등이 비평가들에게 좋은 평을 받았다. 윤흥길, 김원일, 박완서, 오정희, 전상국, 오탁번

등이 전쟁을 소재로 한 작품의 맥을 이었다.

1980년대는 유신의 시대의 연장선상에서 민주화를 위한 투쟁의 시기로 소재의 확대와 기법의 다양성을 가져온 시기이다. 최시한의 '허생전을 배우는 시간'이 대표적이며 이문열의 '금시조', 윤후명의 '돈황의 사랑', 한승원의 '불의 딸', 전상국의 '먹이사슬', 등이 인간의 실존문제를 다룬 작품으로는 이인성의 '한없이 낮은 숨결', 서정인의 '달궁', 최수철의 '고래뱃속에서' 등이 있고 정치적 냉소주의를 다룬 고원정의 '거인의 잠', 복거일의 장편소설 '비명을 찾아서' 등이 주목을 받았다. 광주 항쟁을 다룬 최윤의 '소리없이 한점 꽃잎이 지고'와 같은 작품들과 분단극복을 향한 김남일의 '파도', 정도상의 '새벽기차' 유순하의 '생성', 방현석의 '새벽출정' 등의 소설, 황석영의 '장길산', 김주영의 '객주' 등의 대하 역사소설, 구체적인 삶의 공간에서 살아가는 시민들의 애환과 사회의 모순을 그린 양귀자의 연작소설 '원미동 사람들'과 같은 소설들이 등장하였다.

1990년대는 컴퓨터와 IT산업의 발달로 인터넷 공간에서 사이버문화시대를 열게 되었다. 그동안 희귀하던 여성 작가가 대거 등장한 시기이기도 하다. 여성 작가들은 페미니즘의 대한 논의와 파격적인 성에 대한 담론, 여성의 자기 정체성 탐색을 하고자 하였다. 대표 작가로는 양귀자, 최윤, 신경숙, 함정임, 조경란, 배수아, 공지영 등이 있다. 그 외 신세대 작가들인 배수아, 조경란, 김영하, 하성란, 한강 등 다양한 인간 개인 내면의 문제를 다루는 소재와 문체로 현재를 이어오고 있다. 2000년대 이후의 작품들은 다양한 소재로 다양한 작품들이 망라되어 있어 문학사적으로 검증의 단계에 있다. 이처럼 문학작품은 문학사와 밀접한 관련을 맺고 있다. 한 개인의 문학작품은 특정시대를 반영하기도 하며, 한 시대를 대변하기 위해 문학작품이 창작되기도 한다.

앞서 남연이 지적한 것처럼 중국인 학습자가 한국 문학작품을 이해하는 데 사회·문화를 장애 요소로 보고 있다는 점을 감안하여 문학작품을 연대기 순으로 살펴볼 필요가 있다. 학습자들이 선정된 작품을 통해 작품과 그 작품이 창작된 배경으로 각 시대 한국의 역사적인 상황 및 사회·문화를 더욱 쉽게 연결시킬 수 있고, 당시의 사회·문화 등을 더욱 상세하게 이해하고 구체적으로 체험할 수 있게 될 것이다. 또한, 유구한 역사와 문화를 나누어온 중국의 경우 한국 문학작품을 연대기 순으로 살펴본다는 것은 중국의 역사와 문화 속에서 그리고 문학사에서 한국 문학작품을 읽어 낼 수 있다는 나름의 의의를 제공한다. 따라서 본고는 문학작품을 ① 금수회의록(1908) ② 운수 좋은 날(1924) ③ 사랑손님과 어머니(1935) ④ 메밀꽃 필 무렵(1936) ⑤ 동백꽃(1936) ⑥ 돌다리(1943) ⑦ 나비를 잡는 아버지(연대미상, 1940년대 경) ⑧ 소나기(1953) ⑨ 학(1956) ⑩ 수난이대(1957) ⑪ 기억 속의 들꽃(1970) ⑫ 아우를 위하여(1972) ⑬ 노새 두 마리(1974) ⑭ 관촌수필(1977) ⑮ 허생전을 배우는 시간(1982) ⑯ 자전거 도둑(1999) ⑰ 할머니를 따라간 메주(2000)의 연대기 순으로 문학작품의 위계를 설정하는 것을 제안한다.

4 문학작품을 활용한 교육 내용

문학작품을 활용한 교육 내용으로 첫째, 어휘 교육이다. 언어 학습 과정에서 초급, 중급, 고급의 수준별 차이는 문법 지식보다는 학습자의 내적 어휘부의 크기와 관련되어 있다고 한다. 특히 어휘의 입력 양은 학습자의 수준을 결정하는 중요한 요소이기 때문에 어휘 교육의 중요성이 더 강조 되고 있다.[26] 학습자의 인지적인 능력을 이루는 핵심적인 요소로 어휘 스스로가 하나의 개념을 내포하며, 언어에서 의미의 기본 단위로 의미를 이해하고 표현하는 데 필수적인 바탕이 된다.[27] 또한, 의사소통을 효과적으로 하기 위한 도구로서 사용되며, 어휘를 학습함으로써 새로운 개념을 형성하고 학습자의 인지력을 향상시켜 학습의 전반적 면에 긍정적 영향을 미친다.

한 언어의 어휘는 단순히 어떤 사물을 지시하는 임의적인 기호의 목록이 아니다. 단어들은 그것들의 기본 의미를 조절하거나, 변화하거나 첨가함으로써[28] 여러 가지 문화 의미를 전달한다. 구성원들이 사용하고 있는 어휘 안에는 이미 문화 요소를 포함하고 있지만 그렇다고 해서 모든 어휘가 문화를 나타내는 어휘가 되는 것은 아니다. 일상생활에서 쓰이는 어휘와 문화 어휘는 언어와 문화의 관계가 그렇듯이 서로 분리되기도 하지만 서로를 포괄하고 있어 명확히 일상 어휘와 문화 어휘를 구분 지을 수 없기도 한 것이다. 분명한 것은 일반 어휘와 문화 어휘가 각각의 독립된 영역 안에서 존재하며 그 영역은

---

26) 김해옥, 『문학교육과 어휘교육』, 국학자료원, 2005, pp.91~92. 참조.
27) 김순자, 『한국어교육에서 소설 텍스트 교육 연구』, 부산외국어대학교 박사학위논문, 2009, p.44.
28) 박영순, 『한국어의 사회언어학』, 한국문화사, 2001, p.83.

서로 오가며 분리되거나 통합된다는 것이다. 이런 이치에서 작품 속 문화 어휘는 작품을 깊고 폭 넓게 이해할 수 있도록 하는 배경 지식이 되는 동시에 언어·문화 교육이 자연스럽게 연계되어 발현될 수 있도록 하는 역할을 한다.

둘째, 등장 인물에 대한 교육이다. 학습자는 문학작품을 읽는 과정에서 많은 인물들과 대면하게 된다. 작품 속에 등장하는 인물들은 현실 삶에서 쉽게 찾아 볼 수 있는 인물일 수도 그렇지 않을 수도 있지만 등장인물은 나·너·우리의 모습을 꼭 빼닮았다. 욕망을 표현하는 인물을 통하여 개인의 욕망을 확인하게 되는 데 작품 속의 인물들은 우리의 모습을 대변해 주는 존재로 살아 있기 때문이다. 작품 속 인물을 통하여 학습자는 다양한 삶의 가능성을 찾고 투영된 인물의 모습 속에서 자신의 모습을 새롭게 인식한다. 작중인물을 대함으로써 독자는 본능적으로 작중인물과 자기 사이의 공통점을 찾으려고 노력하고 조금이라도 유사한 점이 발견되면 작중인물의 행동에 관하여 공감하고 감동하는 것이다. 더불어 독자는 소설 속 상상 밖의 인물을 만나게 되는 경우가 빈번한데 자기의 경험이나 인생관·윤리관의 영역 안에서는 전혀 상상조차 하지 못했던 인물을 만나는 독자의 태도는 새로운 경험을 비로소 경험하는 것으로써, 기존의 경험에 새 것을 첨가하는 과정을 거치게 된다. 나아가 직·간접적으로 제시되는 등장인물은 작품의 상황 안에서 사건을 겪고 가치관이나 세계관을 드러내어 주제를 부각시키는 요소로 작용한다. 학습자들은 우선적으로 작품 속 등장인물 파악함으로써 작품 전개에 대한 흥미를 갖게 되고 등장인물의 독특한 성격에 감정이입하여 내면화에 동기를 부여하게 된다.

셋째, 사건 흐름에 따른 교육이다. 사건은 '어떤 주목 받을 만한 특별한 일'이라는 뜻으로 작품 속에서 등장인물들 간에 일어나는 여러 종류의 일들을 뜻한다. 각 인물들의 행동이 모여 사건이 되는 것이다. 인물들은 자신이 처한 배경 속에서 어떤 사건을 겪기도 하고 스스로 사건을 만들어 내기도 한다. 따라서 사건은 인물의 행동이나 정서에 특별한 영향을 주어 줄거리를 이루고 소설 전체의 주제를 구체적으로 형상화한다. 작품 속 사건을 시간 순서대로 나열한 것이 줄거리이며 전체 줄거리가 파악되었을 때 주제를 구체적으로 인식하게 된다. 한국어 학습자들이 작품의 모든 문맥을 모국어 학습자와 같은 수준으로 이해 할 수 없음으로 사건의 흐름에 따라 내용을 확인하는 것은 매우 중요하다. 학습자에게 작품 전체 내용을 보다 쉽게 파악할 수 있도록 해주며 작품 안에 담겨 있는 주제를 알기 쉽게 해주기 때문이다. 모든 작품들이 꼭 그러한 것은 아니지만, 보통 소설은 발단-전개-위기-절정-결말의 순서에 따라 사건이 진행된다.

넷째, 배경에 관한 교육이다. 소설의 배경 요소는 시간과 장소이다. 삶이나 존재가 시간과 공간의 형식을 밟아야 하는 것처럼 소설도 시공간 형식이 없으면 이루어 질 수 없는 양식이다. 소설은 시간적 배경과 공간적 배경을 날줄과 씨줄로 하며, 이야기가 이루어지려면 시간적 배경과 공간적 배경이 있어야 한다.29) 배경은 인물과 사건을 생생하게 재현하도록 해주는 후경이다. 또한 소설의 정서적 분위기를 형성하고, 소설의 주제를 구체화시키는 역할을 담당하기도 한다. 달리 말하면 소설의 배경은 작품들의 환경, 즉 사건이 언제, 어디서 발생했는지를 나타내주기 위해 작품 내의 행동과 행위의 주체들에게 시간적 공간적 세계를 부여해 주는 소설 구성의 한 요소로 작품을 이해하는 데 중요한 역할을 한다.

다섯째, 주제 교육이다. 주제는 작가가 작품을 통하여 나타내고자

---

29) 조남현, 『소설신론』, 서울대학교출판부, 2004, p.139.

하는 인생관이나 중심 사상을 말한다. 주제는 작가가 나, 너, 그 그리고 우리의 삶에 대해 지니고 있는 문제의식과 역사와 사회를 중심으로 하는 세계에 대해 품고 있는 문제의식을 구현한 것이라고 할 수 있다. 즉 작가가 어떤 소재에 대해 느낀 '인생의 의미'를 구체화 시킨 것을 말하며 어떤 작가가 어떤 문제를 취급하려고 할 때, 그 취급하려는 문제가 주제이다. 주제는 동기에서 잉태되며, 소재의 재구성 속에서 분만된다. 그러나 여기서 주제가 완결되는 것은 아니다. 이것은 작가의 인생관과 작품을 쓰는 의도에 따라서 성장한다. 마치 유아를 키우는 산모에 따라 아이의 특성이 변하듯, 주제도 작가의 의도나 인생관에 따라 변환을 겪고 완결된다.[30] 나름의 주제를 안고 있는 문학 작품들은 사회 현상을 드러내는 거시적인 주제에서 출발하여 개인의 내면을 읽는 미시적인 주제로 전환됨에 따라 개인 정서에 감동을 주며, 그 반대로 개인의 개별적인 작은 주제가 사회 현상을 읽게 하는 큰 주제로 확장하며 독자를 각성시킨다. 작가가 품고 있는 주제의식이 작품의 주제로 표출되고 표출된 작품의 주제는 개인의 내면에 스며들어 개개인에게 가치 있는 의미가 된다. 작품의 주제가 개인에게 영향을 미쳐 가치로운 의미로 완성되었을 때 작품의 역할은 비로소 완성된다.

---

30) 정한숙, 『현대소설창작법』, 웅동, 2000, pp31~32. 참조.

문학교육의 실제
─이효석의 「메밀꽃 필 무렵」을 중심으로

이효석의 「메밀꽃 필 무렵」[31]은 그의 대표작으로 시적인 문체가 아름답게 평가되어 한국을 대표하는 작품으로 자리매김하였다. 주옥파[32]는 이효석의「모밀꽃 필 무렵」을 텍스트로 문학을 4년제 대학에서 문화교육, 언어교육의 차원을 넘어 문학교육도 진행해야 함을 주장하면서 언어교육에서는 어휘, 문법, 언어의 기능, 문학교육에서는 작품의 성격, 경치묘사, 수사법, 번역을 통한 문학교육, 비교문학적 접근, 문화교육에서는 민속 전통, 속담, 한국 지리, 가치관 사고방식, 한국의 전통 복장 등으로 세분하여 고찰하였는데 전인적인 문학교육을 염두에 두고 있는 점에서 비교적 완벽한 모형이라 할만하다하였다.[33] 본고 또한 주옥파의 의견을 같이하며 이효석의 「메밀꽃 필 무렵」으로 단원의 실제를 구성한다.

수업의 일반 절차모형 가운데 가장 널리 알려진 것으로 글레이저 (R. Glaser : 1921~)의 4단계 절차모형이 있다. 글레이저의 4단계 모형은 ① 수업목표 ② 투입행동 진단 ③ 학습지도 ④ 학습성과 평가로 되어 있다.[34] 김중섭은 읽기 교육의 순서를 묻는 질문을 통하여 본문 전체적인 내용에 관심을 가지도록 할 수 있는 유형 '① 본문 읽기→ ② 단어, 문법, 세부사항 설명하기→③ 본문 내용 설명하기→④ 연습'

---

31) 이효석, 「메밀꽃 필 무렵」, 『메밀꽃 필 무렵』, 일신서적출판사, 1993.

32) 주옥파, 「단편소설을 활용한 한국어 교육의 내용 연구 -<모밀꽃 필 무렵>을 중심으로-」, 중국한국어 교육연구회 중국코리안 교육국제학술토론회, 2003. 참조.

33) 윤윤진, 「문학을 이용한 한국어교육 현황과 문제점」, 『한국어교육 연구에 대한 회고와 과제』, 한국문화사, 2012, p.268.

34) 구인환 외, 『문학교육론』 5판, 삼지원, 2007, pp.227~229.

과 본문 전체적인 맥락보다는 언어의 하위 항목을 중심으로 본문의
내용을 파악해 나가는 '① 단어, 문법, 세부사항 학습→② 본문 읽기
→③ 연습(문법 사용 연습)'의 유형으로 진행됨을 확인하였다.[35] 한국
어교육에서 문학교육은 문학 수업의 흐름을 방해 하지 않으며 언어와
문화의 목표를 동시에 진행할 수 있어야 하기 때문에 어느 순서가 옳
다고 할 수는 없지만 언어 수준에 기대고 있는 문학 수업을 생각했을
때에 고급과정에서는 전자의 경우가 초급과정에서는 후자의 경우가
유용해 보인다. 문학 수업 절차에 따른 내용으로 문학 교재 단원을
구성한다면 다음과 같이 제시될 수 있다.

<표 3> 단원 구성 내용

단원 제목 → 학습목표 → 도입 → 읽기 → 어휘 → 인물 · 사건 · 배경 → 주제 → 평가 · 활동 → 내면화

<단원 제목>은 그 단원에서 학습할 내용을 가장 상위에서 표상해
주는 것이다. <학습 목표>는 해당 단원에서 학습자들이 익힐 내용이
무엇인지를 명시적으로 제시하는 안내자의 역할을 한다. <도입>은 학
습자들을 자연스럽게 학습 내용으로 유도하고 교재의 상황 속으로 빠
져들게 하여 단원의 내용과 관련된 배경 지식을 활성화하고, 학습 동
기를 높일 수 있는 계기를 마련하기 위한 부분이다. <어휘>는 해당
단원에서 목표로 하는 의미나 기능 수행에 필요한 기본 어휘를 제시
하고 연습시키는 부분이다. <문화>는 한국 문화에 대한 이해를 높이
고 한국에 대한 친근감을 높이는 것이 포함된다. <읽기>는 작품을 읽

---

35) 김중섭, 「한국어 읽기 교육의 이론과 실제」, 『21세기 한국어교육학의 현황과
과제』, 한국문화사, 2002, p.145.

는 동안에는 인물·사건·배경을 알고 작품 줄거리를 아는 것이 중요하다. 줄거리를 훑어 볼 수 있다는 것은 주제를 아는 것과 아주 밀접한 관련을 맺기 때문이다.

수업은 종합적이지만 문학의 이론이나 지식보다는 인간의 정서와 심리에 더욱 관심을 갖는다. <평가·활동>은 해당 단원의 학습 내용을 얼마나 잘 성취하였는지를 학습자 스스로 확인해 볼 수 있도록 하기 위한 부분으로 부족한 부분은 활동을 통하여 확인 보완한다.[36] 평가·활동은 '단어에 맞는 그림 찾기, 설명 읽고 해당 어휘 쓰기, 문장 내 단어 의미 찾기, 알맞은 단어를 골라서 문맥에 맞게 고치기, 비문 찾기, 관계있는 질문과 대답 찾기, 문맥에 맞는 부사어 또는 조사 찾기, 중심 내용 이해하기, 작자 어조·태도 파악하기, 글의 기능 파악, 문장 삽입·삭제하기, 단락 순서 배열하기, 빈칸 메우기, 제목이나 글의 목차로 글의 내용 파악하기, 문장에 맞는 그림 찾기, 유의어/반의어 찾기, 문맥에 맞는 단어·표현 찾기, 문장 내 틀린 부분 찾기, 문장 읽고 관계있는 문장 찾기, 대화 구성하기, 정보 파악하기, 글의 제목 붙이기, 지시어가 가리키는 내용 찾기, 주제문 찾기, 세부 내용 이해하기, 문맥에서 어구의 의미 파악하기, 글 읽고 그림 순서 배열하기' 등으로 구성될 수 있다.

예) 「메밀꽃 필 무렵」의 이해와 감상

여기에 제시하는 문학 수업은 1차시 수업을 45분 단위로 4차시까지 진행하기로 구안하지만 문학 작품의 길이와 내용에 따라 3차시에서 6차시 그 이상까지 자유롭게 진행할 수 있다. 해당 단원과 관련된

---

36) 박영순 외(『한국어와 한국어교육』, 한국문화사, 2008, p.206~267.)에 제시된 '한국어 교재의 단원 구성 방안'의 일부가 추가되거나 수정되어 작성되었음.

내용은 보조자료 시청각 자료(낱말카드, 사진, 동영상 등)를 사용하여
수업의 이해를 도와야한다.

다음은 「메밀꽃 필 무렵」의 내용을 토대로 문화 내용을 이해하기
쉽게 나누어 놓았다. 이렇게 정리된 문화 내용은 중국인 한국어 학습
자가 문학작품을 읽는데 방해 요소로 작용한다고 고백한 한국의 역
사·사회·문화의 배경지식이 되어 작품을 이해하고 감상하는데 도
움이 될 것이다.

<표 4> 문학작품에 나타난 내용별 문화 범주와 그에 따른 문화 어휘

작품명	내용	문화 분류	문화 내용
메밀꽃 필 무렵37)	봉평장에서 대화장에 이르는 팔십리 거리를 배경으로 허생원, 조선달, 동이 세 인물의 과거 이야기를 통해 인간의 본연적 사랑을 드러내는 추리와 암시를 통해 주제를 부각시킨 작품이다. 자연과의 친화, 본원적인 인간의 삶과 원초적인 사랑을 주제로 시적인 정서와 애틋한 느낌을 전달하고 있다.	① 생활문화	의식주, 일상생활, 여가생활
		② 언어문화	호칭어, 지칭어, 친족어, 속담, 은유, 관용어, 색채어, 의성어, 의태어, 상징어, 신체어, 단위어, 존대어, 문학적 표현
		③ 정신문화	관념과 가치관, 세시풍속, 종교, 민족성, 세계관, 민속과 전통
		④ 지리·지형	지명, 날씨, 계절
문화 어휘			
① 생활문화	마당, 술집, 대문, 주막, 등불, 투전, 객주집, 토방, 물방앗간, 전방, 고의, 뜰		
② 언어문화	애시당초, 장판, 휘장, 등줄기, 나무꾼 패, 궁싯거리다, 장난꾼, 각다귀, 얽둑배기, 허 생원, 조 선달, 절렁절렁, 말뚝, 무명 필, 주단 바리, 고리짝, 멍석, 어물장수, 땜장이, 엿장수, 생강장수, 육칠십 리, 타박거리다, 주정꾼, 욕지거리, 계집, 시침을 떼다,		

	충주집, 화중지병, 연소패, 대거리, 사족을 못 쓰다, 동이, 감쪽같다, 애숭이, 한턱, 숫기 없다, 얼굴을 붉히다, 술좌석, 농탕치다, 녀석, 난질꾼, 꼴사납다, 머리에 피도 안 마르다, 장돌뱅이, 눈망울, 걱정도 팔자다, 따귀, 선머슴, 아비, 어미, 서름서름, 주제넘다, 술손님, 자식, 꼬락서니, 얼버무리다, 헐레벌떡, 당나귀, 반평생, 짐승, 개진개진, 머리털, 털, 눈, 눈곱, 몽당비, 꼬리, 파리, 굽, 다리, 주인, 야단스럽다, 어린아이, 목덜미, 나귀, 코, 벌름버름, 투르르거린다, 콧물, 속 썩는다, 몸뚱어리, 부들부들, 굴레, 안장, 줄행랑, 비슬비슬, 암놈, 코흘리개, 김 첨지, 낯 뜨겁다, 암샘, 저놈, 화끈거리다, 한이 없다, 드틈전, 장돌림, 뚜벅뚜벅, 장터, 사흘, 장, 도로마미타불, 장돌이, 입에 풀칠하다, 한 필, 귀에 못이 박히다, 시치미를 떼다, 죽은 듯 고요하다, 손에 잡힐 듯 하다, 콩포기, 옥수수 잎새, 푸르게 젖다, 메밀밭, 소금을 뿌린 듯, 대공, 향기가 애잔하다, 딸랑딸랑, 꽁무니, 하얀 꽃, 성 서방네, 말머리, 자줏빛, 놈팽이, 줄행랑, 자자하다, 뒷공론, 장도막, 하직하다, 사시장천, 뚜벅뚜벅, 자나깨나, 어머니, 총각, 처녀, 아버지, 널다리, 벌거숭이, 우스꽝스럽다, 의부, 망나니, 고주, 철들다, 허리, 모친, 친정, 겁잡을 수 없다, 장정, 피마, 달랑달랑, 둥실둥실, 어둑시니
③ 정신문화	왼손잡이, 고향, 강산, 백중, 정분, 인연, 팔자, 시집, 정, 첫날밤, 수 좋다
④ 지리·지형	여름, 봉평, 대화, 진부, 충주, 제천, 군, 영남, 강릉, 면, 청주, 읍내, 개울, 벌판, 산길, 산허리, 개울가, 무덥다, 가을, 촌, 장마, 벌판, 따뜻하다, 춥다

주요 정보

1. 등장인물: 허생원, 동이, 조선달
2. 사건: 시골 소년과 도시 소녀의 만남과 소녀의 죽음
3. 배경: 1920년대 일제 강점기 시기, 강원도 봉평 장터에서 대화장까지의 밤길
4. 주제: 봉평장에서 대화장까지의 거리를 배경으로 떠돌이 삶을 사록 있는 인물들의 이야기를 통하여 인간의 삶의 고독과 남녀간의 원초적인 사랑을 애틋하게 그리고 있다.

---

37) 이효석, 「메밀꽃 필 무렵」, 『메밀꽃 필 무렵』, 일신서적출판사, 1993, pp.84~94.

1차시)
- 단원의 제목: 한국문학의 이해 「메밀꽃 필 무렵」
- 학습목표: 문학작품 이해와 감상/생활 문화(한국의 의식주)
- 도입: 작품 설명/작품 읽기

등장인물: 허생원, 동이, 조선달
사건: 시골 소년과 도시 소녀의 만남과 소녀의 죽음
- 전개: 문화 어휘 학습

생활 문화 어휘: 마당, 술집, 대문, 주막, 등불, 투전, 객주집, 토방, 물
　　　　　　방앗간, 전방, 고의, 뜰
- 평가: 단어에 맞는 그림 찾기, 글 읽고 그림 순서 배열하기, 설명을
　　　　읽고 해당 어휘 쓰기, 문맥에 맞는 단어·표현 찾기, 문장에
　　　　맞는 그림 찾기, 유의어/반의어 찾기

2차시)
- 단원의 제목: 한국문학의 이해 「메밀꽃 필 무렵」
- 학습목표: 문학작품 이해와 감상/언어 문화(호칭어 지칭어 외)
- 도입: 사건의 흐름 파악/줄거리 이해

사건의 흐름
① 발단: 허생원은 드팀전을 가지고 여러 무명 등을 판매하는 장돌
　　　　뱅이다. 허생원과 친구 조선달은 저녁 무렵 장사를 했던 봉
　　　　평장에서 물건을 걷고 주막으로 가게 되는데 동이와 주모
　　　　가 농탕치는 것을 보자 허생원은 화가 나 동이를 나무란다.
② 전개: 허생은 자기 당나귀가 아이들에게 괴롭힘을 당하고 있다는
　　　　소식을 동이로부터 듣게 된다. 동이와 허생원 조선달이 아
　　　　이들을 쫓고 함께 대화장으로 동행하게 된다. 봉평 메밀 밭
　　　　길을 걷는 도중 허생원은 조선달과 과거에 처녀와의 뜨겁

던 하룻밤 이야기를 알려준다.

③ 위기: 동이도 자신의 가정 이야기를 하며 아버지는 떠돌이 장사꾼이라는 사실을 알린다. 허생원은 발을 헛디뎌 넘어지고 동이 등에 업히면서 어머니의 고향이 봉평이었다라는 것을 듣게 된다.

④ 절정: 동이는 허생원이 자신과 같은 왼손잡이라는 것을 발견하게 된다.

⑤ 결말: 허생원이 옛날 하룻밤 잤던 처녀의 아들이 동이가 아닐까라는 생각을 품으며 대화장으로 간다.

·전개: 문화 어휘 학습

호칭어와 지칭어 어휘: 나무꾼 패, 장난꾼, 각다귀, 허 생원, 조 선달, 어물장수, 땜장이, 엿장수, 생강장수, 주정꾼, 계집, 충주집, 연소패, 동이, 애숭이, 녀석, 난질꾼, 장돌뱅이, 선머슴, 아비, 어미, 술손님, 자식, 주인, 어린아이, 암놈, 코흘리개, 김 첨지, 장돌이, 성 서방네, 놈팽이, 어머니, 총각, 처녀, 아버지, 벌거숭이, 의부, 망나니, 모친, 친정, 장정

신체어 어휘: 등줄기, 눈망울, 따귀, 머리털, 털, 눈, 눈곱, 목덜미, 코, 콧물, 허리

색채어 어휘: 하얀 꽃, 자줏빛

의성어와 의태어 어휘: 절렁절렁, 서름서름, 헐레벌떡, 개진개진, 벌름벌름, 투르르거린다, 부들부들, 비슬비슬, 뚜벅뚜벅, 딸랑딸랑, 뚜벅뚜벅, 달랑달랑, 둥실둥실

관용어 어휘: 시침을 떼다, 사족을 못 쓰다, 얼굴을 붉히다, 머리에 피도 안 마르다, 걱정도 팔자다, 속 썩는다, 낯 뜨겁다, 입에 풀칠하다, 귀에 못이 박히다

· 평가: 문장 내 단어 의미 찾기, 관계있는 질문과 대답 찾기, 단락 순
    서 배열하기, 빈칸 메우기, 글의 제목 붙이기, 주제문 찾기, 문
    장 읽고 관계있는 문장 찾기

3차시)
  · 단원의 제목: 한국문학의 이해「메밀꽃 필 무렵」
  · 학습목표: 문학작품 이해와 감상/정신문화, 지리·지형 어휘 학습
  · 도입: 시·공간적 배경의 이해/작품 전체 감상

  시·공간적 배경: 1920년대 일제 강점기 시기, 강원도 봉평 장터에서
      대화장까지의 밤길
  · 전개: 문화 어휘 학습

  정신문화 어휘: 왼손잡이, 고향, 강산, 백중, 정분, 인연, 팔자, 시집,
      정, 첫날밤, 수 좋다
  지리·지형 어휘: 여름, 봉평, 대화, 진부, 충주, 제천, 군, 영남, 강릉,
      면, 청주, 읍내, 개울, 벌판, 산길, 산허리, 개울가, 무
      덥다, 가을, 촌, 장마, 벌판, 따뜻하다, 춥다
  · 평가: 알맞은 단어를 골라서 문맥에 맞게 고치기, 세부 내용 이해하
      기, 문맥에서 어구의 의미 파악하기

4차시)
  · 단원의 제목: 한국문학의 이해「메밀꽃 필 무렵」
  · 학습목표: 내면화하기/표현하기
  · 도입: 주제의 이해/작품 전체 이해와 감상 표현

  주제: 봉평장에서 대화장까지의 거리를 배경으로 떠돌이 삶을 사록
      있는 인물들의 이야기를 통하여 인간의 삶의 고독과 남녀간의
      원초적인 사랑을 애틋하게 그리고 있다.

· 전개: 개별· 조별 활동
· 평가: 개인별 경험 이야기, 조별 토론하기, 짧은 글짓기, 비교적 긴
　　　　글짓기

　영상 자료나 음성 자료를 제작하여 함께 제공한다. 작품을 읽는 단조로움을 벗어나 흥미를 유발할 수 있으며, 지문이나 교수자의 설명만으로 이해하기 어려운 부분을 채울 수 있다. 언어적으로 완벽할 수 없는 한국어 학습자에게 작품을 읽는 것에 대한 두려움과 부담감을 덜어주고 흥미를 유발 지속시키려는 노력이 필요하다.

6 결론

　근래 이십여 년 동안 빠르게 변화하는 세계 속에서 대내외적으로 한국어가 급속도로 확산되었다. 특히 1980년 이후 25개 이상의 대학에서 한국어학과를 개설한 중국의 경우 오랜 역사를 함께한 인접국가로서 한국어에 갖는 관심은 남다르다고 할 수 있다. 또한, 전체 유학생 중에 63.8%를 차지하고 있는 중국인 유학생의 증가는 중국어권 학생들에게 차별화되고 전문적인 교수·학습을 제공하고자 하는 노력의 시발점이 되고 있다. 한국어교육 학계는 이런 학습자 요인의 변화와 요구 분석에 따라 의사소통을 중시한 듣기·말하기·읽기·쓰기 등 기능 위주의 분절적인 수업에서 벗어나고자 노력하며 다양한 학습자를 고려한 전문적이고 고급화된 수업을 추구하게 된 것이다.
　여기에서 본고가 주목한 것은 차별화되고 고급화된 한국어교육을

위해서 문학을 활용하는 방법이다. 문학은 언어 교수를 위한 특정한 목적을 위해 쓰이지 않았기 때문에 시·공간을 초월하여 영속적인 문자 자료로서의 풍부함과 다양함을 제공하고, 소설이나 희곡 등은 허구이지만 다양한 사회적 배경을 특징으로 한 완전하고 생생한 맥락, 즉 문화적 풍성함을 제공하며 맥락이 있는 실제 문학작품 읽기는 글말의 여러 기능뿐만 아니라, 어휘와 통사 구조가 풍부한 맥락을 제공하기 주기 때문에 언어적으로 풍성함을 얻을 수 있으며 언어 학습 과정에서 정서적인 면에서나 흥미와 같은 동기 부여로 학습자 개인화의 이점을 위해서도 문학을 사용할 수 있다. 또한, 한국과 중국은 지리·역사적으로 가까이 있었으면서도 자본주의와 사회주의의 사상과 체계의 차이로 인하여 많은 문화 차이를 겪고 있어, 문화 차이에서 오는 이질감을 자연스럽게 극복하고 한국에 대한 긍정적인 견해를 갖게 하기에 접합한 것이 문학작품이다.

문학작품을 배우는 과정 속에서 개인의 인성 함양은 물론 작품 속 문화 어휘를 통하여 문화 지식을 배우게 된다. 문학작품을 활용한 교육이야말로 언어·문화·문학이 연계된 교육으로 나아갈 수 있다. 그 교육 내용의 핵심으로는 문화 어휘 교육, 소설 구성 요소에 따른 인물·사건·배경 교육, 주제 교육이다. 한국의 문화 어휘와 작품 속 인물·사건·배경을 통하여 한국인의 정서나 가치관, 역사, 환경 등의 문화에 대한 정보를 제공받는 것이다. 주제 교육은 문학교육의 실질적인 최종 목표를 포함하고 있는 교육으로 파악된 주제는 개인 내면 정서에 영향을 미쳐 궁극적으로 삶을 풍요롭게 해주고 한국 문화에 긍정적인 견해를 갖게 하는 교육이다. 문학작품의 무한한 가능성을 인정받고 있는 현 시점에서 지속적으로 문학교육 연구가 나오길 바란다.

참고문헌

강은국(2000), 「중국에서의 한국어 교과과정 연구」, 『중국에서 한국어 교육 연구』, 태학사.

강인수·한정옥(2009), 『한국문학의 이해』, 삼영사.

구인환 외(2007), 『문학교육론』 5판, 삼지원.

김순자(2009), 『한국어교육에서 소설 텍스트 교육 연구』, 부산외국어 대학교 박사학위논문.

김윤식·김우종 외(2002), 『한국현대문학사』, 현대문학.

김중섭(2002), 「한국어 읽기 교육의 이론과 실제」, 『21세기 한국어교 육학의 현황과 과제』, 한국문화사.

김해수(2000), 「연변대학 조문학부 교육과정」, 『중국에서 한국어교육 연구』, 태학사.

김해옥(2005), 『문학교육과 어휘교육』, 국학자료원.

남 연(2004), 「중국인 학습자를 위한 한국문학 교육과정에 관한 연구 -목표, 내용의 선정 및 위계화를 중심으로-」, 『한국어 교육』 제15권 3호, 국제한국어교육학회.

남 연(2005), 「중국인 학습자를 위한 한국 문학작품 읽기 교육 연구 -'韓國文學作品選讀' 과목을 중심으로-」, 『국어교육학 연구』 제23권, 국어교육학회.

박영순 외(2008), 『한국어와 한국어교육』, 한국문화사.

박 창(2001), 『<외국인을 위한 한국 소설교육 방안 연구: 메밀꽃 필 무렵을 중심으로>』 이화여자대학교 교육대학원 석사 학위논문.

서영빈(2001), 「한국어교육을 위한 한국문학교재 개발 방안」, 『대외경 제무역대학교 한국어교육을 위한 학술토론회 논문집』.

우한용 외(1997), 『문학교육 과정론』, 삼지사.

유지동(2000), 「21세기를 향한 한국학 학과 한국어 과정 설치」, 『중국
            에서 한국어교육 연구』, 태학사.

윤여탁(2002), 「한국어교육에서 현대 문학 정전 연구」, 『세계 속의 조
            선어 언어 문학 교양과 교재편찬 연구』, 중앙민족대학
            국제학술회의 자료집.

윤여탁(1994), 「문학을 활용한 한국어 교육 방법」, 국제학술회의.

윤　영(1999), 『외국인을 위한 한국 소설교육 방안』, 이화여자대학교
            석사학위논문.

윤윤진(2012), 「문학을 이용한 한국어교육 현황과 문제점」, 『한국어교
            육 연구에 대한 회고와 과제』, 한국문화사.

이광재(2007), 「중국 대학 한국어학과 한국문학교육 현황 연구」, 『한
            국학연구』 제17집, 인하대학교 한국학연구소.

이국장(2000), 「낙양외대 한국어과 교과과정」, 『중국에서 한국어교육
            연구』, 태학사.

이성도(2000), 「중국에서의 한국어 교과과정에 대하여」, 『중국에서의
            한국어교육』, 태학사.

이효석(1993), 「메밀꽃 필 무렵」, 『메밀꽃 필 무렵』, 일신서적출판사.

장　이(2011), 『중국인 학습자를 위한 현대소설을 활용한 한국어교육
            방안 연구-<소나기>를 중심으로』, 경희대학교 석사학
            위논문.

정기철(2004), 『읽기 교육의 이론과 실제』, 역락.

정한숙(2000), 『현대소설창작법』, 웅동.

조남현(2004), 『소설신론』, 서울대학교출판부.

주옥파(2003), 「단편소설을 활용한 한국어 교육의 내용 연구 -<모밀

꽃 필 무렵>을 중심으로-」, 중국한국어 교육연구회 중국코리안 교육국제학술토론회.

축취영(2012), 『중국인 고급 학습자를 위한 한국어 문학교육 연구 – 연암소설과 <유림외사>의 비교·탐구를 중심으로-』, 서울대학교 박사학위논문.

Collie. Joanne and Stephen Slater.(2002), Literature in the Language Classroom : A Resource Book of Ideas and Activities, Cambridge University Press, 1988. 조일제 역, 『영어교사를 위한 영문학 작품 지도법』, 한국문화사.

참고 사이트

교육부 (http://www.mest.go.kr).

찾아보기

저자 **박덕유** 인하대학교 국어교육과 교수
　　　왕 정 중국 청도농업대학교 한국어학과 교수
　　　강 비 중국 산동공상대학교 한국어학과 교수
　　　최 영 수원대학교 중어중문학과 교수
　　　김정자 인하대학교 교육대학원 강사
　　　이혜경 인하대학교 언어교육원 강사
　　　이 가 인하대학교 한국어교육전공 박사수료
　　　강금염 인하대학교 한국어교육전공 박사수료

중국인 학습자를 위한 한국어교육 연구

초판인쇄 2014년 02월 10일
초판발행 2014년 02월 20일

저　　자 박덕유 외
발 행 인 윤석현
발 행 처 도서출판 박문사
책임편집 이신
마 케 팅 권석동
등록번호 제2009-11호

우편주소 서울시 도봉구 창동 624－1 북한산현대홈시티 102－1106
대표전화 (02)992-3253
전　　송 (02)991-1285
전자우편 bakmunsa@daum.net
홈페이지 http://www.jncbms.co.kr

ISBN 978-89-98468-15-6 93710　　　　　　정가 15,000원